Alan Friedman

我是天生引诱者

BERLUSCONI

The Epic Story of the Billionaire Who Took Over Italy

贝卢斯科尼的金钱、政治与性

新星出版社　NEW STAR PRESS　　　　（美）艾伦·弗里德曼——著　李岩——译

献给加布丽埃拉（Gabriella）

米兰学童贝卢斯科尼。

贝卢斯科尼一家:十一岁的西尔维奥、四岁的妹妹玛丽亚·安东涅塔、母亲罗莎以及父亲路易吉。摄于1947年。

贝卢斯科尼(后排左三)在米兰就读的慈幼会高中。约摄于1952年。

1960年代贝卢斯科尼在意属里维耶拉(Italian Riviera)驾驶着自己的快艇。"我总是说自己是海滩上最帅的男孩。"

处于唐纳德·特朗普阶段的贝卢斯科尼：这位米兰房地产开发商坐在他那著名的"米兰二号"花园城市开发项目模型旁。约摄于1972年。

身家亿万的传媒大亨贝卢斯科尼在他的旗舰电视台第五频道的舞台上。在1980年代,用炫目的综艺节目、《达拉斯》、《豪门恩怨》以及其他美国情景喜剧和肥皂剧,他发动了意大利的电视革命。

在拥有七十二个房间、位于米兰市郊小镇阿尔科雷的别墅花园里,贝卢斯科尼正在与女儿芭芭拉和埃莱奥诺拉(Eleonora)嬉戏。摄于1994年。

贝卢斯科尼与五个孩子在一起。从左至右依次为:埃莱奥诺拉(坐)、皮耶尔·西尔维奥、玛丽娜、贝卢斯科尼、芭芭拉和路易吉。摄于2005年。

贝卢斯科尼在阿尔科雷别墅接待来访的戈尔巴乔夫及夫人赖莎。摄于1993年。

美国总统克林顿与新当选意大利总理的贝卢斯科尼在一次会晤后合影。贝卢斯科尼的首次任期没有维持太长时间。摄于1994年。

贝卢斯科尼在米兰的一场集会上。表演才能和个人魅力助他在二十年时间里三度当选总理。摄于1998年。

在访问贝卢斯科尼的罗马住所、富丽堂皇的格拉齐奥利宫期间,普京将球抛出,让贵宾犬杜杜拾回。摄于2013年。

在普京访问贝卢斯科尼位于撒丁岛黄金海岸的切尔托萨别墅期间,贝卢斯科尼请他品尝当地的"乐谱纸"面包。摄于2003年。

国际货币基金组织总裁拉加德此前曾是一位对法国前总统萨科齐绝对忠诚的部长。拉加德因在欧元危机最严重时以及在2011年11月于戛纳举行的20国集团领导人峰会期间涉嫌鹦鹉学舌般重复萨科齐的反贝卢斯科尼话语受到了批评。

贝卢斯科尼友好地掐了掐宿敌萨科齐的肩膀。在二十国集团领导人峰会上,萨科齐带头(在拉加德支持下)抨击了贝卢斯科尼。

贝卢斯科尼在卡扎菲的帐篷里与他进行会谈。在2000年代初,贝卢斯科尼和布莱尔一同发挥了重要作用,令卡扎菲放弃恐怖主义,转而与西方合作。

贝卢斯科尼与希拉里·克林顿。时任美国国务卿的希拉里为一大批骇人听闻、令人难堪的维基解密电报向贝卢斯科尼道了歉。摄于2010年末。

贝卢斯科尼为来自那不勒斯的女友弗兰切丝卡·帕斯卡莱举杯。自2011年年底起,帕斯卡莱进入了贝卢斯科尼的生活。

卡里玛·拉希达·马赫鲁克,又名"偷心者鲁比",这名出生于摩洛哥的妓女是在阿尔科雷别墅举办的声名狼藉的"性爱狂欢"派对的主角。尽管贝卢斯科尼在招雏妓一案中被宣布无罪,但他依然因涉嫌收买鲁比和另外三十多名女伴,令其作伪证,而面临着新的指控。

说明:本书图片无特别注明版权出处者均由贝卢斯科尼先生私人珍藏档案提供。

致中国读者

亲爱的中国读者:

非常高兴你们能够读到这本关于极具争议的亿万富翁贝卢斯科尼的传记。他是一位白手起家的人物,来自下层中产阶级家庭,父亲是一名银行雇员,母亲是一名秘书。在2001年时,贝卢斯科尼的财富一度多达三百亿欧元。他靠着自己的奋斗取得了成功。出生于1936年的他已经年近八旬。1970年代时,他在意大利北部的米兰建造了整座住宅城市;1980年代时,他创建了全国性的私人商业电视台;1994年时,他像推广可口可乐产品一样推广自己,并成功当选为意大利总理;他还承受了多达六十一起起诉、控告和审判,被指控犯下了与黑手党有关联、腐败、行贿、税务欺诈,甚至招雏妓等罪行;他逃脱了几乎所有指控;他还是意大利任职时间最长的领导人,在过去二十五年间支配并塑造了这个国家。时至今日,他依然拥有八十亿欧元财富，并掌控着意大利电视市场的半壁江山以及出版市场的百分之四十。

贝卢斯科尼是位具有权势和影响力的人物，他被控犯下了许多罪行；但他还是一位不可思议、与众不同的人物，是一位表演者和推销员，他曾与世界领导人共事。贝卢斯科尼还曾与许多中国领导人会过面，最近一次是与胡锦涛主席和温家宝总理。

然而，真相是怎样的？谁才是真正的贝卢斯科尼？我与他共度了十八个月时间，对超过一百个小时的采访进行了音频和视频记录。在这本书中，我让他讲述自己的故事，由读者来决定他是善还是恶，或是介于善恶之间。

贝卢斯科尼曾与我谈起过许多关于中国的事情。在米兰市郊那幢拥有七十多个房间的豪华别墅里，他曾告诉我自己在中国很有名："在任何地方我都如同一位摇滚明星，就连在中国也不例外。"他回忆起了自己于2009年在米兰被人用米兰教堂的模型袭击，导致血流满面的他进了医院。"当我在米兰遇袭后，我甚至变得更加有名了，尤其是在中国。"贝卢斯科尼说道。

他向我谈到过"在亚洲有数百万AC米兰球迷"，他还表示在中国也有许多球迷。"我们将为AC米兰引入亚洲资本，让他们持有少数股份，然后我们会进行特许经营，推出与AC米兰相关的酒店、香水等产品。我们也许还会在上海或是香港设立办事处。"他在接受我的采访时说道。

我希望中国读者会喜欢这本书。我曾多次前往上海、北京和博鳌，我很享受每次前往中国的旅途。我曾和朋友靳羽西一同参加了2009年的上海国际电影节，自1990年代起，还有幸访问了多位中国领导人，如前总理朱镕基和时任外经贸部部长的吴仪。我非常希望前往中国看望朋友以及书迷，并与他们谈论贝卢斯科尼。

现在，我想对你们表示衷心的感谢，我希望你们能够享受贝卢斯科尼不可思议的故事。

艾伦·弗里德曼于意大利米兰

2015年11月6日

自序

作为一名成长于1970年代的美国记者，我一直对英国记者戴维·弗罗斯特（David Frost）在尼克松戏剧性下台两年多之后，于1977年春天对他进行的一系列著名的面对面电视访问感到着迷。

早在青少年时期，我就着迷于水门事件，就如同现在的孩子着迷于电子游戏和脸书（Facebook）一样：戏剧、诡计、白宫录音带、遮掩、《华盛顿邮报》（*Washington Post*）记者鲍勃·伍德沃德（Bob Woodward）和卡尔·伯恩斯坦（Carl Bernstein）的独家新闻、美利坚合众国总统的倒下，以及尼克松那句著名的"人们应该知道他们的总统是否是个骗子。好吧，我不是个骗子"。

多少情节都无法让我感到满足。我渴望着水门事件这出大戏的最新一集。我享受它们就如同享受糖果一般。

1974年的夏天，在我家位于纽约北部湖边的夏日住所，我强迫十三岁的妹妹和我一道收看每天电视上对弹劾听证会的报道，该事件以尼克松总统在8月份的戏剧性辞职告终。我们收看了他辞职的过程，之后又收看了他向白宫职员的告别，他为美国人民留下了怪异的敬礼手势，以及绝望的气氛；随后他登上了白宫草坪上的直升机，准备飞往安德鲁斯空军基地（Andrews Air Force Base），之后再在耻辱中踏上飞回加利福尼亚的漫长旅途。

在2014年年初，意大利出版商里佐利（Rizzoli）集团首次建议我尝试让贝卢斯科尼这位意大利现代政治史上最令人感兴趣、最具争议的人物向我讲述他的生平故事时，所有这些记忆又重新浮现在我的脑海里。从1980年代担任《金融时报》（Financial Times）驻米兰记者时起，我结识贝卢斯科尼已有三十年时间了。我曾经激烈地批评过贝卢斯科尼，后来我对他的个人故事着了迷。这不仅仅是因为他被控举办的"性爱狂欢"（Bunga Bunga）派对和对于他腐败指控的审判，还因为他的一生就如同一个非凡的、史诗般的故事。我紧密地追踪着2011年导致他从政坛跌落的事件、2013年意大利最高法院对他税务欺诈案的定罪，以及当年晚些时候意大利参议院对他的驱逐。然而，即使在今天，贝卢斯科尼依然在意大利投下了一道长长的阴影。因此，对于他的故事，我依然感到十分好奇。

当我初次询问他是否对合作写这本传记有兴趣时，我并没有抱太大的希望。那是在2014年3月12日上午，我前往他在罗马的华美住所拜访他。他的住所位于一座17世纪宫殿的二楼，天花板上绘有壁画，墙壁上覆盖着金碧辉煌的壁毯。时年七十七岁的贝卢斯科尼似乎挺喜欢我，这主要是因为我是美国人（因此就不像意大利记者那样怀有先入为主的偏见），此外还因为我写的另一本关于意大利政治的书说服了他，不过那本书原本并不是我的志向所在。

我向贝卢斯科尼表示，自己决定写一本关于他生平事迹的书，希望他能全力与我合作，让我可以自由地接触他的档案、家族成员、朋友、商业伙伴和政治盟友。他先是直视着我许久，随后表示过去十年间自己至少拒绝过十五次类似的请求。我对他说，这将不仅仅是一本书，还会是按照著名的1977年弗罗斯特－尼克松访问模式进行的十至十五次电视访问之一。他一直注视着我，轻声说着自己明白如今"一切都得是多媒体的"；突然，他伸出了手。我们握了握手，他接下来明白无误地说道："我相信你会以公正、诚实的方式讲述我的故事。"我对他的信任表示感谢，并直截了当地说道："这不会是一本吹捧性质的传记。我不会把它写成一位圣徒或是一位受害者的故事。我不会怀有敌意，但我也不会为您所用。我会根据自己的见解，以公正、平衡的方式讲述一段非凡的人生经历，不过会加入您对我就您生命中每个阶段所提出问题的回答，所有回答都会被录制下来。"

贝卢斯科尼同意了我的条件。当天晚些时候，他的一位助手与我分享了他所认为的贝卢斯科尼之所以会同意我的请求的原因："他周围的世界正在崩溃。他还梦想着能够在政坛上东山再起。他希望将此作为自己的遗产，你将成为他的见证者，是第一个也是最后一个他愿意亲自与之分享自己一生经历的记者。"

在随后的十七个月里，从喧闹的2014年春天到2015年夏末，我近距离地观察着贝卢斯科尼，大多数时间是在他家中。在这段时期里，贝卢斯科尼既感受到了复杂的情绪，遭遇了相当严重的苦涩与挫败，同时又不断进行着在政坛东山再起的密谋。我们进行了无数次对话与采访。有些时候，现实世界里的心理剧就在我眼前上演。我还获得了不同寻常的自由接触资料的特权，这让我得以真正了解这个人，了解他的默认机制、思维模式、无法忍受之事，甚至是他最喜爱的轶事与玩笑。

有一段时间，每当我前去采访他——无论是在罗马的宫殿里，还是在米兰郊区阿尔科雷乡间他那壮丽别墅的花园里——总会有糟糕的事情发生。他时常情绪激动，这一般都是在法院将对他的诸多案件中的一个作出判决之时。在采访结束后，他经常邀请我在私底下再聊聊，然后他会敞开心扉，谈论他的敌人，或是向我吐露自己的忧虑、希望与雄心。

我总是告诉贝卢斯科尼，我的模板是弗罗斯特-尼克松访问。我多次提及这一点。当他在本书、电视纪录片以及系列采访的授权协议书上签字时，我提及过这一点；当时在场的还有另外三名见证者，包括他的女友弗兰切丝卡·帕斯卡莱（Francesca Pascale）和发言人黛博拉·贝尔加米尼（Deborah Bergamini）。

当他在进行这一项目所必需的法律授权文件和授权协议书上签字时，出于某些原因，我回想起了尼克松在那些传奇般的访问中对弗罗斯特说出的最著名的话："我扳倒了自己。我给了他们剑，他们将这把剑刺入了我的胸膛，然后愉快地拧了又拧……"

这时，我很好奇贝卢斯科尼将如何讲述自己难以置信的、史诗般的旅程。随着时间一周周地过去，我将不会感到失望。

托斯卡纳大区卢卡市（Lucca，Tuscany）

2015年8月26日

目录

致中国读者 / I
自序 / V

前言 / 001
第一章：天生的引诱者 / 009
第二章：生意能手 / 035
第三章：传媒大亨 / 057
第四章：末日此时 / 079
第五章：亿万富翁总理 / 103
第六章：小布什与伊拉克战争 / 127
第七章：克里姆林宫里的朋友 / 151
第八章：女人们 / 173
第九章：贿赂、腐败与黑手党 / 195
第十章：利比亚事件——饕餮、豪饮与杀戮 / 215
第十一章：国际密谋 / 237
第十二章：有罪 / 283
第十三章：尾声 / 299

致谢 / 325

前言

　　这是莫斯科7月底一个炎热的夏日。红场（Red Square）上挤满了游客，其中许多是中国人和日本人。他们站在标志性的圣瓦西里主教座堂（Saint Basil's Cathedral）前，摆出自拍的姿势。

　　突然卷起了一阵狂风，当天早晨的浓密乌云似乎被吹散了；此时，在教堂的右边，克里姆林宫（Kremlin）壮丽的外墙沐浴在苍白的阳光中。然而，西风依然十分强劲，天气预报显示当天下午会有强降雨。莫斯科的天气就是这么出了名的变化无常。

　　普京总统的工作人员正在救世主塔（Spasskaya Tower）那里等候；要前往救世主塔，必须横穿宽阔的广场。沿着克里姆林宫的东墙坐落着列宁纪念堂，这一巨大的黑色大理石建筑中安放着布尔什维克党领袖的遗体。这座建筑看上去略微有些破败，就仿佛是来自过去的遗迹。

　　高悬在救世主塔上的时钟又名"克里姆林钟"（Kremlin

Clock),现在指向了下午四点二十。空气中弥漫着怪诞的平静气氛。从救世主塔这个高点看下去,散布在红场上的人们移动起来就像是慢动作一样。

在救世主塔的顶端,一颗由红宝石玻璃制成的红星正闪烁着光芒,红星的中央是一把锤子与一把镰刀,这是苏维埃权力的终极象征。2235米长的外墙围成了这块名叫克里姆林宫的堡垒,墙外到处都是游客。

守护着救世主塔正门的是仪仗队的两名成员。他们调整着肩上负载着的带有刺刀的步枪,显然正在忍受着湿热之苦。一位为总统新闻发言人工作的漂亮姑娘从塔里走了出来,向我们做了自我介绍。我们闲聊了几分钟,随后翻译和化妆师也到达了,于是我们进入了克里姆林宫中一块不对游客开放的区域。当我们步入克里姆林宫时,突然感到了一阵怪异的死寂。

总统的工作人员一言不发地走在我们前面。无处不在的安保人员阴沉着脸,带着该职业典型的神秘与忠诚的神态走来走去。我们在克里姆林宫的外围沿着一栋大型建筑走了几分钟,终于来到了一座黑色大门前,这就是通往总统办公室的入口。我们即将进入"一号建筑"(Building Number One),这是克里姆林宫围墙内的一座宫殿,列宁和斯大林都曾在这里生活和统治过,他们二位都曾是这座依然有些阴暗与危险的堡垒的主人。

我们正在穿过旧议会建筑的庭院,这是一栋白与土黄两色相间的新古典式建筑,于18世纪在叶卡捷琳娜大帝(Catherine the Great)的命令下建成,并在1917年的布尔什维克革命之后成为了首届苏维埃政府的所在地。此时在我们身边,到处都是"俄罗斯母亲"的历史——这是可以感觉到的,连空气都变得有些沉重了。

我们从一扇名为"第七号门"(Door Number 7)的小侧门走进了这栋建筑。这扇门如此之小,人们几乎注意不到它。在一间狭小、阴暗的房间里,一台金属探测器对我们的包裹进行了检查。又过了五分钟,我们被领着走过了一条天花板很高的、狭窄而漫长的白色过道,就如同身处一座精巧的地堡,令人心生幽闭恐惧的感觉。这种气氛就像是冷战一样,或者至少也是与人们对冷战惊悚电影的想象一致的。行走在克里姆林宫"一号建筑"底层的过道上,你几乎可以听到约翰·勒卡雷(John le Carré)笔下人物乔治·斯迈利(George Smiley)的耳语,或是看见《来自俄罗斯的爱情》(From Russia with Love)里詹姆斯·邦德那嘲讽的眼神。① 现实比虚构更加真实。我们现在正身处克里姆林宫,一切都真实得可怕,所有一切。

我们在沉默中继续前行,走进了一部电梯。我们透过电梯的玻璃外墙俯视着一个似乎荒废了的内部庭院。电梯在二楼停下。我们到了,我们来到了克里姆林宫的神经中枢与内部圣地:"一号建筑"的二层就是普京治下俄罗斯的权力核心所在之处。

克里姆林宫的这一排建筑是奢华的,其间坐落着一连串新古典风格的豪华大厅。一切看起来都几近完美。在纯白的墙上悬挂着的画描绘着过去几个世纪克里姆林宫与红场的样子。在右侧是一排装点着金色饰带的白色漆门。包括轮廓鲜明的金色把手在内,所有细节都非常精美、细致。我们偶尔会发现一些与时代脱节的景象,例如一台苏联风格的旧式米色电话。

---

① 这里提到的都是以冷战为背景的间谍小说与电影。

现在，我们进入了"烟囱房"（Chimney Room）。我们将在这里会见普京。这个房间位于克里姆林宫的东北角，严格禁止普通公民进入。这块角落正是普京工作的地点；他在这里作出的各种决策将决定俄罗斯的命运以及半个世界的地缘政治格局。

"烟囱房"距离普京的办公室只有四个房间的距离。普京的一位工作人员透露，大多数人都不能进入普京的办公区域。在1940年代，斯大林所居住的也是同一套房间。唯一的区别在于，简陋的苏联风格如今已被更为华美的、更具欧式新古典特色的金色粉刷风格取代了。

毗邻普京办公室的房间宽敞、雅致，其瘦长的椭圆形形状与横跨"一号建筑"之上的穹顶如出一辙。地面上覆盖着18世纪风格的精美的镶木地板，深浅不一的木材点缀出几何图案和花形雕饰。水晶吊灯非常壮丽，天花板的粉刷风格令人回想起凡尔赛宫（Versailles）。带有彩色装饰的窗帘展现出巴洛克式的奢华风格；壁毯十分名贵。就在几步之外，普京正在召开内阁会议，与会的包括他的知己、俄罗斯总理德米特里·梅德韦杰夫（Dmitry Medvedev）。

普京的办公室位于一扇巨大的白色双重门之后，其嵌板上满满地装点着金色饰物。俄罗斯总统可以从这里直接通往"峰会房"（Summit Room），会见外国领导人及其随行人员。毗邻的房间十分易于辨识，普京与外国政府首脑会面时，电视上播出的新闻发布会的标准背景就是这个房间。墙上覆盖着红色的壁毯，壁毯上不断重复地印着俄罗斯总统的纹章：双头鹰。这最初是拜占庭（Byzantine）帝国皇帝的象征，后来成为了哈布斯堡

（Habsburg）王朝和罗曼诺夫（Romanov）王朝的标志，如今又成了俄罗斯总统的纹章。我们继续走进另一间会议厅。这间接待室的墙壁是浅蓝色的，摆放着一张巨大的白色桌子。我们在这里停了下来，喝了杯茶，并和总统的工作人员闲聊了很久。我们谈论的主要是希拉里·克林顿（Hilary Clinton）、唐纳德·特朗普（Donald Trump）和杰布·布什（Jeb Bush）竞选美国总统的各自前景。对于特朗普胜出的机会莫斯科似乎感到相当乐观。

桌上摆放着几盘各式各样的卡纳佩（Canapé），[①]卡纳佩上添加的菜肴多数是海鲜。此外还有俄式小型三明治，里面填充的是卷心菜或苹果。所有食物都是按照俄罗斯饮食传统烹制的。现在我们距离普京的办公室只有几米远，几乎整个下午都和他的工作人员待在一起。冷战般密谋的气氛消散了，取而代之的是看上去无尽的等待；在此期间，我们可以自由地在这一排总统所在的建筑里漫步、拍照、欣赏各种陈设与绘画。身着深色套装、戴着耳机的安保人员注视着我们的一举一动，他们似乎对总统客人的来访已经习以为常，在许多方面他们都很像白宫的特勤人员。

快到晚上七点时，工作人员走向了"烟囱房"。摄影师已经布置完毕，翻译已经对设备进行了调试，一切都已就绪，只待普京到来。几位我们已经有些熟悉的人物在房间里走来走去。总统发言人德米特里·佩斯科夫（Dmitry Peskov）手下的一位工作人员尤其健谈，他兴高采烈地谈论着国际政治。在他喋喋不休时，亚历山大·苏沃洛夫（Alexander Suvorov）将军的画像正严厉地注视着他。苏沃洛夫是俄罗斯历史上少数几位常胜将军之一，他一生

[①] 卡纳佩是一种餐前点心，是在小块面包片上放上鱼、肉或奶油。

经历了六十多场大型战役，从未落败。苏沃洛夫是俄罗斯帝国最后一位大元帅，是著名的军事手册《制胜的科学》（*The Science of Victory*）的作者。此时，总统的工作人员正在安静地等待，他们显然已经习惯了总统的节奏。

大约七点四十五分时，官方宣布总统即将到来。工作人员前往"烟囱房"各就各位，摄影师做好了录制的准备。安保人员几乎就像是特种部队一样开始列队，沿着普京将走过的四十米路程组成了一个方阵。

到了八点，俄罗斯联邦总统办公室的双重门准时打开了，弗拉基米尔·弗拉基米罗维奇·普京到来了。跟随在总统身后的是佩斯科夫、其他工作人员，以及更多安保人员。几秒钟之后，普京迈进了"烟囱房"。

总统的到来宛如一阵西伯利亚寒风。他的神情显得紧张、憔悴，但他的步伐却坚定、沉稳。他的肢体语言令人印象深刻，每一步似乎都在散发着权威与力量。不难想象，私下里他曾在这个房间里踱步，准备作出会改变许多国家命运的艰难决定。他的到来令"烟囱房"仿佛触了电一样：每个人都肃立着；夜色已经吞噬了室外的一切，不停坠落的雨点敲打着巨大的玻璃窗；摄影师做好了拍摄的准备；话筒已经开启。

普京问候了访谈人，微笑着与我们握手。按照与领导人对话的传统风格，壁炉前摆放着两把椅子。过了不到十秒钟，他已经坐上了其中的一把。在我们与这位世界上最有权力的人物之一闲聊时，只有官方摄影师的快门声打破片刻的寂静。

总统身着素净的深蓝色正装与白色衬衣，打着蓝色领带，黑色皮鞋闪闪发亮。他看上去没有瑕疵、无懈可击、十分严肃。起初，他的目光是无法穿透的。小布什曾表示自己能够直视普京的眼睛，阅读他的灵魂；小布什一定具有某种超能力，才能说出这样的话。

当我们谈及贝卢斯科尼这一主题时，情况变得不同了。在几分钟之内，这位眼神如冰一般冷酷的男人、猎熊人、武术专家、俄罗斯联邦总统，情绪突然转变了。他变得放松，甚至是有趣了。他有礼貌地倾听着贝卢斯科尼这位朋友对他的问候。起初，耳机里传来的翻译声音似乎有些生涩，但当普京开始谈论自己的朋友时，他的声音也变得轻柔了。普京一直称呼"西尔维奥"，而不是"贝卢斯科尼"。普京就是这么叫他的，只是称呼他为"西尔维奥"。此时的普京看起来十分自在，随着时钟的滴答声，他变得更加活跃了。他一边说话，一边拨弄着耳机线，双脚随之小心地移动着。人们可以感觉到西尔维奥与弗拉基米尔之间的共鸣。"我们建立起了非常好的私人关系，非常友好。"普京说道。

俄罗斯总统小心翼翼地选择着措辞，但当他表达对于贝卢斯科尼一生的看法时，语气中显然带有坚定的信念。

"你要知道，"普京说道，"事实上贝卢斯科尼是二战后意大利执政时间最长的政治家。这意味着，首先他不仅仅成功地吸引了意大利人民的关注，还说服了他们相信自己行动的目的在于确保意大利人民的利益；其次他还是一位非凡的、坦率的、非常有趣的人物。所有这些因素都表明，无论是作为政治家，还是作为一个男人，在意大利历史上，贝卢斯科尼都一定将获得他应得的地位。"

普京是这样说的。

然而，谁才是真正的贝卢斯科尼？他来自何处？他真正的故事是什么？

第一章：天生的引诱者

西尔维奥·贝卢斯科尼独自在家。他正在一百八十英亩的豪宅中央的花园里散着步，不远处是马厩和直升机停机坪。

时值盛夏，他手插在兜里，正沿着一条绿树成荫的路往前走，这条路通往他那18世纪风格、拥有七十多个房间的别墅。随着我们靠近这间巨大的宅邸，走道的边缘布满了密密麻麻的树篱和种满了天竺葵的陶罐。这条被草覆盖的大道穿过了一座石拱门，随后让位于植物蔓生的花园、修剪齐整的草坪，以及一片片整洁的映山红、柠檬树和树篱。

在离他家不远处，这位七十九岁的亿万富翁停了下来。他几乎有些羞怯地露出微笑，这种表示自谦的魅力与礼貌往往能解除客人的敌意——尤其是那些预期将见到一位浮夸的花花公子的客人。他笑得咧开了嘴，带着一种与他人的情感产生共鸣的能力——这种能力令他掌握了权力，令他在过去二十五年间从传媒大亨成为了世界上最富有的人之一,进而成为了意大利共和国任职时间最长的,也无疑是最具争议的总理。

"这里,"这位支配了意大利人生活长达数十年的人物说道,"是我生活中主要的住处。"

尽管天气温暖,贝卢斯科尼依然穿着一件蓝色线衣、一件海军蓝夹克,以及一条棉质运动裤。伴随着他前进的脚步,碎石子在他蓝色的霍根牌帆布靴下吱吱作响;他谈论着这幢豪宅对于自己的重要性,将其描述为他作出一生中所有重大决定的地方。视线范围之内,随处可见大理石基座上的新古典主义雕像,这些雕像仿佛在凝视着花园围墙的方向。

事实上,"整洁"还不足以形容这些花园。无论何处都是完美与井井有条的。一切都几乎过于完美了。这座巨大的旧式别墅位于米兰郊区一个叫做阿尔科雷(Arcore)的伦巴第(Lombardy)村庄。它的名字叫圣马蒂诺别墅(Villa San Martino),于18世纪初在一座历史可以追溯到12世纪的本笃派修道院基础上建成。贝卢斯科尼在1970年代买下了它,并以宏大的风格进行了重新装修。他为其配备的装置比詹姆斯·邦德电影里还多:挤满了赛马的马厩,为他的直升机配备的停机坪,甚至还有一块私人足球场。这座建筑的布置十分雅致,只不过挂毯和古典绘画大师的作品或许过于多了些。每个角落都混杂着新与旧,带有一种1980年代的美学——当时这种美学让意大利新兴起的亿万富翁们甚至能够将文艺复兴时期的绘画与晚期现代派的作品并置在一起。结果就是,1980年代米兰附近的许多建筑师和室内装饰师都非常快地变得非常富有了。

现在,贝卢斯科尼正在走向那幢巨大的住宅,既放松,又自豪,他相信对于一幢伟大的意大利别墅的最细致入微的欣赏往往始于外部,始于风景优美的花园。

"这是我生活中主要的住处。"微笑着的贝卢斯科尼重复道。对于贝卢斯科尼而言,生活永远既意味着公共的,又意味着私人的,而这两者常常相互融合,以有时会导致丑闻的方式重叠起来;但回到这幢别墅之中永远都是生活的一部分。

此时,贝卢斯科尼正在讲述1993年戈尔巴乔夫对这里的第一次造访,以及他们一起度过的漫长午后与夜间。"这是令人非常愉快、非常感兴趣的在一起的日子。"贝卢斯科尼回忆道,"戈尔巴乔夫和他的妻子赖莎(Raisa)一同来访。她与我的妻子维罗妮卡(Veronica)待在一起。他想见一位意大利的商界领袖,聊聊经济。他问了我许多问题,关于经济,关于金融市场。下午五点时我们坐下喝了会儿茶,随后他原本就要离开了。当我们走到门口,准备说再见时,他对我说:'可是西尔维奥,有一件事我不明白,哪个部门或是哪个机构负责规定那些被出售的产品的价格?'"

"我请他重复一遍问题。他重复了:'哪个机构决定价格?'我说道:'米哈伊尔,请别走。留下来吃晚餐吧。我们需要聊得更多一些。'在几杯上好的蒙特普尔恰诺干红(Rosso di Montepulciano)助兴下,我们聊啊聊。我解释了在西方是市场决定价格,而不是某个政府机构,是市场竞争。向戈尔巴乔夫解释市场资本主义是如何运行的,这令人获得了难以置信的满足感。至少他看上去很享受我们一起度过的时光。"

现在贝卢斯科尼正在讲述他的朋友普京对阿尔科雷的访问,他指向普京上次造访时就寝的房间。访客要是在此时好奇那些狂野的、据说是罪恶的"性爱狂欢"派对发生在哪个房间,他也许会被宽恕吧。丑闻于2010年至2011年间、正值欧洲历史上最糟糕的金融危机时爆发,这些派对令意大利沦为了笑柄,令贝卢斯科尼遭受了羞辱。

阿尔科雷。在贝卢斯科尼的生活中,这幢意大利别墅远远不只是戈尔巴乔夫、普京,或是声名狼藉的"偷心者鲁比"(Ruby the Heart Stealer)①造访之地。这是他的居所、他的避难所、他的指挥中心、他的总司令部。正是在这里,他规划并建立起了自己的房地产帝国——这些卫星城助他成为了亿万富翁。正是在这里,他作出的决定让自己化身为传媒大亨,建立起了跨越半个欧洲的电视帝国。正是在这里,他创建了意大利的商业电视,并成为了1980年代欧洲舞台上的第一位行动者。正是在这里,在这些精巧、有点儿过于崭新的画室、餐厅和巴洛克式沙龙里,贝卢斯科尼决定收购AC米兰足球俱乐部。正是在这里,他第一次作出了从政的决定,创建了一个新的全国性政党,并在1994年年初的不到九十天内,从一位富有的商人,成为了意大利的总理。

阿尔科雷成为了意大利版本的戴维营(Camp David)。在稍后的日子里,它还成为了一座掩体;在这里,他将与辩护律师、成群的代理律师、调查者,以及大批顾问举行无休止的深夜会议,帮助自己应对超过六十项相互独立的关于腐败、贿赂、税务欺诈,甚至是招雏妓的起诉与审判。

阿尔科雷就是贝卢斯科尼的"玫瑰花蕾",②他的指南针,他

---

① "偷心者鲁比"是贝卢斯科尼招雏妓案中的女主角。
② "玫瑰花蕾"是电影《公民凯恩》中象征着凯恩童年寄托的一支雪橇的名字。

的试金石。在生活中，在生意上，在政坛里，在事关爱与家庭时，都是如此。正是在阿尔科雷，贝卢斯科尼的第一段婚姻终结了。正是在这里，据称的"性爱狂欢"发生了。正是在这里，他在半宵禁 – 半监禁的状态下生活了一年，他的护照被法院没收了；在税务欺诈罪名成立之后，他在老年阿尔茨海默症患者之家进行了社区服务。正是在这里，他于2015年最近一次密谋了政治复出。正是在这里，在家庭教堂里，他安葬了父母和妹妹的骨灰。他的儿子、儿媳和孙辈依然生活在这里。正是在这里，以七十六岁的高龄，他交了一位比自己年轻近五十岁的新女友。这些都发生在这里，在阿尔科雷。

我回想起了自己第一次在阿尔科雷见到贝卢斯科尼的情形。那是在1980年代，蒂娜·布朗（Tina Brown）邀请我为《名利场》（*Vanity Fair*）杂志撰写一篇关于意大利资本主义"新王子"的文章，他们正在挑战"意大利的无冕之王"詹尼·阿涅利（Gianni Agnelli）。那是狂野、疯狂的1980年代，半个世界都沉醉于这一黄金时代新被发现的繁荣，从华尔街的雅皮士，到伦敦城的金融专家，都处于持续的庆祝模式中；经济飞速发展，中产阶级在崛起。里根和撒切尔分别统治着美国和英国。在1980年代的意大利，贝卢斯科尼是位白手起家的人物，是位外来者，是飞速上升的企业巨头，是娱乐业和电视业大亨，是新晋的亿万富翁，正处在跻身世界上最富有人物之列的道路上。当时，贝卢斯科尼在意大利的财富精英中引发了极大的不安，因为他那带有民间风味的推销术令他极受欢迎，从电视业中赚取的财富令他甚至比继承了菲亚特（Fiat）财富、来自世家、温文尔雅又具有世界眼光的工业家及前花花公子阿涅利更加富有。

在阿尔科雷与贝卢斯科尼见面就如同一趟去往富人的迪斯尼乐园的旅程。一切都是由按钮操纵的。一切都表现出漂亮、完美、井井有条,以及——是的,享乐主义。

"这是我的室内游泳池。"贝卢斯科尼在1989年陪同客人参观别墅时说道。穿着标志性的布里奥尼双排扣西装的他显得苗条而健壮,带有经年晒成的棕褐肤色和孩子一样的能量与热情,这很有感染力。他指向高悬于游泳池之上的一块六英尺宽的屏幕。它为什么在那儿?他说:"这样我在游泳时就可以收看自己的电视频道了。"

他笑逐颜开地炫耀着游泳池附近的"健身与休息区",那里有一间桑拿房、一个按摩浴缸、一间蒸气浴室、一座健身房,以及精华之所在——角落里一块由明亮的斯堪的纳维亚松木制成的休闲区,放满了毛绒沙发,多达九台电视机呈井字形铺满了一面墙,每台电视播放的都是贝卢斯科尼的三大电视频道之一。我的东道主随后指向了一个向外伸出的抽屉,上面布满了用于控制音乐、调节特殊照明气氛,或是召唤管家的按钮。就连浴室里也有惊喜。在镜子的两端各嵌入了一块两英寸的电视屏幕,在尚未出现Wi-Fi、LED显示屏和苹果的1980年代,这算得上是一项技术成就。贝卢斯科尼高兴地解释道:"如此一来,我早上刮胡子时也能收看自己的电视频道了。"

如今,阿尔科雷并没有太多变化,除了它的主人。他快八十岁了。他的经历只能被描述为一道超群的轨迹。今天,在他的祖国意大利,他同时被数百万同胞憎恨与爱戴着。

走过门外凉廊的淡灰色石质地板,他在一扇关闭的大门前停下,说道:"三十多年时间里,这里一直是我最主要的居所。"我们在墙上发现了一块雕刻成的徽章。它看上去像家族的纹章,但更像4世纪的图尔(Tours)主教圣马丁(Saint Martin)的徽章,他位于法国的圣殿已经成为了去往西班牙圣地亚哥·德·孔波斯特拉(Santiago de Compostela)朝圣者著名的停靠地。约一千年前来到阿尔科雷的本笃派僧侣们,在此建起了第一座修道院,并以这位基督教圣徒的名字①为之命名。贝卢斯科尼的家庭教堂是唯一幸存的由本笃会于12世纪建造的建筑。

贝卢斯科尼正在描述的石质半浮雕刻画的是骑在马背上的这位主教,他用剑将自己的斗篷削成两块,在寒冬中,将其中的一块送给了一位衣不蔽体的乞丐。根据传说,当他被征召入罗马军队时,圣马丁发现这一职责无法与自己的基督教信仰共存,于是他成为了世界上最早的出于良心拒服兵役者之一。

当贝卢斯科尼讲述圣马丁的故事时,他露出了亿万富翁的笑容,丝毫不带讽刺意味。现在,在圣马蒂诺别墅前铺着石子的庭院里,夏日的光线渐渐暗淡了,但贝卢斯科尼仍然精力充沛、充满热情、不知疲倦。他走进了没有尽头的一连串储藏室中的一个,翻找着纪念品。他触摸着自己形象的塑料摇头娃娃,指着堆满了自己与母亲罗莎(Rosa)、奥巴马、老布什、小布什、布莱尔、克林顿、希拉里、伊丽莎白二世、本笃十六世的合影的书架。

在书架这面墙的对面是一张来自另一时代的发黄、褪了色的照片:年轻的贝卢斯科尼打扮成邮轮上歌手的模样,这位英俊的年

---

① "马蒂诺"是"马丁"一名的意大利语拼法。

1950年代作为邮轮歌手的贝卢斯科尼。战后,他与孔法洛涅里组建了一支乐队,并在米兰的舞厅里演出。后来贝卢斯科尼成为了一名邮轮歌手兼导游。

轻人穿着整洁、时髦的夹克，打着领带，戴着一顶平顶草帽，对着1950年代风格夜总会的麦克风倾情歌唱。

"这是我！"贝卢斯科尼情不自禁地说道，"这是十六岁的我唱歌时的照片。就像我妈妈常说的那样，我总是海滩上最帅的男孩。"他快速地进入了另一间堆满他过去的纪念品与奖杯的房间。

突然之间，圣马蒂诺别墅弥漫着怀旧的气氛。贝卢斯科尼从来都是和蔼的导游，从来都渴望让人感到愉快，他拼了命地要好好表现。他是永不停歇的表演者，不会害羞的推销员，一个出售梦想的人。多年来他都是意大利的里根，带着自己的糖豆和让人愉快的感觉。他还把自己定位为意大利的撒切尔，但从未能实现一场自由派革命。他富有魅力地与选民闲谈，承诺减税，承诺整个世界，拍着人们的背，举起婴儿；在他的生活和政治生涯中，他从来都是个民粹主义者。"我们的目标是让顾客开心！"这似乎就是他的口号。多年来他还一直是欧洲任职时间最长的领导人，他见证了一系列在全球范围导致剧变的事件：从冷战结束，到对萨达姆的热战；从阿拉伯之春和卡扎菲的毁灭，到2011年撼动欧洲并几乎让他的祖国意大利沉没的金融危机。说来也奇怪，他对于国际事务的争议性观点常常被近来的历史证明是有道理的。

他是如何做到的？这位来自米兰工人阶级地区的白手起家者是如何成为亿万富翁和传媒大亨，进而三次当选总理的？一度当过歌手的他是如何主宰祖国的命运达二十多年之久的？

贝卢斯科尼解释起他成功的秘密来毫不费力。

他眨着眼，带着标志性的好莱坞式笑容说道："我是个天生的引诱者。"

贝卢斯科尼再次露齿而笑了。此时他坐在自己最喜欢的客厅里,背后的窗外是一座白色大理石喷泉;他开始解释自己的人生策略,自己如何得到想要的东西。

"当我的敌人们指责我是个天生的引诱者时,他们以为是在批评我,"他开始说道,"但我对他人一直是开放的。我对他人十分尊重,我总是试图从别人的角度来想象我自己。所以如果某人是凹的,我就变成凸的;如果某人是凸的,我就变成凹的。通过这种方式,我总是能够成功地建立起一种人际关系,一种感觉,一种与我正在打交道的那个人的化学反应。他们称其为共鸣,但共鸣常常是必要的工具,我能够凭此实现我的目的,实现热情、友好的合作。"

这种让人愉悦的欲望,以及通过让他人微笑令自我感到安心的快乐感,似乎深植于贝卢斯科尼的内心。怎样的童年造就了这样一位魅力十足的追求快乐的年轻人?也许这是一种防卫机制,也许这是一种取得成功的途径——自食其力地将自己的魅力变为一份工作、一笔交易、一门生意、一个帝国。考虑到贝卢斯科尼是以一种老派的方式发迹的——他来自一个下层中产阶级家庭,早年生活在战时意大利的贫困之中——就不难理解这种令人感到愉悦、让自己变得机智、运用魅力来达到自己目的的渴求了。

贝卢斯科尼出生于1936年9月29日,父亲名叫路易吉(Luigi),是一位银行职员,最终升入了管理层;母亲名叫罗莎,她后来在米兰为倍耐力(Pirelli)轮胎公司担任秘书工作。贝卢斯科尼一家住在米兰一个丝毫不宜人的居民区的一栋小公寓里;这个居民区被戏称为"孤岛",这个无人地带毗邻横跨铁轨之上的一座人行桥,被夹在米兰城最大的两座火车站的污秽之间,其中的一座是加里波第门(Porta Garibaldi)火车站,另一座是米兰的中央车站(Stazione Centrale),相当于纽约的大中央车站(Grand Central Station)。他的妹妹安东涅塔(Antonietta)生于1943年,弟弟保罗(Paolo)出生在二战之后的1949年。

"这个居民区很有活力,有点儿工人阶级气息,有点儿下等中产阶级气息,有点儿粗鲁。"贝卢斯科尼儿时的朋友费代莱·孔法洛涅里(Fedele Confalonieri)回忆道,"居民区里并没有有组织犯罪,但有很多爱惹事的人。这是个贫困的居民区。我记得很清楚,因为我与贝卢斯科尼出生在同一条街上,在沃尔图诺街(Via Volturno)。有趣的是,我记得贝卢斯科尼家的公寓就位于当地共产党办公室的对面。"

孔法洛涅里记得"当时有一种普遍的贫困",尤其是在1940年后,当墨索里尼对法国和英国宣战,以希特勒德国坚定盟友的身份加入了二战后。孔法洛涅里和贝卢斯科尼都记得米兰遭受的地毯式轰炸,盟军轰炸了工厂、教堂、学校、办公楼和公寓,导致许多家庭逃离了城市,去往附近的乡村避难。

"我永远不会忘记,"贝卢斯科尼说,"盟军在1943年对米兰的轰炸。当时我六岁半,我记得有一天炸弹正好落到了我们居住的沃尔图诺街上。在那之后我的父母决定离开米兰,居住在乡间一个人口不足一千的小村子里。它在米兰城北大约一小时路程的地方,距离科莫湖(Lake Como)不远,在去往瓦雷泽(Varese)的路上。那里是农场,从来没被轰炸过,所以是安全的。我母亲在那儿有些亲戚,他们接待了我们,让我们睡在两个房间里。"

在贝卢斯科尼一家于1943年春天离开米兰后不久,墨索里尼被推翻了,美国人来到了西西里,意大利与盟军签署了秘密的停战协定,并由此转投另一方,抛弃了希特勒。作为回应,德国入侵、占领,并很快征服了意大利。盟军对被德国控制的米兰的轰炸仍在继续。

"在1943年,所有这些发生得非常迅速,"贝卢斯科尼说,"由于我父亲是反法西斯的,所以朋友们建议他离开意大利,逃往瑞士。于是他越过边境,来到了瑞士;父亲不在身边,我们就孤零零地待在这个小村子里。突然所有事情都落在了我母亲的肩上。当时我母亲每天都要前往米兰上班,她是倍耐力总经理的秘书。因为轰炸,身处米兰是危险的。对我而言,这段记忆就像发生在昨天一样。她每天早上五点就起床,步行三千米到电车站,然后坐车到火车站,乘火车到米兰,再坐电车去上班。她每天下午五点下班,回到乡间。我每天都去那儿等她。每天早上她又得离开时,我真的非常伤心。我记得每次离开前,她都会吻我一下。"

贝卢斯科尼讲述这段往事时,他的左脚开始紧张地拍打着地面。

贝卢斯科尼回忆道,当战争期间他们待在距米兰城西北约二十二英里处的伦巴第村庄奥尔特罗纳·圣马梅特(Oltrona San Mamette)时,和他生活在一起的不只有他母亲。"还有我的外祖父和祖母。所以基本上我母亲要供养五口人,而且周围没有多少食物。"

显然,当不远处的米兰城正遭受轰炸时,在临时住所生活三年时间,这段经历对贝卢斯科尼的成长具有重大影响。当他们撤离米兰时,他还未满七岁。他们的钱不多。父亲越过了边境,去往了瑞士。于是刚刚生下安东涅塔的母亲不仅成为了唯一养家的人，还成为了对年幼的贝卢斯科尼而言，这个充满了不确定性的世界里，唯一的确定性。

与许多生活在遭受战争创伤的意大利的孩子一样，年幼的贝卢斯科尼同样要为家里出一把力：放学后捡拾土豆，挣取几分钱，以及打各种零工。有时候一家的晚餐是他挣来的，在这个产奶的地区晚餐常常包括搅拌了酸奶或是牛奶的玉米面或是面包片。

"当时，"贝卢斯科尼回忆道，"每天傍晚我都会去附近的农场帮忙挤牛奶。我会干上一个半或是两个小时。他们会给我一小金属篮子的'卡亚达'（Cajada）作为报酬，这是一种黏稠的、酸奶状的物质。每天晚上我回家时，为了好玩我都会三百六十度地晃动这个篮子，由于重力作用，酸奶并不会流出来。不过我记得，有一次在回家的路上我遇到了几位朋友，我想卖弄一下，向他们展示如何晃动篮子一圈而不让酸奶流出来。但有人抓住了我的手肘，结果酸奶流了一地。当晚回家后，我给母亲惹了大麻烦，因为我们没有晚餐可吃了。"

夜间，尽管村子距离米兰二十多英里远，但隔着田野和山谷，贝卢斯科尼还是能够看见远方燃烧着的城市；轰炸过后，成片成片都被点燃了，在乡间，所有这一切都清晰可见。

正是由于这一实实在在的危险，贝卢斯科尼家中的所有人都很担心罗莎每天上班的旅途。但大家都认为，罗莎具有果敢、坚强的个性，其执拗就和她儿子日后将表现出来的一样，有时候甚至是无畏的。事实上，在2010年贝卢斯科尼对以色列进行国事访问期间，以色列总理内塔尼亚胡（Benjamin Netanyahu）在国会中讲述了一段不寻常的插曲。

在战争的最后两年中,墨索里尼臭名昭著的1938年"种族法案"依然有效,纳粹则控制了意大利的多数地方,数千犹太人被聚集起来,送往德国的集中营。

"我母亲与其他通勤者每天早晨都乘坐同一趟火车,所以乘客们大多认识彼此的面孔。"贝卢斯科尼回忆道,"某一站一个带着枪的法西斯警察上了车,看见了一位年轻的姑娘,说道:'啊,你在这里!我找你可找了一会儿了。跟我来。'显然,这位姑娘是犹太人,被警察带走几乎肯定意味着被送往集中营。我母亲站出来面对这位警察,说道:'不。你应该放开她,就当从来没见过她。'警察要我母亲闭嘴,他说道:'坐回去,要不我就杀了你。'但我母亲依然站立着,说:'好,你动手杀我吧。但看看你周围,看看车上人们的面孔。你可以杀我,但我保证你没法活着下车。'所有其他乘客都站了起来,围住了警察。他看了看周围,意识到即使杀了我母亲,他在数量上也敌不过乘客,他会被群众碾碎。于是他下了车。这位姑娘得救了。"

内塔尼亚胡在国会中讲述了这个故事,并补充道:"这位意大利女性用坚定的话语拯救了犹太姑娘。在弥漫整个欧洲的黑暗之中,她点亮了一丝人道与勇敢的光芒。这位勇敢的女性名叫罗莎,她的一位儿子叫做西尔维奥·贝卢斯科尼。"

讲完这个故事后,贝卢斯科尼深吸了一口气,停了下来。看上去这些战时意大利的儿时记忆令他颇感安慰,讲述这些记忆就如同一种疗法一般,现在他说话时充满了热情。

"我的母亲激励了我,但我真的很想念父亲。"他说道,"战争期间我们都感受到了他的缺席。我们在村子里生活的整整三年时间里，他都不在。我尤其记得，每个周日早晨祖母都会带我去乡间的一座小教堂参加弥撒。有一次我看到一个男人坐在我前面几排的位置，至少从后面看，他的脖子和衣领看上去很像我父亲。接下来的一个多月里，每个周日我和祖母都坐在这个男人身后，每当我看到他，我就开始默默地哭泣，我真的很想念父亲。战争结束后，许多逃往瑞士的意大利人开始返乡。但我的父亲属于最后回来的一批。我记得每天傍晚六点左右我都会长途跋涉，去往最近的汽车站，看着人们下车。但我父亲从来都不在乘客之中，于是每晚我都会哭着回家。日复一日，都是如此。终于有一天，他回来了。他下了车，我们拥抱，然后我们在家里进行了欢庆。我的父亲终于回家了！你能想象，对于一个当时还不满十岁的孩子而言，在战争期间离开父亲长达三年时间，这意味着什么。"

此时已经是1946年了，战争结束了，临时住在乡间、捡拾食物、等待家人重逢的日子也过去了。但这段经历显然在这个小男孩的身上注入了强烈的求生本能，也让他养成了一定的脾气。

"说老实话，"贝卢斯科尼回忆道，"在乡间的小学校里，我并不是很受人喜爱。当地的孩子讨厌我们这些从米兰逃来的孩子和他们待在一起，占据学校里的地盘，总是在找寻食物，等等。当时，方言里有句相当粗俗的话，大概可以翻译成：'米兰佬，滚开！'有个恶霸不停地找我麻烦，有一次他拿雪球砸我，还有一次他放狗追我，等等。我要讲的是小学二年级时的事。7月的一天下起了强雷阵雨，雨一直下个不停。我们所在的村子位于山脚；学校在山上，教堂在靠下的位置。只有两条铺有鹅卵石的小路通往山下。没有下水道，没有排水系统。因此当下大雨时，积水就如同急流般落下，在山下的广场上就形成了一块洪涝区域。这一天和往常一样，他又在骂我，非常令人讨厌。我永远不会忘记那一天，因为我第一次决定还击；很快，半个学校的人都围了过来。这就如同OK牧场的决战①一样。我们扭打在一起，其他的孩子则火上浇油。终于我成功地抓住了他，把他的头按在水里。我对他叫着：'你再也不敢让我滚开了！你再也不敢这么说了！明白吗？现在叫我"叔叔"！'他大叫'叔叔'，并承认输了，然后我放他走了。"

此时，贝卢斯科尼就像一位哑剧艺术家一样打着手势，演示着当时的场景，就好像他仍然在把那个恶霸的头按在水里一样。在他宣布胜利的那一刻，在回忆童年的过程中，他脸上第一次露出了标志性的一千瓦特的笑容。"从那一刻起，在接下来的日子里，我都被当成了一名领袖。"

当贝卢斯科尼一家终于在战后回到了米兰后，他的父母决定送他上附近的一所天主教学校：一所慈幼会学校（Salesian College）。对战后意大利的许多家庭而言，让十一二岁的孩子上慈幼会学校，并不是不寻常的事。富人或是贵族家庭可能会送孩子上耶稣会学校，但如果你不具备这样的社会地位，或是你住在了道路的错误一侧，那么选择就是慈幼会学校。

在十二岁到十九岁之间，贝卢斯科尼就读于唐·博斯科慈幼会学院，它距离沃尔图诺街的贝卢斯科尼家不到半英里。乔瓦尼·梅尔基奥雷·博斯科（Giovanni Melchiorre Bosco）是19世纪的一位罗马天主教神父，被人们尊称为唐·博斯科。他主要是一位教育

---

① OK牧场枪战发生在牛仔和执法官之间，被认为是美国狂野西部历史上最著名的枪战。

家和作家，一生中的大部分时间在工业城市都灵度过，他致力于流浪儿和失足青年以及其他弱势青年群体的教育。他的教学法是以严格的纪律与古典教育为基础的，内容主要是拉丁语、团队运动，还有祷告。

唐·博斯科是圣方济各·沙雷氏（Saint Francis de Sales）的拥护者，这位16世纪的贵族接受的是耶稣会的教育，被称为"绅士圣徒"。唐·博斯科于1859年建立了慈幼会，旨在帮助工业革命时代的贫困孩子。慈幼会章程将其使命称为"通过践行对年轻人——尤其是穷人——的精神与物质上的慈善工作，以及将男孩培养成神父，令成员们达成基督教的圆满"。

在20世纪，曾就读于慈幼会寄宿学校的名人包括电影导演希区柯克（Alfred Hitchcock），以及墨索里尼和现任教宗方济各（Pope Francis）。

对于慈幼会学校的学生而言——至少在早些时候——这里意味着纪律、严厉和相当多的体罚。

九岁时，向来古怪的希区柯克在南伦敦的巴特西慈幼会学院（Salesian College of Battersea）只待了一周时间。1908年时，希区柯克的父亲前来看望儿子，他发现严厉的慈幼会神父们认为应该在孩子们的晚餐里加入大剂量的泻药，以此来洗清他们精神与肉体上的所有疾病。他随即把希区柯克接回了家。

对墨索里尼而言，慈幼会学院的神父给予他的严厉对待似乎对他的成长具有重大影响。桀骜和反叛的他认为学校的迫害让自己成为了受害者：神父把他安排在最低级别，并且在课堂上、就餐时，甚至在就寝安排上，都对他进行羞辱。上了不到两年学后，还不满十一岁的墨索里尼与同学进行了一场凶残的打斗，用刀刺伤了对方的手。墨索里尼被认为是暴力的和无法控制的，他不久之后就被逐出了学校。相比之下，在1949年，对于另一位慈幼会学校的学生、名叫豪尔赫·马里奥·贝戈利奥（Jorge Mario Bergoglio）的阿根廷男孩而言，在学校里的经历就要愉快得多了；六十四年之后，这位男孩成为了教宗方济各。作为六年级学生，贝戈利奥进入了位于布宜诺斯艾利斯西侧的拉莫斯·梅希亚市（Ramos Mejia）的维尔弗里德·巴龙慈幼会学院（Wilfrid Baron Salesian College）。不寻常的是，差不多十年之后，他又进入了一所耶稣会神学院，由此成为了罕见的曾就读过慈幼会和耶稣会学校的例子。一般而言，一个家庭只会在二者之中选其一。

日后，教宗方济各把在慈幼会学院度过的时间称为"对我而言的一切；我们沉浸在对生活的准备之中。日子飞驰而过，我们从来没有懈怠的时间"。教宗描述了漫长的每一天：始于早晨的弥撒，然后上课，接着是简短的午餐，更多的课程，课后与神父进行娱乐活动，其后是家庭作业，之后是为学校里最资深神父的寄宿学生举行"晚安"仪式，再然后是熄灯。教宗尤其记得关于"在一起生活的社会价值"的谆谆教诲。

贝卢斯科尼有着类似的感受，他指出，"在唐·博斯科的慈幼会学校我学到了在生活中互动以及与所有人融洽相处的价值"。

他们的性格、生活和职业生涯都截然不同，不过贝卢斯科尼与教宗方济各几乎同岁；两人都出生于1936年下半年，都在十二岁时进入了慈幼会学院。

"在慈幼会学院度过的八年，是我生命中对于成长影响最大的一段经历。"贝卢斯科尼说,"纪律非常严格。从早上八点半,到下午五点,我们一直待在学校里。每天早晨我们都参加弥撒,我是一名辅祭。然后我们要上课:拉丁语、古希腊语、数学,或是文学。然后中午有一个小时的午餐时间。当下午五点或是五点半终于回家后,我们总是有着沉重的作业负担。甚至对我这样的男孩而言,这也不轻松。每晚我都得学习到九点,此时我父亲在工作了一天后也回家了。由于在战争期间离开了他长达三年时间,我每天都非常急切地等待他回来。我对这些记得很清楚,因为每天傍晚当他回家时,无论他是否辛勤劳累了一天,无论他是发愁还是忧伤,每当我们公寓的大门打开,这总是让我感到快乐。他总是让我们感觉很棒。我常说,我父亲的口袋里装着纯净的阳光。"

在一些同学的记忆中,学生时代的贝卢斯科尼学得很快,甚至在当时就极具企业家精神:这位年轻人会迅速完成家庭作业,然后常常帮助其他同学,换取点儿糖果或是零钱。

十二岁时,在慈幼会中学他第一次遇见了儿时朋友孔法洛涅里。两人一同在学校里度过了七年时光,并建立起了终生的友谊。比贝卢斯科尼年轻一岁的孔法洛涅里将成为贝卢斯科尼的知己和首席顾问,并最终成为他的商业电视帝国的主管,以及其控股公司菲宁维斯特(Fininvest)集团的主席。

1940年代末,他们每天都一起放学回家,毕竟他们住在同一条街上,只相隔几个门。

贝卢斯科尼还记得在学校的弥撒上第一次见到孔法洛涅里的情形。"那是早上八点半,"他说,"我当时已经负责在弥撒上弹管风琴,引领唱诗班的孩子们唱歌了。一天费代莱走了进来,显然他从一开始弹管风琴的水平就远胜于我。他在音乐学院上过课。于是我就把这一职责交给他了。"

孔法洛涅里还记得,这位朋友是天生的表演者。"他总是娱乐我们所有人。他真的有魅力,他出演校园剧,为校报撰稿。当然,在慈幼会中学每天都有弥撒。每天早上我们都参加弥撒,说实话,对于十来岁的孩子而言这有点儿过多了。不过我想,最初是音乐让我们走到了一起。我们曾举办过即兴演奏会,我弹管风琴或钢琴,他唱歌,通常是美国歌曲。你可以看到,他总是希望让其他人感到愉悦,他总是希望娱乐他们。"

被问及这些时,贝卢斯科尼凝视着远方,似乎暂时失忆了。"是的,"他终于说道,"费代莱演奏键盘乐器,这是他的职责。我则开始专门负责为访问学校的重要客人致欢迎词,有时是主教,有时是枢机主教。我成为了司仪、庆典的主管、学生中的官方致词者。老师对我的表现很满意,有时我甚至完全用拉丁语致欢迎词,毕竟我们学了八年的拉丁语和五年的古希腊语。这是一所很严格的学校,如果你做得不对,他们就会把你扔出去。所以我们必须学很多东西。"

这时贝卢斯科尼再一次打趣般地咧着嘴笑了。

"我的家族真的挺庞大。"他说道,"我所有的阿姨和表亲中共有八位修女。八位修女!其中有几位就住在离慈幼会中学不远的一所修道院里。于是当我为来访的枢机主教或是主教致辞时,她们常常会来现场看我。事后,其中的一位把我叫到一边,说了些日后多年都将被重复的话:'你会成为一位多么英俊的枢机主教啊!'她欢喜地对我说道。"

说完这则轶事他大声地笑了起来，费了好大劲才说出了随后的话。

"我最后一位在世的表亲也是一位修女。多年之后，有一次在我发表了公开演说后，她对我说：'你将成为一位多么伟大的教宗啊！'我得说，现任教宗的行事方式也正是我想做的。但你得承认，尽管我们几乎同岁，但我看起来还是比他要年轻。"

贝卢斯科尼是无法被遏制的，是无法被改正的。

在他和孔法洛涅里从慈幼会中学毕业之前，他们已经投身娱乐业了。在学校的最后一年，他们已经组建了一支五人乐队。"他是音乐大师，他弹钢琴；我是主唱，我弹立式贝斯和吉他。"贝卢斯科尼回忆道，"我们一般在周六晚上和周日下午演出。我们的演出真的很棒，能赚一大笔钱。我们真的很棒。"

永远有竞争力，永远是最好的，永远是第一名。

对于这两位慈幼会的交际高手而言，这支由贝卢斯科尼担任贝斯手、孔法洛涅里担任键盘手的新组建的乐队似乎是个天然的召唤。贝卢斯科尼的老友孔法洛涅里确认了，年轻的贝卢斯科尼确实是位不错的歌手。

"是的，贝卢斯科尼有副好嗓子，他是位很不错的歌手。"孔法洛涅里说道，"我们早年曾表演过所有的意大利浪漫旋律，他也曾写过情歌。但他真正唱得好的是法语歌，甚至英语歌。就1950年代而言，他相当现代，相当时髦。我们曾在舞厅里演出，这相当于今天的迪斯科舞厅；区别在于，当年午夜时我们就睡觉了，而现在午夜时人们甚至还没去迪斯科舞厅。"

"之后，我们转到米兰的夜总会演出，有时还去派对和婚礼等特别场合演出。是的，当时我们挣的很多。贝卢斯科尼演唱的《我有趣的情人》（My Funny Valentine）非常出色；他还演唱过格什温（George Gershwin）的许多歌曲，例如《可以拥抱的你》（Embraceable You）、《端庄淑女》（Lady, Be Good）、《我找到了节奏》（I Got Rhythm）和《我爱的男人》（The Man I Love）；他还能演唱弗兰克·辛纳特拉（Frank Sinatra）的所有热门曲目；他还会唱杰罗姆·克恩（Jerome Kern）、罗杰斯与哈默斯坦（Rodgers and Hammerstein）写的歌，所有那些百老汇音乐剧里的热门歌曲。在十八九岁的年纪，我们就能凭自己的收入买许多唱片了。想想吧，今天你可以免费下载所有这些音乐！"

两位朋友毕业后，都将前往米兰大学学习法律。不过他们仍在继续兼职演出，直到快年满二十一岁。

与在意大利广为流传的说法不同，孔法洛涅里表示并没有与贝卢斯科尼一道去邮轮上演出："因为我晕船。"不过他们之所以在大学毕业后在音乐事业上会分开，不仅仅是因为邮轮的缘故。

"我们一直保持着友谊，"贝卢斯科尼说，"不过他是个很苛刻的家伙，有时会提出严厉的批评，所以我们总是在争论。我们争论足球、音乐，以及很多事情。事实上，在我们二十来岁、已经上了大学的那个时候，我们的乐队是他说了算。他解雇了我。"

贝卢斯科尼现在给出的理由有力地证明了，在很早的时候，营销的染色体就存在于他的血液中了。

"他解雇了我，因为他认为我在观众身上、在舞池里的那些人身上花了太多时间，花在表演上的时间太少。我试图告诉他，我所做的纯粹是营销，这是重要的和有用的公关，我努力说服人们来看我们的演出,而不是去其他地方。可是他希望我弹立式贝斯,因为他喜欢我弹贝斯的方式。顺便说一句,我有时还会打鼓和弹吉他,偶尔还弹过钢琴。但他说:'西尔维奥!我需要你弹贝斯。'有一天我们争吵了很长时间,他指责我在公关上花了太多时间,花在弹贝斯上的时间不够。于是他解雇了我。就是这样!当然,我去往其他地方表演了。三周之内,所有人都来看我的演出;而他最后去了贝鲁特(Beirut)演出,在黎巴嫩!"

在被朋友解雇之后,贝卢斯科尼在夏天开始为歌诗达邮轮(Costa Cruise Lines)工作,最初是作为歌手,后来成为了万事通。另外,他已经是一名兼职婚礼摄影师和兼职真空吸尘器推销员了。不过,自称为"天生的引诱者"的这个人是在做一名媚俗的歌手时,认真地磨炼了自己的交际技巧,娱乐着这艘往返于海洋之间的大邮轮上的乘客:染了发的传统老太太,以及度蜜月的新婚佳人。

"最初我在'兰布罗爵士乐团'(Lambro Jazz Band)里弹贝斯,这个乐队是以流经米兰的兰布罗河命名的。乐团里有五位乐师,我最后成了主唱。不过,每个午夜在邮轮的主甲板上还有一场表演,在节目单上的名字是法语的'一个声音,一把吉他'(Une Voix et Une Guitare)。那就是我!我是个真正的表演者。我的曲目包括一百五十首不同的歌曲,我还会满足观众的要求。我甚至为一些亲切的女士无中生有地创造歌曲,也许是为了表现得亲切吧。我一直很擅长填词,我很会押韵。我过得非常开心。"

贝卢斯科尼回忆自己作为邮轮歌手度过的夜晚时再次笑了。

"在邮轮上我非常努力地工作。早晨我从甲板的游戏区开始,负责组织所有游戏。下午当邮轮停靠码头后,人们会下船游览城市,我就化身为导游,尽管多数时候我压根从未到过这些地方。不过我会好好研究这些地方,这样就能当导游了。晚上轮到乐团了,我们从九点一直表演到午夜,乘客们则跳着舞。从午夜到凌晨三点,我又成了'一个声音,一把吉他'的独唱。我真是挺忙的。"

贝卢斯科尼说他常表演许多辛纳特拉的歌曲,但他真正热爱的是法国情歌。

"最初,我专门演唱意大利歌曲,我填词,费代莱作曲。不过我爱法语曲目,我爱法国情歌。我想这是因为我在巴黎待过一段时间。这是在我结束米兰大学的法律学业之前,在我获得学位之前。我在索邦大学(Sorbonne University)选修了一门比较法学课程。待在巴黎期间,我在一家歌厅当兼职歌手,这很棒,我很喜欢这段经历。但我父亲对于我结束课程之后没有返回米兰感到不高兴。他一直要求我离开巴黎,回到家乡。"

现在,为了营造戏剧化的效果,贝卢斯科尼将身子向前倾了倾。

"有一天晚上,我正在歌厅里唱歌,他突然默默地到场了。他站在那里,从房间的后端注视着舞台上的我。表演结束后,幕布落下,我回到了化妆间,他出现在门口,对我说:'那么你打算一辈子都当驻唱歌手?'我知道我必须放弃了。我们拥抱了。第二天早上我们离开了巴黎,我完成了在米兰大学的学业,我作为歌手的生涯就此告终。"

随后,贝卢斯科尼的父亲将儿子带回家、让他完成学业时,也许曾期望发生的事情真的发生了。当贝卢斯科尼于二十五岁那年从米兰大学毕业后，他立即展现出了商业天赋。他完成了从表演者到初出茅庐的企业家的跨越。他的表演技能变成了他的销售技能。他成为了一位二十多岁的生意能手。身为贝卢斯科尼，他所着眼的绝不是小事。

这位邮轮歌手即将成为米兰的少年大亨。

第二章：生意能手

在二十五岁时，贝卢斯科尼做成了他的第一笔房地产生意。那是在1961年，他刚从米兰大学毕业，获得了商业法的学位。这位邮轮歌手变身成了一位办公室助理和万事通：他正在米兰一家小型建筑公司里兼职。

在新意大利的金融首都米兰，建筑业正在蓬勃发展。1960年代初是一段经济惊人增长、实现了战后繁荣的时期。烟囱立起来了，意大利人变得富有了，新的消费阶层兴起了。这股战后的经济热潮被称为"意大利奇迹"。伴随着工业化和城市化的进程，以及来自贫穷的、以农业为主的南方的移民工人的涌入，在米兰出现了大量的工作岗位，但住房供应不足。普遍的富足意味着新兴中产阶级能够为自己购买第一辆菲亚特500小轿车，或是在城里购置一处新的、不算太贵的住房或公寓了。

对于年轻的贝卢斯科尼而言，1961年兴旺的经济只意味着一件事：机遇。他一直留心寻找着生意。他一直在寻找着方向。从很早的时候起，贝卢斯科尼的DNA中就深深地植入了做生意的染色体。他是个天生的推销员。他的学位论文主题是市场营销，这并非偶然。二十五岁时，凭借这篇论文，贝卢斯科尼获得了最高分；他带着荣誉学位从大学毕业了，甚至还从米兰当地一家正在发掘人才的广告公司那里赢得了五十万里拉的奖金。

毕业后，贝卢斯科尼拒绝了第一份工作邀请。这份邀请来自拉西尼银行（Banca Rasini）的老板卡洛·拉西尼（Carlo Rasini）。贝卢斯科尼的父亲路易吉已在这家米兰的小型银行忠诚地工作了许多年，从底层逐步晋升，此时他已经成为了一名高级经理。

拉西尼先生向年轻的贝卢斯科尼提供的是银行出纳这一入门职位，但贝卢斯科尼拒绝了。他心中怀有更大的梦想：他梦想着做成自己的第一笔生意。他在米兰市中心以西一处新兴的居民区里发现了一块令人心动的土地。这块土地位于阿尔恰蒂街（Via Alciati）上。他认为这块地很有潜力。

贝卢斯科尼凝视着在他家庭办公室的墙上悬挂着的一组海报大小的黑白照片，他回忆道："我记得我刚毕业，获得了商业法的学位。"这间办公室其实是阿尔科雷的圣马蒂诺别墅里一个堆放得过满的带有书房和安全室的复式房间。办公室里摆放着一张大号的木桌，桌上安置了一套内置的老式立体声系统，用于播放密纹唱片；楼上的卧室还附带有一间浴室、一个按摩浴缸和一间桑拿房。当贝卢斯科尼注视着墙上的照片时，他兴高采烈地打着手势。他很乐于谈论自己从事房地产业的早年经历。毕竟，贝卢斯科尼是通过房地产赚取了自己的第一桶金。

贝卢斯科尼最初的商业计划极其简单。此前,正是拉西尼先生介绍他认识了彼得罗·卡纳利(Pietro Canali)这位银行客户。卡纳利的那家建筑公司只是小规模的建造商;他并非真正的企业家,只承包别人的工程,从来没有开发过自己的房地产项目。直到贝卢斯科尼出现。

贝卢斯科尼希望与卡纳利建立新的房地产合伙企业,专门利用这家新公司来收购阿尔恰蒂街的那块土地——这几乎是整整一个街区——然后用银行贷款来资助卡纳利建造四幢住宅楼。贝卢斯科尼毫不感到害羞,他希望与自己的老板拥有同样多的股份。卡纳利也是贝卢斯科尼的父亲所在的拉西尼银行的客户,贝卢斯科尼的父亲在银行里是能发挥影响力的。此外,拉西尼先生早已表现出了对贝卢斯科尼的喜爱,曾向他提供了一份出纳的工作。于是,贝卢斯科尼的大脑开始飞速运转,谋划着如何将他的商业战略与自己的这一小张关系网结合起来。

"我先和父亲进行了交谈。然后我去找卡纳利,提议我们一起建立一家新公司。我想好了一个非常好听的名字:米兰联合建筑公司(Cantieri Riuniti Milanesi)。"贝卢斯科尼回忆道。

卡纳利最初的态度十分轻蔑。

"他只给我5%的股权,"贝卢斯科尼说,"我告诉他,我更希望在5后面加个零,也就是50%。我希望成为占一半股权的合伙人。他说我简直是疯了,我还只是个孩子。他问我,怎么会觉得自己能弄到足够多的钱来实现这一计划。我告诉他,我将找到土地,与卖家洽谈;他将成为土地的建造商,而我将让年轻的建筑师朋友进行房地产开发,并负责销售。我还告诉他,如果我们能够从银行处获得贷款,并从买家处获得押金的话,我们就不必投入特别多的资本。最终他同意了。他说他也疯了,而我既然有勇气要求成为占一半股权的合伙人,那么我甚至比他还要疯狂。也许两个疯子真能一起成就一番事业吧。"

"我们在银行开了个会,关键问题在于卡纳利先生此前从未做过这种事情。但我已经检查好了所有的事项,从市场状况,到土地的售价。我甚至还接触了卖家,他显然急需钱。于是我算了算,然后前往国民劳动银行(Banca Nazionale del Lavoro),请求他们贷给我五亿里拉。银行提出的贷款利率非常高。银行董事看着我说:'你为什么不回家跟你爸爸谈谈,明天再告诉我是否接受我们的条件。'我不能这么做。如果我父亲听说我外出想找银行贷五亿里拉,他会昏过去的。"

不过最终,贝卢斯科尼的父亲还是伸出了援助之手。"我父亲动用自己积攒下来的退休金,给了我三千万里拉。我们建立的新公司'米兰联合建筑公司'的初始资本是五千万里拉,其中我出了一半——这要感谢我的父亲;卡纳利先生出了另一半。"

拉西尼也助了一臂之力,提供了第一笔按揭,并为用于购买土地的一笔一亿九千万亿里拉的资金提供了担保。

对于年轻的贝卢斯科尼、他的新伙伴卡纳利,以及在拉西尼银行工作的父亲路易吉而言,幸运的是经济形势以及对建筑业和新住宅开发的开支都十分强劲。时机意味着一切。在繁荣的意大利,米兰是兴旺的首都。肯尼迪(John F. Kennedy)总统正执掌着白宫,柏林墙在德国被筑起,索菲亚·罗兰(Sophia Loren)成为了意大利影坛的万人迷，费里尼（Federico Fellini）是世界顶级的导演，收入在增长，生活普遍而言是富足的。

从拉西尼银行获得了初始资金后，贝卢斯科尼便开始启动阿尔恰蒂街的住宅项目。他的预算极为有限，往往让许多密友和家族成员也参与自己的这门生意：除了父亲之外，还包括一位舅舅、一位表亲，以及大学时的几位朋友。稍后在1970年代初，他又说服了儿时好友孔法洛涅里来为自己工作。

贝卢斯科尼不仅仅一直是有魅力的交际高手，他更是一位工作狂。从一开始，他就在自己的所有生意中扮演着多重角色：企业家、交易者、建筑师、装饰师、财务经理、建筑工头、园丁、销售总监、首席推销员、推广人，等等。不过，贝卢斯科尼最为享受的角色还要数推销员，这也将成为他一生中最主要的角色。

"当时我们经历了许多奇遇。"贝卢斯科尼在回忆时，咧着嘴笑了起来。他看上去像是发现了金矿。他还记得1961年7月一个炎热的夏日，当时二十五岁的自己赤裸着上身，站在售楼处外的一架梯子上，手中拿着一把油漆刷。

"我当时就在阿尔恰蒂街项目的工地上。我们得盖一间展销厅，也就是在施工现场临街的地方盖一间售楼处，这样人们就能造访这儿了。但我们没有预算。于是我让卡纳利先生给了我一间破旧的工地办公室。那是一间小木棚。我们尽可能地将它整修好。我从家里搬了些家具过来，让它看上去漂亮一些。当然我们还得将办公室的正面粉刷一新，于是我选择了最喜欢的颜色：蓝色。"

为了制造效果，贝卢斯科尼停顿了一下，又咧开嘴笑了。

"于是我就拿着油漆刷，爬上了梯子。那是7月里一个炎热的午后,我光着上身,想在粉刷的同时晒晒太阳。突然一对中年夫妇出现了。他们告诉我,自己的女儿就要出嫁了,而他们就住在附近,实际上就在这条路的前方;如果在这里就能为女儿找到一间公寓,那该多好啊!他们问我能不能告诉他们相关的信息,或是告诉他们应该找谁。我觉得总不能告诉他们,手里拿着油漆刷的这个家伙就是这家公司的总经理吧。于是我装出一副怪嗓音,说我这就去叫老板,让他们等一会儿。然后我冲到这件狭小的办公室里,迅速地把自己收拾干净,穿上衬衣,打好领带。然后我回到外面,装成销售经理的样子。我就是这样卖掉自己的第一间公寓的。当然啦,过了一段时间,当我逐渐熟识了我最早的顾客,也就是这对夫妇后,这位男士对我说道:'你知道吗,当我第一次来到这块工地时,我遇见了一个男孩。他长得和你几乎一模一样,正在外面进行粉刷呢。'"

贝卢斯科尼欢笑着说起自己对这位糊涂顾客的回复。

"我告诉他,他遇到的肯定是我的表亲;我表亲长得很像我,但他不是太机灵。"他回忆道,"不管怎样,重点在于我卖掉了第一套公寓。我的朋友孔法洛涅里的妈妈成了第二位顾客。当时她过来看看我的房子盖得怎样。"

贝卢斯科尼大幅度地打着手势,就如同正和孔法洛涅里的母亲一道,在空荡荡的建筑工地四周漫步一般。

"我带费代莱的母亲去工地转转,"贝卢斯科尼说道,"我告诉她每幢住宅将树立在哪儿,花园将在哪儿。我一步一步地测量出到庭院和车库的距离。我向她展示了每个细节。除了车库以外,一切都让她满意。最后她买下了整整一层四间公寓。"

在阿尔恰蒂街取得初步成功之后——贝卢斯科尼卖掉了差不多一百间公寓——他开始准备应对更大的挑战。他已经拥有卡纳利先生这位建筑业合伙人了,他的商业理念已经得到了证明,并且已经获得了可信赖的银行贷款与担保,所以,他决定大展宏图。

1963年时,贝卢斯科尼已经做好了迈出一大步的准备:从在一块街区里建造四幢公寓楼,到为四五千名居民建造一个完整的小型"新镇"。他选定的地点是位于米兰北郊一个名叫布鲁盖里奥(Brugherio)的小镇。这个小镇处于通往因F1大奖赛而闻名的小城蒙扎(Monza)的道路上。对于一位二十来岁的小伙子而言,这无异于一次飞跃。此时的他已经被视为兴旺的米兰房地产业界一颗飞速蹿升的新星,一位雄心勃勃、志在必得的新人。

"我开始构想更宏大的项目:我们将建造全功能的、完美的样板公寓,以及售楼处;我们将建造数量四倍于阿尔恰蒂街项目的公寓。我想创造一种全新的城市规划模式。我去找卡纳利先生,他同意了。然后我们又争取到了更多的股东加入,并最终成立了一家名为'埃迪尔诺德'(Edilnord)的公司,开发项目则被命名为'埃迪尔诺德中心'(Centro Edilnord)。我并不喜欢'埃迪尔诺德'这个名字,但其他合伙人很老派,他们喜欢这个名字。"

"埃迪尔诺德"这个名字大致可以被译为"北方建筑"。卡纳利持有少数股份;拉西尼再次助了一臂之力,为新项目提供了更多银行贷款。不过,和阿尔恰蒂街项目的部分资金来源一样,首个埃迪尔诺德项目的大部分资本也来自一家位于风景如画的静谧小镇卢加诺(Lugano)的瑞士信托基金。这些项目的股权结构往往是错综复杂的交叉持股,常常由贝卢斯科尼家族成员担任控股公司的股东。在贝卢斯科尼已经成为了亿万富翁之后，关于埃迪尔诺德公司原始资本的瑞士来源问题，调查者将提出令他感到不快的质问。他将强硬地、恶狠狠地否认任何违规行为的存在。

有关他如何获得当地市政厅对于自己所有房地产项目的许可与授权的疑云同样将笼罩着贝卢斯科尼。对于当时米兰充斥着腐败官员的险恶环境，他记忆犹新。

"埃迪尔诺德项目进行得并不容易。它位于米兰城外的一个小镇，因为我发过誓，再也不会在米兰建造任何东西——那里的政治和繁冗的官僚主义让我根本不可能做成任何事。"

当贝卢斯科尼回忆那个时代时，他低下头看着自己的双手，脸上浮现出交织着难堪与厌恶的表情。

"当时在米兰，要想获得建造房屋所需的各种许可，你必须四处走动。我常说，你在四处走动时，口中还得衔着塞满了现金的信封。要想获得负责下水道和排水系统部门的许可，你得给某人钱；要想取得设立路牌的许可，你也得花钱；然后是红绿灯，又得花钱；这永无止境。我很高兴在布鲁盖里奥项目上，终于遇到了诚实的人。"

然而，当时贝卢斯科尼还面临着一项更加严峻的挑战。新项目动工之际，正值意大利的房地产市场开始崩溃。那是在1963年末。1960年代意大利的这段经济繁荣期有些起伏不定；此时建筑业恰巧遭遇了周期性的衰退，走上了下坡路。

"项目刚刚开始，我们就经历了非常艰难的时光。挑战非常严峻。"贝卢斯科尼回忆道，"新住宅的销售变得非常困难。我的合伙人想要退出了。"

到了1964年,贝卢斯科尼面对着的是一群失去了耐心的投资者。

"我的合伙人告诉我,考虑到令人沮丧的市场状况,最好停止这个项目的建设。他们说,继续下去是毫无意义的。但那时我还年轻,对我而言这个项目非常重要。这只是我一生中的第二笔生意,我不愿意举白旗。"贝卢斯科尼回忆道,"于是我询问他们是否愿意给我三个月的时间来想出一个解决方案,找到一个愿意买下整个项目的下家。我想将一个新主意付诸实践:或许我无法在零售市场上将这些公寓一一出售,但某个大型退休金基金可能会愿意将整个街区买下,作为投资,然后再出租给家庭。我希望尝试一下退休金基金的路径,试着出售整个项目。合伙人同意了,给了我三个月的时间来出售所有公寓;他们说,要是我失败了,他们就会清算公司。"

显然,他非常热衷于谈论这一事迹。

在收到最后通牒时,贝卢斯科尼已经找到了中意的退休金基金以及恰当的联系人。这是一家公司经理的退休金基金。该基金新选出的主席正是贝卢斯科尼认识的一位来自米兰曼佐尼(Manzoni)广告公司的高管。数年前,正是这家广告公司奖励了贝卢斯科尼那篇从合同的角度讨论广告时段的论文五十万里拉。无处不在的人脉以及持久的关系网,这都是贝卢斯科尼风格的标志。

"我前往曼佐尼与这家退休金基金的主席见面,我向他展示了我的想法。"贝卢斯科尼说道,"他很喜欢我。事实上,他是我论文面试的考官之一。我们之间有着很好的关系。但他告诉我,尽管他的退休金基金的确购买过成街区的公寓,但那是在罗马,不是在米兰。我争论道，米兰也是个重要的城市，而且分散投资渠道对他的基金而言也是件好事。但他对我说，这几乎是不可能的，因为他才刚刚接手主席一职，还没有足够强的权力基础。基金的几位董事与罗马的建筑业有着非常紧密的联系，这些人很强硬，他们不希望其他人插足。他心存疑虑，但我坚持向他施压。我问他，能否至少派一名经理查看一下我们的项目。他嘟囔着说，这完全是浪费时间。不过他最终还是让步了，让我去见他的总经理。那个家伙真的非常强硬，他看上去就像个巨人。"

贝卢斯科尼做出畏惧的样子，出于对想象中的巨人的害怕，将一只手举过了头顶。

"他名叫多代（Dodet）。他的确来视察施工现场了，他也很喜欢这一项目。他表示我们干得很好，但要说服退休金基金在米兰而不是在罗马进行投资将很困难。他相当具有敌意。我恳求他至少让那些身在罗马的董事们看看我们的项目。一周之后，他给我打了电话，表示可以在大约一个半月之后安排一次会见。但是随后我又被告知，不到三周之后他们就会到来。我被骗了。我能展示的只有一个部分完工的工地。我觉得我一生中再没有比那段时间工作得更辛苦的时候了。接下来的三周里，我几乎没有合过眼。"

贝卢斯科尼在那三周里所做的，是召集起所有的建筑师朋友、大学时期的好友、施工人员，以及——和往常一样——几位阿姨、叔舅、表亲和其他家族成员。他让他们全都昼夜不停地工作。

"那三周里，我的工作人员睡得都不多。"贝卢斯科尼露出了满意的微笑，"我们每天都进行三班倒，每班工作八小时。当退休金基金的十二位董事和巨人多代先生从罗马前来后，他们简直无法相信自己的眼睛。他们看到了一块巨大的草坪——我从慈幼会神父那儿买下了一整块足球场，将它像人工草皮一样连根拔起，然后重新种植到工地上。在当时这是一项创新。我还从荷兰运来了桦树，将一个朋友家花园里十二三米高的灌木和其他树木移植了过来，沿着走道种下。我将花盆散布得到处都是，绘制好道路，用最好的砖瓦完成了房屋外墙的铺设。我们以各不相同的风格装修了每一间样板公寓：一间是英伦风，一间则是现代派；它们各不相同，能满足所有的品位。我们从建筑师的家中、我家中、我阿姨的家中搬来各种家具；我们为卧室拿来了毯子和床单，为浴室拿来了毛巾，为餐厅拿来了碟子和杯子。"

此时，贝卢斯科尼的手臂激动地在头上绕着圈，用密谋似的低音回忆起了一个贝卢斯科尼风格的小把戏。

"我甚至说服了一位来自佛罗伦萨的朋友——其实是一位来自佛罗伦萨的男爵——扮演礼宾员的角色，"贝卢斯科尼透露道，"类似于旧式酒店的门房，穿着制服，戴着遮阳帽，负责接待来访的董事们。在通往工地的入口处我放置了一块匾牌，上面刻着一段拉丁语：'今日我们将欢聚，明日我们将劳作。欢迎来到这座家园。'一切都很完美，全部达到了尽善尽美的程度。"

此时，贝卢斯科尼的事业悬而未决，埃迪尔诺德的未来取决于这笔生意，因此，他渴望给这些突然造访的苛刻的董事们留下好的印象。于是，这十二位在基金主席的明确要求下才不情愿地从罗马来到这里的董事们，开始环游埃迪尔诺德项目了。贝卢斯科尼向他们提供了饮料和卡纳佩，但要争取到他们的支持可并不容易。他还记得与最具敌意的基金副主席的对话。副主席走到一间屋子的阳台上，抽了一会儿阿斯托尔牌（Astor）香烟——当时这个牌子在罗马上层社会中十分流行。

"我们站在阳台上，"贝卢斯科尼回忆道，"那是一间我亲自设计的阳台，配备有乒乓球桌、电视监视设备，甚至还有一套现代红外供暖系统，令你在寒冬时节也能待在室外。副主席就站在外面，一支接一支地抽着阿斯托尔牌香烟，他用每一支烟的烟蒂点燃下一支烟。他招手示意我过去，对我说：'你也看到了，我喜欢这些香烟。那么，孩子，请告诉我，如果我想出去买一包烟，我要走多少英里才能找到最近的烟草店？'说完后，他大笑了起来。他真的很冷酷，但我立刻作出了回应。'请你看看那儿，'我指向远方，'我们正打算在那个角落里建造第一间综合的烟草店和酒吧间。'他对此有点儿嗤之以鼻，不过还是放过了我，因为之后我跟他讲了一个令人捧腹的关于那不勒斯的笑话。"

贝卢斯科尼想出了一个计划，希望让董事们觉得这一项目很受当地人的欢迎。尽管他从来都是善于表现的人，一直都是个表演者，但要为这一做法进行辩解，可并不容易。他的目标在于诱使这十二位来自罗马的董事在经济萧条时同意买下这个完工还不到一半的房地产项目。

"我一直都是个完美主义者，"贝卢斯科尼自豪地说道，"我想给这些来自罗马的人留下好的印象，我也想向他们证明，在米兰存在着生机勃勃的房屋出租市场。我想让他们见到一群急切的顾客。于是我打电话给母亲和我所有的亲戚，请求他们第二天早上都前来埃迪尔诺德的工地，来参观我们的公寓。我所有的亲戚都来了，人数非常多。他们四处走动，表示对这些公寓的赞赏。在某一时刻,他们全都聚集到了我和抽着阿斯托尔牌香烟的副主席——这个讨厌的家伙——所处的那个阳台。副主席对我说道:'这儿的事有点奇怪。我感觉仿佛身处一场葬礼,或是一场婚礼。刚刚有个漂亮的女孩过来了,她似乎认识所有其他买家;她亲吻和拥抱所有其他买家,就好像他们是一家人似的。'"

贝卢斯科尼笑着大叫了起来。

"我没有办法再装下去了,我被揭穿了。"他嘀咕道,"她是我唯一忘了通知的表亲;她之所以会来,是因为从其他表亲那里听说我要在埃迪尔诺德工地办一场'家族聚会'。这样一来,她到场后自然会亲吻和拥抱其他家族成员。"

贝卢斯科尼的面孔扭曲了,带着嘲讽与懊恼的表情。

"我别无选择,只能向副主席和其他董事坦白:我邀请了整个家族来看房子;当然我坚持称他们本身对于这些房子也十分好奇,这倒是事实。当我的家人离开后,董事们表现得都非常友好,有几位甚至表示了赞赏。但几天之后,退休金基金主席告诉我,还有一位重要的高管曼库索(Mancuso)先生仍然坚决反对这笔生意——这也许是因为他是罗马那个圈子的一员,只愿意与他的同伴做生意——他可以否决这笔生意。"

尽管上演了一出"家族聚会"的滑稽插曲,贝卢斯科尼还是迷住了基金董事们,因此,面对最后一处障碍,他决不打算放弃。他接下来所启动的计划堪比阿加莎·克里斯蒂(Agatha Christie)的小说。这个例子充分展示了他多么执着于自己的抱负,又是多么善于在战略和战术上策划一笔生意。贝卢斯科尼曾有过并依然保持着坚定的信念:没有什么问题是不能解决的,只要能够站在对手面前，自己就能够吸引并诱使他们与自己达成一致。

"我做的第一件事就是前往罗马，请求我在罗马的朋友帮我找到曼库索先生的秘书，并把她的电话号码告诉我。到了罗马后，我'碰巧遇见'了她，然后迷住了这位秘书。你甚至可以说我追求了她一阵子。"

顽皮的笑容浮现在贝卢斯科尼脸上。

"迷住了她之后，我便向她解释我需要达到什么目的。她的老板每隔十五天就会搭乘一趟从罗马到米兰的火车。我说服了她为我也订一张这趟火车的车票。这趟火车下午五点从罗马出发，午夜到达米兰。于是我让这位秘书为我订好了曼库索将要搭乘的下一趟火车的车票，并让她在订好票之后打电话告知我。她给我打了电话。第二天我飞到了罗马，赶在下午五点前登上了这趟火车。我来到餐车，坐在曼库索座位的对面。我看着他远远地走过来。我到现在还记得，他脸上带有怒容。我感到有点害怕，于是拿起了一份《晚邮报》（Corriere della Sera），藏在报纸后面，这样他坐下时就不会看见我了。在列车驶出站台几分钟之后，我放低了报纸，作出惊讶的样子，说道：'哦，亲爱的先生，真是太巧了。'他不友好地瞪着我，说道：'哦，我的敌人！'我们的对话就是这样开始的。一开始相当艰难，但好在这趟七个小时的旅途很漫长，我想我成功地引诱了他，终于将他争取了过来。当列车驶入米兰时，我们已经成了好朋友。他对我讲述了他的生平事迹，我们谈论了天底下的一切事情，也包括这个房地产项目。他彻底地被这笔生意吸引住了，成为了这个项目最坚定的捍卫者之一。在这趟旅途之后不久，退休金基金便买下了整个项目。成交了。"

"哎！"贝卢斯科尼用感到解脱的叹息声为这段经历画上了句号。

要想发家致富，交好运是必不可少的一部分。1968年时，布鲁盖里奥的埃迪尔诺德项目已经进入了最后完工的阶段，此时房地产市场再次好转，退休金基金买下的所有公寓都租了出去。贝卢斯科尼的冒险成功了，他为自己赢得了名声。但一如既往地，他毫不停歇地追逐着更大的生意。

这时，他的宏伟蓝图是在米兰周围建造花园城市和卧室城。[①]他已经证明了自己能够完成中等规模的房地产开发项目，甚至能够在市场下行期将项目出售给大型投资者。对一位未满三十岁的年轻人来说，这算是相当不错的成就了。与此同时，向来很有女人缘的贝卢斯科尼与一位来自郊区的羞涩女孩卡拉·埃尔薇拉·达洛利奥（Carla Elvira Dall'Oglio）开始了一段恋情。两人于1965年成婚，并育有两个孩子：1966年出生的女儿玛丽娜（Marina），以及三年之后出生的儿子皮耶尔·西尔维奥（Pier Silvio）。贝卢斯科尼正在迈向成功，和米兰中产阶级的真正一员一样，他也开始组建自己的第一个家庭。

当埃迪尔诺德项目于1968年完工后，贝卢斯科尼成立了一家新公司：埃迪尔诺德中心住宅有限合伙公司（Edilnord Centri Residenziali S.A.S.）。这一次，他将公司注册在表亲利迪娅·博尔萨尼（Lidia Borsani）的名下。三十一岁的利迪娅是贝卢斯科尼母亲罗莎的姐妹的女儿。为这家在名义上归她所有的公司

[①] 卧室城（bedroom communities）指的是位于城郊、供在市中心工作的上班族居住的住宅群。

出资的是许多意大利及国际投资者，其中就再次包括了位于卢加诺的那家瑞士信托基金。重点在于，贝卢斯科尼本人并未作为所有者出现在公司的记录上。贝卢斯科尼之所以成立这家用于专门目的的新公司，是因为他做成了另一笔生意：他以三十亿里拉（当时约合两百万美元）的价格买下了米兰东郊距离利纳泰机场（Linate Airport）不远处的一大块土地。正是从这里贝卢斯科尼作出了迈出下一步的决定。在米兰城里和周边建造了公寓楼之后，如今他将成为一名创新者，将卫星城这一来自欧洲北部的概念引入意大利。1960年代末期，这股潮流已经在英国、荷兰、德国和法国兴起了。贝卢斯科尼决定为数千名住户建造一个小型的郊外居民区，并以贝卢斯科尼的风格为之配备一切现代便利设施。不过，这一次他要全权掌控：他既要当建造商和开发商，又要当所有者和运营者。

"我希望继续建造新城镇的梦想，"贝卢斯科尼说，"市场上的需求很大，1968年的市场是极度亢奋的。首个埃迪尔诺德项目让我明白了，如果我希望建造一个真正伟大的新城镇，那么首先要获得一个完整的、自足的区域所需的一切事物的规划许可：学校和购物中心、公园和花园、广场、教堂，以及医院。我的想法是用当时非常现代的城市规划风格来实现这一切，包括许多绿地，许多自行车道、汽车道和人行道。在我们建造的这个地方，年轻的妈妈能够放心地送孩子去上学；居民可以生活、工作、祈祷，也可以在体育俱乐部里使用网球场和游泳池，还可以拥有家庭渴望拥有的一切。我的想法是，让人们在'米兰二号'（Milano Due）里能够做任何事情，这样他们就不必离开了。"

"米兰二号"耗费了大量资本，首当其冲的是用于购买土地的三十亿里拉。不过它成为了意大利里程碑式的创新项目。1973年，贝卢斯科尼举办了"米兰二号"第一阶段的落成典礼，作为为一万名米兰居民建造了真正现代与奢华的花园城市的人物，他将名扬全国。数年之后，他将因建造"米兰二号"这份对国家作出的贡献获得意大利的骑士勋章。他不再是平民西尔维奥了；从此时起，他成为了贝卢斯科尼骑士。在钟爱头衔的意大利，封号依然继续存在着。意大利人的无冕之王是阿涅利，这位前花花公子刚刚接手了他家族所拥有的汽车企业菲亚特。阿涅利因其法学学位被称为"律师"（The Avvocato），贝卢斯科尼则将被称为"骑士"（The Cavaliere）。

从商业的角度看，"米兰二号"取得了巨大的成功。每个周末都有许多家庭涌入，他们热切地希望一睹现代住宅的芳容，提出的问题淹没了销售人员。他们排着长队，想要查看新公寓。贝卢斯科尼立刻就卖光了第一批住宅，他正在赚大钱，正在变得富有。

"米兰二号"项目的完工还面临着最后的商业与政治障碍。当地的分区安排导致"米兰二号"正好位于利纳泰机场航线的下方。高峰时段每九十秒就有一架飞机起飞，这对于"米兰二号"公寓的价值可没有什么正面作用。然而，如果能够对航线略作调整，令其偏离"米兰二号"的上空，那么公寓的价格一定会暴涨。

一件极为偶然的事情将发生在贝卢斯科尼身上：他遇见的一位神父成了他的救星。这名神父也是位商人，有人认为他很有远见，有人则认为他是个无赖。和贝卢斯科尼一样，这位由神父转型成的商人所编织和售卖的也是梦想和建筑。他擅长交际，在商场上则表现得残酷无情；在这方面他和贝卢斯科尼如出一辙。

他就是唐·路易吉·韦尔泽（Don Luigi Verzé）。

当1960年代末、1970年代初，这位能说会道的神父结识贝卢斯科尼并开始与其合作时，他是当地一位举足轻重的人物。唐·韦尔泽以上帝之名发言，但他钟爱的却是房地产生意。两人一拍即合。在人民眼中，唐·韦尔泽为人慷慨、广行慈善，建造了许多医院。但批评者认为他和背信弃义的黎塞留主教（Cardinal Richelieu）一样，是一位自大、狡猾的有权势的人物。

在1970年代初，唐·韦尔泽希望建造一所创新性的、非营利的医院，地址正好在贝卢斯科尼为"米兰二号"项目购置的一百八十英亩土地旁。他已经买下了十一英亩的土地，用于建造圣拉法埃莱（San Raffaele）医院建筑群——医院的名字来源于行使治愈术的守护圣徒天使长拉斐尔（Archangel Raphael）。①

两人会面后，立刻就明白了彼此面临着同样的问题：贝卢斯科尼不希望飞机从自己的房地产项目上空飞过；唐·韦尔泽不希望飞机从自己的医院上空飞过。经过一番讨论，他们达成了一致：埃迪尔诺德成为了圣拉法埃莱项目的合作伙伴。以圣拉法埃莱医院病人和"米兰二号"居民的名义，他们共同向位于罗马的交通部提交了请愿书，申请改变航线。两人多次前往罗马，与来自军队、民航部门，以及意大利航空公司（Alitalia）的官员会面；在米兰，他们还和城市与郊区的地方官员、地区长官、卫生和城市规划当局进行了会面。他们将力量联合起来，竭尽所能地进行游说，最终获得了理想的结果。1973年8月30日的一项政府指令明确规定，"新航线将避开贝卢斯科尼－唐·韦尔泽区域的上空"。

---

① "拉法埃莱"是"拉斐尔"一名的意大利语拼法。

贝卢斯科尼还记得，遇见唐·韦尔泽后，两人立刻达成了共识。

"我在物色建设'米兰二号'周边医院的合适人选时和他初次相会。"贝卢斯科尼回忆道，"我们很喜欢彼此，并且成了朋友。从医院的净水系统开始，我们一起为医院做了许多事。多年来，我们一起做了许多事；我们一直是朋友。"

贝卢斯科尼的脸色突然变得忧郁了。

"我们还就另外一个项目合作了多年时间。不幸的是，这一项目未能继续下去，因为唐·韦尔泽去世了。我们正在筹建一个研究如何让人们高品质地活到一百二十岁的组织。我们规划好了一切：在维罗纳（Verona）附近购置了土地，项目也启动了。我们聘请了最著名的、最优秀的老年学家。但之后唐·韦尔泽去世了……"

回首1973年，当唐·韦尔泽依然健在时，贝卢斯科尼新建立的房地产帝国正在蓬勃发展。当年4月，他说服了儿时好友孔法洛涅里前来为自己工作。当时，孔法洛涅里的小纺织厂陷入了挣扎；他已做好了再次与老友贝卢斯科尼合作的准备。慈幼会学院时的知己归来了。

这时的贝卢斯科尼已经是位全国知名的房地产开发商和建筑业巨头了。建筑与城市规划评论界对于"米兰二号"赞不绝口，但这一项目也引发了许多争议。附近的小镇塞格拉泰（Segrate）的市议员和居民并不欢迎改变利纳泰机场航线的决定。在随后的多年时间里，行贿与不当游说的指控一直笼罩着这一项目。

"我没有行贿，"贝卢斯科尼坚定地表示，"我为获得城市规划许可进行了艰苦努力。我与塞格拉泰地方议会进行了无数次讨论与争辩，我还曾与许多市民团体会面。我甚至遭到了反对该项目的一群抗议者的人身攻击。但是我从来没有行过贿。"

无论有没有行过贿，毫无疑问的是，"米兰二号"令贝卢斯科尼成了富翁。1960年代的他就已经有所成就了，然而，是1973年完工的第一阶段工程令他变得富有。同样正是从这一刻起，他过上了富翁和名人的生活。1973年时，在另一位有争议的朋友、律师切萨雷·普雷维蒂（Cesare Previti）的帮助下，他在阿尔科雷购得了拥有七十多个房间的奢华的圣马蒂诺别墅。此时，贝卢斯科尼彻底成了一名全国知名的人物，就如同意大利的唐纳德·特朗普一样，有些浮夸，有些招摇。但在当时，这种风格在富人中是司空见惯的。

他于1974年搬进了充满各种装饰物与昂贵艺术品的圣马蒂诺别墅，并将这处房产注册在了一家持有其他房产的控股公司名下。此刻，贝卢斯科尼的事业正在蓬勃发展，除了儿时好友孔法洛涅里之外，他的左膀右臂还包括了弟弟保罗——他负责管理的是"米兰二号"、随之而来的"米兰三号"（Milano Tre），以及各种购物中心和办公楼。

据孔法洛涅里表示，此时的贝卢斯科尼感到有些厌倦了。他总是永不停歇地追逐着新的事业，扩张自己的财富：他接管了位于米兰市中心的曼佐尼剧院（Teatro Manzoni）；他还买下了一份由意大利新闻界传奇人物、擅长讽刺的因德罗·蒙塔内利（Indro Montanelli）主编的全国性报纸；他还为新的房地产项目成立了更多公司。

生意能手贝卢斯科尼已经成为了房地产大亨，意大利的唐纳德·特朗普。但他显然并不满足于新获得的财富与名声。他渴望不同的挑战。"米兰二号"项目中为居民们提供的临时性闭路电视服务将成为他发现的新大陆。

"我在电视业的冒险正是从这里开始的。"贝卢斯科尼说道,"最初,我为居民们提供了本地的闭路电视服务:无论孩子在学校、游乐场,还是游泳池,父母在家就能看到他们了。通过这项服务,人们甚至能够收看教堂里举办的弥撒。人们真的很喜欢这项服务,我也很喜欢。于是,在我更加了解电视频道、演播室和相关设备后,我开始留意本地电视市场的前景。"

1974年,在皮埃蒙特(Piedmont)大区的纺织重镇比耶拉(Biella),意大利宪法法院对于涉及当地有线电视频道的一个不知名案件作出的判决,成了日后由国家掌控的意大利电视业走向的关键风向标。法院允许该频道不受政府控制,继续播放有线电视节目。这一判决如同地震一般冲击着整个意大利。虽然已经到了1970年代,但在意大利唯一被允许播放节目的电视台还是国有巨头意大利广播电视公司(RAI)。

"贝卢斯科尼密切地关注着法院的判决。"孔法洛涅里回忆道,"有史以来第一次,人们有可能对国家电视台的垄断发起挑战了。贝卢斯科尼展现出了最敏锐的直觉,他立刻从中发现了巨大的商业机遇。他在'米兰二号'项目里已经建立起了闭路电视业务,在1978年他又买下了一个小型电视频道的波段;他将二者整合起来,建立起了地方商业电视频道'米兰电视58'(Telemilano 58)。你无法想象这在当时有多么激进。法律依然不允许地方频道进行实况转播或是报道新闻,但在1979年时,贝卢斯科尼已经做好了向政府掌控的电视系统发起挑战的准备。这可不仅仅意味着电视,这更意味着政治。这是勇敢的,也是疯狂的。"

和往常一样,贝卢斯科尼制定了一个雄心勃勃的计划。他将动用自己的智慧对抗整个国家机器。

"和在欧洲其他地方一样,在意大利,公共电视台也是唯一的电视台。"贝卢斯科尼回忆道,"从来没有人想过挑战国家的垄断。更加糟糕的是,电视频道完全被政党所掌控。公共电视台的所有员工都是某个政客的兄弟、表亲、亲戚或者密友。攀登这座珠穆朗玛峰、挑战国有电视台,似乎是不可能的。我想你无疑应该把接下来的这场战斗称为'史诗般的'。"

这场战斗的确是史诗般的,它极具争议,并且让贝卢斯科尼变成了亿万富翁。贝卢斯科尼开始疯狂地在全国各地收购地方电视台,随后他打算迈出下一步:他准备向国家发起挑战,准备从房地产巨头化身为传媒大亨。

在这一过程中,他将创建欧洲首个大型私人商业电视网。

第三章：传媒大亨

"在我们开始行动之前，"在圣马蒂诺别墅那具有华丽巴洛克风格的客厅里，贝卢斯科尼坐在一张白色毛绒沙发上，说道，"和在欧洲许多地方一样，在意大利也只有国家电视台。到了午夜，频道就不再播放节目了，早上也没有可供家庭主妇观看的节目。这相当乏味。"

直到贝卢斯科尼出现。

当他在1976年决定利用宪法法院允许地方私人商业电视台进行免费播放这一判决时，世界还是黑白两色的。意大利迈入战后经济繁荣期仅有十年，整个国家依然还在进行工业化。数年之后，彩色电视才会出现。国家电视台主要是教育性质的，既迂腐又爱说教。意大利广播电视公司有一档名为《永远不会太迟》（*It's Never Too Late*）的著名节目，内容正是由一位名叫阿尔贝托·曼齐（Alberto Manzi）的小学老师教观众如何阅读和写作。许多从农业省份涌入城市工厂的工人依然不识字，因此，这样的节目是具有社会功效的，能够帮助许多从未学习过阅读和写作这些基本技能的意大利人。当时的意大利仍是一个由工人及其封建领主组成的国度。欧洲共产主义（Eurocommunism）①正在意大利乃至整个欧洲兴起。在罗马，克里姆林宫资助着意大利共产党（Italian Communist Party），美国中央情报局（CIA）则在幕后扶持着天主教民主党（Christian Democracy），以此来抗衡苏联。与此同时，国家还遭受着红色旅（Red Brigades）恐怖分子的威胁，这些强硬的左派激进分子就如同德国的巴德-迈因霍夫（Baader-Meinhof）团体和法国的"直接行动"（Action directe）团体一样。此外，罗马天主教教会也日复一日地对政坛施加着影响。

梵蒂冈反对将离婚合法化这一观念，把自己当作意大利政党一般，干涉着意大利的国内事务，宣扬着家庭价值观，与天主教民主党结成了联盟。因此，当时那些古板的黑白电视节目所反映的价值观基本上是以家庭为中心的天主教工作伦理。意大利人也许是派对动物，他们也许是豪放的、多姿多彩的，但罗马那些控制着意大利广播电视公司的政治领主喜爱的却是一本正经的阴沉的灰色。

午夜时分，国家电视台的节目就结束了，电视频道会播放起焦阿基诺·罗西尼（Gioachino Rossini）的《威廉·退尔序曲》（*William Tell Overture*）。随后，屏幕上将出现带有意大利广播电视公司测试卡的图案。整整一夜，屏幕上都将是这一静止不动的画面，只是偶尔才会发出一两声恼人的噪音，提醒困倦的观众关

---

① 欧洲共产主义是1970年代在西欧兴起的更加着眼于本国、较少受苏联影响和控制的关于社会转型的理论与实践潮流。

掉电视机。

这种灰暗的、一本正经的美学主导着欧洲的大多数电视台，除了英国和卢森堡：这两个国家此前就允许部分商业频道与公共电视台展开竞争了。

在1970年代末的欧洲，电视被视为如同水、电力和固定电话一样的公共事业。与在法国和德国一样，在意大利，它也是由政府拥有的公司代表国家向本国公民提供的一系列公共物品和公共服务之一。通过晚间新闻播报，国家电视频道还发挥着当权政客传声筒的作用。

在意大利，人们认为电视具有提供公共服务的使命，这种观念意味着意大利广播电视公司几乎不播放广告。仅有的一些广告也不是三十秒或六十秒的格式，而是以一种古老而奇怪的方式呈现的。每天晚上九点之前，全国的旗舰电视频道意大利广播电视一台（Rai Uno）会播放一档大约十二分钟、名为"转盘"（Carousel）的广告节目。该节目由数个时长为两到三分钟的短片组成，由著名演员或歌手出演。这些短片是电视广告的原始形式：部分是明星代言，部分是产品植入。奇纳尔（Cynar）牌洋蓟酒有一则令人难忘的广告，短片中一位著名演员坐在拥挤的酒吧外人行道上的一张桌子旁，称赞这种饮料令人精力充沛，然后报出了他钟爱的这种开胃酒的名字，仅仅一次。整个广告就是这样。

"公共电视台播放的广告并不能增加产品销量，因为大多数广告都太一本正经和古板了，只会展示品牌一到两次而已。我们过去曾说，观看这种广告感觉就像尿裤子。"贝卢斯科尼面无表情地说道，"你有一种温暖的舒适感，但其他人不会注意到任何东西。"

意大利商业电视之父贝卢斯科尼从不掩饰对国家电视台的不屑。

到了1977年，已经在"米兰二号"的演播室里排满了音乐比赛和机智问答节目之后，贝卢斯科尼准备更进一步。他买下了当地的一个电视频道波段，在米兰的倍耐力摩天大楼顶上安装了天线，开始向全城和市郊发射自己电视台的信号。此时，该频道已更名为"米兰电视58"。

在1978年"米兰电视58"首次播出节目时，贝卢斯科尼的大女儿玛丽娜年仅十二岁。她还记得，新频道播放的第一个节目恰好是晚上八点的动画片《贝蒂娃娃》（*Betty Boop*）。陪她一同收看的还有当时年仅九岁的弟弟皮耶尔·西尔维奥，昵称为杜迪（Dudi）。

"我和弟弟一起坐在阿尔科雷楼下客厅的沙发上，"玛丽娜说，"我父亲正在参加一场商务晚宴，所以只有我们俩收看《贝蒂娃娃》。我还记得父亲一共给我们打了得有三十通电话。他每隔五分钟就给我们打一通电话，确认我们正在沙发上看电视。他想知道信号是否清晰，画面是否优质，声音是否正常；他不停地问我们问题。他真的很激动，相信自己正在创造全新的事物。那一夜，他紧张极了。"

玛丽娜还记得，父亲是以询问亲友意见的方式进行市场调研的。

"在开始电视业的冒险之初，他并不相信营销机构或是市场调研。他会和我们谈论电视节目，问孩子们喜欢看什么；他还会咨询亲友的意见，询问身边的人。"

玛丽娜想起了一件往事，不禁开怀大笑起来。

"我印象最深的是,"她笑得更加开心了,"他一定是唯一对孩子看电视真心感到高兴的家长!当晚上八点左右回家时,他希望我们正在看电视。他甚至说服母亲,允许我们吃晚饭时也看电视。我们是他主要的测试观众,他会问我们喜欢收看哪些频道和哪些节目。"

和许多创造并统治了整个行业的白手起家者一样,贝卢斯科尼也不相信既有的体制。他对最亲密的顾问和专家的建议不予理会。他喜欢按照自己的方式行事:这意味着以炫目的方式做大事。

贝卢斯科尼于1979年从意大利广播电视公司那里挖来了一位出生于美国、名字滑稽的机智问答节目明星主持人,将他打造成了自己新电视台的首位大明星。这位欢快的表演者名叫迈克·布翁焦尔诺(Mike Buongiorno),[①]他立刻吸引了许多观众。贝卢斯科尼这位来自米兰的雄心勃勃的竞争者开始让罗马的国家电视台感到恼怒了。事实上,要想成功地挑战国有电视台,为私人电视频道分得市场份额,最终起决定性作用的将是争夺广告美元这场战斗。从一开始,贝卢斯科尼就证明了自己是意大利广播电视公司面对的一位极其咄咄逼人的竞争对手。

"'米兰电视58'播出节目后,我们开始在本地寻求广告客户。"贝卢斯科尼回忆道,"我们非常具有创新性,追求广告客户的方式也与意大利广播电视公司截然不同。当年你必须拥有特殊关系,才能买到国家电视频道的广告播出时段。意大利广播电视公司只允许少数几家公司播放广告。要想进入意大利广播电视公司的系统,你必须有关系才行,尤其是政治关系。"

---

① "布翁焦尔诺"一词在意大利语中意为"你好"。

贝卢斯科尼坐在沙发前端，脸上浮现出正在密谋的神情。

"意大利广播电视公司中负责广告特许权的机构名为'意大利匿名广播广告协会'（SIPRA）。管理该机构的是一位名叫乔瓦尼·菲奥雷（Giovanni Fiore）的上校。毫无疑问，他是主管所有广告业务的大佬。我的一位朋友想购买晚间'转盘'节目的广告时段，于是他找到了菲奥雷，菲奥雷让我的朋友一个月之后再来。一个月之后，菲奥雷告诉他：'非常抱歉，我们收集的情报显示，你似乎不是一个好的天主教徒。'我的朋友问他到底指的是什么，菲奥雷连眼睛都没眨一下，便说道：根据情报，这位商人没有定期参加教堂的周日弥撒。又等待了一个月之后，我的朋友再次去见菲奥雷。这次菲奥雷对他说：'是的，我能确认你的确参加了弥撒，但你似乎从来不领圣餐。'于是，我的朋友又回到教堂，领走了他的圣餐饼。意大利广播电视公司的这位上校终于允许他购买'转盘'节目的十五个广告时段了。"

讲完这段故事后，贝卢斯科尼看起来就像已经阐明了自己的观点，但他继续说起了自己对意大利广播电视公司的真正看法。

"和欧洲的所有国家电视台一样，"贝卢斯科尼说道，"意大利广播电视公司也被认为是政客的私有财产。唯一能进入电视业的人物就是政客的亲信、在新闻界的朋友，以及与政党有着良好关系的商人。"

1979年时，贝卢斯科尼的首家商业电视台已经在米兰引发了轰动，此时他依然在全国各地收购一系列电视台。他并不打算在既有的体制内行事；他打算改变游戏规则，按自己的方式行事。

"当法院作出判决后，直觉告诉贝卢斯科尼，是时候挑战国家电视台的垄断地位了。"孔法洛涅里回忆道,"他认为市场的自由化意味着巨大的商业机遇。但在1979年要做到这一点,需要非凡的勇气。贝卢斯科尼正是在那时作出与意大利广播电视公司展开竞争的决定的。他明白,放松管制意味着地方电视台将获得机会,但这还不足以在商业和收入上突破临界值,实现质变。于是他将许多地方电视台整合起来。法律既不允许直播,也不允许播报新闻,但播放预先录制的节目是被允许的。因此,贝卢斯科尼面临的挑战就是,如何凭借自己拥有的一系列只能开出较低价格的地方电视台赚取大额广告收入。"

对贝卢斯科尼而言,挣取大笔收入的策略就在于,令广告客户触及全国观众,而不仅仅局限于本地市场。他将各个地方电视台统一起来,模拟出了全国性电视网的节目安排。

动用摩托车、卡车、火车,有时甚至是小型飞机,贝卢斯科尼制造出了全国性电视频道的假象:他及时地将同样的母带运往各个地方电视台,用于同步播放某部肥皂剧,或是预先录制的其他节目,甚至最终实现了一整天节目的同步播放。这给人们造成了这样的印象:在整个意大利半岛(Italian Peninsula),人们收看的都是同一电视频道。但事实上人们收看的只是各个地方电视台在全国范围内进行的联播。

"通过预先录制母带,再将其运往各个地方电视台,我们创建了一个事实上的全国性电视网,于是我们可以将广告时段卖给可口可乐这样的大客户了。"贝卢斯科尼说道,"为了从全国性广告支出这一块大金矿中赚取一部分收入,我发明了一种实际上并非直播的'直播'形式。节目录制得如同直播一般,每个地方电视台必须在同一时刻播放同一盘母带。这样一来,对于坐在家中的观众而言,这看上去就像是直播了。"

这一"如同直播的录制加上联播"的模式令贝卢斯科尼拥有了吸引广告客户的价值主张。但主宰着传媒界的广告公司成为了新的障碍,自以为是的它们并不认可贝卢斯科尼的方案。于是,贝卢斯科尼再一次改变了游戏规则。他于1979年建立了一家名为"意大利网络"(Rete Italia)的公司,并开始大批量收购好莱坞大片、肥皂剧、游戏节目和情景喜剧在意大利的电视播放权。他正在建立一座很快就能与意大利广播电视公司匹敌的娱乐节目宝库。随后,他抛开了现有的广告公司,转而建立了一家名为"意大利广告"(Publitalia)的内部广告公司。他直接找到广告客户,向他们提供一整套为客户量身打造的性感的带有现代化广告时段的电视节目。

"广告公司吃掉的是肥肉,扔给我们的却只是面包屑,"贝卢斯科尼说道,"广告公司决定着一切。于是,我决定要把局面扭转过来。这非常艰难,一开始进展相当缓慢。我们大约花了三年时间才真正实现突破。我想出了许多特别的推广方案,其中之一名为'风险行动':我们承担风险,给大客户两折优惠,并且向他们承诺,如果在我们这里投放广告,那么只要销售额没有实现增长,我们就会返还广告费用。"

贝卢斯科尼的电视台如今实现了全国范围的覆盖,尼尔森(Nielsen)全国收视率调查和其他市场指标可以将其节目效果量化;他还向客户提供了一站式服务,制作并精心安插广告,令其能发挥最佳效果。贝卢斯科尼发动的电视业革命正体现在全国范围的收视覆盖以及全新风格的节目内容。老式的黑白短片与演员代言产品的成规烂套都一去不复返了。取而代之的是人们在美国电视上常常看到的麦迪逊大道（Madison Avenue）①风格的广告：简练、直接、活力四射，还充满了漂亮姑娘。贝卢斯科尼制作了性感的、引人入胜的广告，将其与市场上的大品牌捆绑在一起，这深受意大利人的喜爱。

贝卢斯科尼知道自己正在做些什么。从前的邮轮歌手成为了房地产大亨，又浑然天成地成为了娱乐业和电视业的一位"剧团经理"。他紧握着意大利全国观众品位的脉搏，尽管有些品位并不那么高雅。他在1979年招募了更多老同学和"米兰二号"项目的老部下，派他们前往好莱坞收购电影播放权。他开始就足球比赛的直播权向意大利广播电视公司发起挑战。他甚至击败了意大利广播电视公司，取得了热门电视剧《达拉斯》（*Dallas*）在意大利的播放权，并且赢得了可口可乐这样的重要赞助商。稍后，他还增添了《豪门恩怨》（*Dynasty*）和《勇士与美人》（*The Bold and the Beautiful*）等肥皂剧，以及周六夜间以衣着清凉的歌舞女郎和工人阶级幽默为卖点的时尚、奢华的综艺节目。这样的策略非常有效。

1979年时，手中已握有一系列地方电视台的贝卢斯科尼注册了一个新商标：第五频道（Canale 5）。这在日后将成为他最具价值的资产。很快，运往意大利各地录有最新一集《达拉斯》或《豪门恩怨》的母带上，都会在屏幕的角落里印上第五频道的这一台标。该标志将成为贝卢斯科尼未来所有商业项目的总标志。这一毒蛇吞噬花朵的图案灵感来源于11世纪米兰的贵族维斯孔蒂（Visconti

---

① 纽约麦迪逊大道是美国广告业的中心。

的家族纹章，它早已成为了米兰的象征，甚至出现在了阿尔法·罗密欧（Alfa Romeo）的新车上。如今这条毒蛇将成为贝卢斯科尼兴旺的传媒帝国的象征。

1970年代末，贝卢斯科尼将旗下的电视网整合成了一家新的家族控股公司菲宁维斯特集团，但他最亲密的合作者依然还是同一批。十三岁时在慈幼会中学结识的孔法洛涅里一直辅佐着他；大学同窗马尔切洛·德卢特里（Marcello Dell'Utri）负责管理成立于"意大利网络"之后的内部广告公司"意大利广告80"。不过还有另外一位人物，他将贝卢斯科尼的全国性电视网之梦变为了现实。如今，作为AC米兰俱乐部多年来的主管，他在世界足坛更为知名。但当时他只是一位来自伦巴第的布里安扎（Brianza）农业区的小企业家，专门为电视台供应设备，制造并维修电视频道信号发射器和转发器。他的主要客户是摩纳哥公国一家名为"蒙特卡洛电视"（TeleMontecarlo）的小型电视台。这位将贝卢斯科尼的梦想变为现实的人物就是阿德里亚诺·加利亚尼（Adriano Galliani）。

"我第一次遇见加利亚尼是在1979年11月，正是在这个房间里。"贝卢斯科尼在沙发上挪了挪，回忆道，"他有一家名为'电子设备制造商'（Elettronica Industriale）的公司，专门从事此类业务。他前来向我推销自己的设备。我想我们都觉得彼此志趣相投。我们之间有着非常好的化学反应。加利亚尼是一位真正的布里安扎商人，一个杰出的、非常有才华的家伙。我们发现彼此十分合拍。"

加利亚尼身着整洁的蓝色正装，打着黄色领带，这位欢快的秃顶男人回忆起了在1979年11月1日那个周四下午，与贝卢斯科尼的第一次会面。那天是万圣节，低悬的浓雾笼罩着通往圣马蒂诺别墅的车道，令这个阴冷的秋日显得格外灰暗。

"这一天永远铭刻在我的记忆中。"加利亚尼说，"当时我正在为'米兰电视'供应高压设备；一天，贝卢斯科尼邀请我前往阿尔科雷的别墅做客。我读过他的事迹，他是我的客户，但我此前从没见过他，我不知道他想要些什么。孔法洛涅里当时也在场，我们是在阿尔科雷的'沙发房'里见面的。此前我正在东京参加一场电子设备大会，直到前一天晚上才从东京飞回米兰，时差让我非常难受。贝卢斯科尼请我坐下，直截了当地问我，能否为他建造满足三个全国性电视频道要求的信号传输系统。他的理由是，既然意大利广播电视公司拥有三个频道，他又希望与之竞争，那么他也需要拥有三个频道，才能发起同一重量级的挑战。我告诉他自己能做到这一点。他立刻表示，愿意买下我公司的50%。他让我出个价，他会照价支付。我盯着他看了一分钟，然后说出了10亿里拉这一数字。他说：'好的！'就这样成交了。然后我们握了握手。我离开了别墅，奇遇就这么开始了。很快我们就建立起了自己的第一个全国性商业电视频道第五频道。"

加利亚尼其实并非从无到有地创建了三个新频道；贝卢斯科尼收购了另外两个频道，然后加利亚尼令它们发展壮大。不过，他依然是创建全国性电视网的团队中的关键一员。1982年，贝卢斯科尼从米兰一位陷入挣扎的杂志发行商处购得了第二个电视频道：他从鲁斯科尼（Rusconi）集团处买下了意大利电视一台（Italia 1），然后对其进行了贝卢斯科尼风格的改造。接下来他再次以低廉的价格买下了网络四台（Rete 4），因为传奇般的蒙达多里（Mondadori）出版帝国急需现金，而且无力继续与第五频道奢华的节目竞争。米兰这些古板的出版界精英知道如何出版畅销书，但不知道如何运营商业电视频道，所以他们不得不将其卖掉。买家正是贝卢斯科尼。

到了1984年秋天，距离与加利亚尼第一次会面还不到五年时间，贝卢斯科尼已经实现了自己的目标。他自豪地拥有着三个全国性电视频道，足以与意大利广播电视公司匹敌。居于旗舰地位的是第五频道，情景喜剧、歌舞女郎和肥皂剧的炫目组合就是成功的配方。此外，意大利电视一台和网络四台也占领了一定的市场份额。

1980年时，贝卢斯科尼旗下电视台的观众占意大利全国观众的13%，意大利广播电视公司占据的份额则超过了80%；两年之后，意大利广播电视公司的观众份额下滑到了63%；到了1984年，值得贝卢斯科尼自豪的不仅仅是覆盖全国的电视网，还在于与意大利广播电视公司旗鼓相当的观众份额。"意大利广告"获得的广告收入也在急速上升。在整个1980年代，贝卢斯科尼帝国广告部门收入的年均增长率达到了48%，从1980年的600万欧元猛增到1984年的4.55亿欧元；在未来四年时间里，广告收入又翻了一番。

与美国、英国和西欧的多数地方一样，1980年代中期的意大利也沉浸在新近实现的繁荣与兴起的消费主义之中，助长这一切的则是电视广告所展现的梦幻世界。贝卢斯科尼售卖的是另一种生活方式，一种像电视剧《达拉斯》那样，充满了漂亮姑娘、浮华、媚俗的生活方式。贝卢斯科尼赚取大笔财富之时，正值"自我一代"（Me-generation）崛起、面向消费者的广告大爆炸的年代；此时还涌现出了一大批刚刚富裕起来的雅皮消费者，他们成了第五频道、意大利电视一台和网络四台的忠实观众。正如英国的伦敦周末电视（London Weekend Television）和独立电视台（ITV）挑战了英国广播公司（BBC）的主导地位一样，在意大利，贝卢斯科尼也向人们提供了替代国家电视台的多姿多彩的选择。

1984年的贝卢斯科尼已经成为了在全国舞台上举足轻重、具有影响力的人物。他依然是个外来者，依然是个特立独行的人，但他正变得越来越有权势。凭借着众多依然不能直播或是播报新闻的地方电视台，他正在挑战国家电视台的垄断地位，并且正在逐步征服市场。在严格的法律意义上，贝卢斯科尼并没有违反法律，而是在绕过赋予意大利广播电视公司垄断地位的法律。

文化上，他正将浓墨重彩泼洒到新颖的彩色电视屏幕上。他将美式风格的商业电视引入习惯了一本正经的、乏味的国家电视台的意大利。他激情高涨地购买着电影播放权，引发了时髦的知识分子与激进高雅文化守卫者的愤怒。他创造了机智问答节目的文化，该文化的象征是迈克·布翁焦尔诺主持的意大利版本的《幸运之轮》（Wheel of Fortune），这档美国游戏节目是由梅尔夫·格里芬（Merv Griffin）创立的。贝卢斯科尼电视节目里的漂亮姑娘与歌舞场面令渴望娱乐的意大利公众激动不已。

孔法洛涅里承认早期的部分节目是艳俗的，但他认为，在其他节目都十分乏味的当时，这些节目可谓是突破性的。

"你需要了解当时的背景。"孔法洛涅里表示，"1980年代的意大利刚经历了多年的衰退与紧缩、红色旅恐怖主义的阴霾和意大利共产党对社会持久而强大的影响。在这种背景下，贝卢斯科尼创办商业电视台，向意大利广播电视公司发起挑战，是非常具有革命性的。他要挑战的是在意大利占主导地位的文化和观念。他要向人们提供另一种生活方式。这本身就是一项政治行动。"

孔法洛涅里将贝卢斯科尼政治生涯的起点追溯到了这一时刻：他那浮夸、没有耻辱感的商业电视台开始在意大利真正站稳脚跟，向传统的天主教民主党观念的守卫者发起挑战。

"贝卢斯科尼创办的电视台宣扬的是消费主义。他的电视节目里充满了炫目的广告，让人感觉舒适。这种电视是乐观的、亲美国的，它带有那种了不起的、充满能量的美式乐观精神，与那个时代的朴素观念截然相反——我并非不尊重共产党人和天主教徒。因此，真正的政治革命——不只是文化上的，还是政治上的——开始于电视。"

孔法洛涅里这样评价着贝卢斯科尼发动的这场革命。但是，对于米兰那些自命不凡的商业与金融世家而言，贝卢斯科尼依然只是个新贵、暴发户、外来者。他固然成为了亿万富翁与传媒大亨，但他的出身并不显赫。对于更早跨入米兰上流社会的家族而言，他是嘲笑与鄙视的对象。他被认为是位粗俗的人物。

然而，贝卢斯科尼至少与一位真正举足轻重的人物保持着格外良好的关系。1984年时，贝卢斯科尼与意大利新任总理、瘦高的社会党人贝蒂诺·克拉克西（Bettino Craxi）保持着非常密切的关系。

这位肩膀宽阔、戴着眼镜、秃顶、固执的新任总理是贝卢斯科尼的密友。这位强力人物掌控着由五个党派组成的错综复杂、充满敌意的政府，这一政府被称为"五党联盟"（Pentapartito）。①不过，克拉克西是一位亲商业的社会党人，比托尼·布莱尔（Tony Blair）在英国政坛上崛起整整早了十年。

两人成为朋友已有一段时间了，贝卢斯科尼被认为是克拉克西的资助人，或者说是商业支持者。事实上，可以说克拉克西和贝卢斯科尼两个家族之间有着极为密切的联系。1984年夏天，克拉克西总理成为了贝卢斯科尼新生女儿芭芭拉（Barbara）的教父。出生在瑞士的芭芭拉是贝卢斯科尼与一位名叫维罗妮卡·拉里奥（Veronica Lario）的女演员的私生女。当贝卢斯科尼最终与首任妻子离婚、迎娶维罗妮卡时，在米兰市政厅主持婚礼的正是克拉克西的连襟、长期担任米兰市长的保罗·皮利泰里（Paolo Pillitteri）。贝卢斯科尼的伴郎正是克拉克西，而维罗妮卡的伴娘则是克拉克西的夫人安娜（Anna）。

对于1983年就任总理的克拉克西，意大利共产党感到十分愤怒，因为他似乎愿意开放以国家为中心的意大利经济，允许更多私人部门参与竞争。此时，贝卢斯科尼旗下的大笔生意显然可能受到政府管制与广播电视法规的影响。事后表明，他与克拉克西之间的友谊对于保护与壮大这些商业利益起到了决定性作用。

贝卢斯科尼急需帮助。他不仅仅被意大利知识分子嘲笑为艳俗的美国情景喜剧与肥皂剧的供应商，许多政客和知识分子对他都很反感，国家电视台和报界竞争者都鄙视他，因为害怕被他抢走过多

---

① 在意大利语中，penta意为五个，partito意为政党。这五个政党分别是：天主教民主党、意大利社会党（Italian Socialist Party）、意大利共和党（Italian Republican Party）、意大利自由党（Italian Liberal Party）和意大利民主社会党（Italian Democratic Socialist Party）。

广告收入。雪上加霜的是，他的对手正在提出，贝卢斯科尼事实上在全国范围内播放电视节目，这一行为是违法的，因为法律仅仅将这一特权给予了意大利广播电视公司这一国家电视台。

"意大利广播电视公司和政界对我充满了仇恨，他们对我有着很深的敌意。"贝卢斯科尼回忆道，"我还记得在1980年代早期，在电话上与意大利广播电视公司的主管维利·德卢卡（Willy De Luca）有过一段糟糕的通话。他对我们从意大利广播电视公司那里抢走观众感到愤怒。他说我疯了，政客会摧毁我的。他甚至威胁我：'随时会有税务官把你逮起来。'听完这话我挂断了电话。我的膝盖在发抖。"

在意大利，预审法官与检察官针对政治对手或司法目标采取协同行动并不罕见。贝卢斯科尼显然被盯上了：在1984年10月的三天时间内，罗马、都灵和佩斯卡拉（Pescara）的法官们以非法在全国范围内播出节目为由，查封了他的三家电视频道。贝卢斯科尼对这次协同攻击记忆犹新，因为这几乎终结了他的事业。

"一场毫无保留的漫长战争开始了，"贝卢斯科尼变得愤慨起来，"司法部门在1984年决定对我采取行动，扣押了我们的信号发射器。他们关闭了我们的电视台，因为意大利广播电视公司提出了申诉，认为我们的频道违反了宪法中赋予公共电视台全国范围内独家播放权的条款。"

接下来展开的法律诉讼和政治斗争中，一方是天主教民主党和意大利共产党的旧军阀支持的意大利广播电视公司，另一方则是贝卢斯科尼。社会党总理克拉克西领导的联合政府有赖于天主教民主党人的支持，他很快也被卷入了这场冲突。贝卢斯科尼请求克拉克西给予帮助,并如愿以偿了。贝卢斯科尼电视台被关闭后四天之内,克拉克西签署了一项紧急法令,要求恢复电视台节目的播出。这项极具争议的法令立刻得名"贝卢斯科尼法令"。

那年秋天发生的这段漫长的司法传奇中最令人惊讶的部分或许并非法官命令电视台停止播出节目,而在于这一命令引发的全国范围的民众抗议。在1980年代贝卢斯科尼用令人向往的媚俗节目编织出了一个梦幻般的世界,这正中一个国家、数百万家庭,尤其是母亲与孩子的下怀。他们愤怒了,一方面是因为深受许多学龄儿童喜爱的《蓝精灵》被停播了;此外,一同从屏幕上消失的还有《达拉斯》、《豪门恩怨》和《幸运之轮》。意大利陷入了骚动。在脸书和推特远未出现的年代,意大利人往往通过疯狂地给报纸打电话来发泄自己的怒火。此时,贝卢斯科尼媒体的真正力量展现了出来:他命令旗下的电视台在屏幕上放映一张印有都灵、罗马和佩斯卡拉法官办公室,意大利广播电视公司罗马总部总机,乃至总理办公室电话号码的卡片。贝卢斯科尼的忠实观众疯狂地拨打这些号码,在全国范围进行抗议。他了解大众想要什么,他给了他们面包与马戏;现在,他们想要夺回这些日常娱乐。

"电视台被关闭后,我们行走在灾难边缘,摇摇欲坠。"贝卢斯科尼回忆道,"可随后,公众开始反抗了。孩子们在街上抗议,手里举着标语:'把《蓝精灵》还给我们!'我们深入了普通人的生活,成为了数百万意大利人家庭生活的一部分。当我们的频道起步时,国家电视台只在晚间播出节目;我们是首家在早间、午后和深夜播出节目的电视台。我们对意大利人的生活习惯产生了深远的影响,尤其是家庭主妇,她们终于可以在早间和日间享受电视节目了。不过，最重要的支持者还是那些在我们的频道上投放广告的公司以及商业协会。它们向政客施加了很大的压力，希望能解除禁令；它们还告诉克拉克西以及其他政客，如果无法在商业电视上投放广告，产品的销售和生产都将大受影响。这也许是对我们有利的最强论据。"

克拉克西出手了。但允许贝卢斯科尼的电视频道重新播出节目的这项法令争议性实在太大，数周之后的1984年11月，当克拉克西试图在议会通过这项法令时，该法令被宣布为违宪。但克拉克西并未放弃，他又推出了"贝卢斯科尼第二法令"，终于于1985年2月获得通过。然而，这一法令在该年年末就会到期失效，于是克拉克西于6月再次推出了"贝卢斯科尼第三法令"。这一法令终于被签署成为法律，但条件是有朝一日需被对意大利电视业和广告业进行监管的充分且恰当的立法所取代。又过了五年，最终的立法才于1990年通过。但最终的立法依然充满了争议，以至于有五位部长辞职以示抗议，其中就包括意大利现任总统塞尔焦·马塔雷拉（Sergio Mattarella），当时他担任的是教育部部长一职。时任总理朱利奥·安德烈奥蒂（Giulio Andreotti）所在的天主教民主党的左派一怒之下集体退出了政府，对贝卢斯科尼私人电视帝国的合法化表示抗议。此时克拉克西已经不再担任总理一职，但社会党是执政联盟的一员，而他依然是该党强有力的领导人，他依旧给予了贝卢斯科尼坚定不移的支持。

毫无疑问，对于拯救贝卢斯科尼的电视帝国并将其合法化，克拉克西发挥了至关重要的作用。友谊带来了回报。

"我想说，是的，我与克拉克西的友谊对于该决定起到了部分作用,"贝卢斯科尼表示,"不过我向克拉克西非常详尽地解释了,为什么商业电视台是经济的基础,而且政界完全没有必要害怕商业电视频道——它们甚至不被允许播报新闻啊。我当然很感激克拉克西的所作所为,但我还得指出,联盟伙伴也为他采取行动提供了足够的支持。"

并非所有人都认为,克拉克西之所以签署一系列的法令,只是出于与贝卢斯科尼的友谊,或是因为他是一位更加现代的、亲近商业的社会党人。有人指控贝卢斯科尼通过非法基金向克拉克西行贿,并将款项转入了离岸银行账户。法官展开了调查并提出了指控,称贝卢斯科尼控制的公司向克拉克西的离岸银行账户打入了约合一千一百万欧元的款项。克拉克西与贝卢斯科尼将因非法资助政党的行为被起诉和定罪,但由于诉讼时效已过,有罪判决最终还是被取消了。贝卢斯科尼一直否认所有指控,声称这些只不过是左派法官设计出来的一则"定理"。

当谈起行贿指控时,贝卢斯科尼生气地皱了皱眉头。

"我和任何政客都从来没有过这样的关系。"他严肃地表示。

他的朋友克拉克西在被缺席定罪、于流亡中在突尼斯的度假屋去世之前,曾面临大量的腐败指控。想到这一点,贝卢斯科尼挥舞起了手臂。

"至于克拉克西,他被指控在政治生涯中聚敛财富,但当他去世时,他离开了妻子和家庭,一贫如洗。他什么都没有给妻子留下,除了突尼斯房产和米兰公寓两处未还清的按揭。相信我,我对这一切非常了解,因为……"贝卢斯科尼停了下来,似乎在考虑应该补充多少内容。然后他低头注视着地毯,微微闭上了双眼,脸上浮现出神父般虔诚的表情。

"这么说吧，"贝卢斯科尼轻声说道，"有人出手支援克拉克西家族，他们当时没有别的经济来源。"

贝卢斯科尼依旧镇定自若，他继续回忆往事时，出神地凝视着远方。

"我记得有一次克拉克西向我提起，他的政党在经济上陷入了挣扎。我告诉他，不管他有什么需要，我随时会提供帮助。他的面部一下子变得僵硬了，直视着我说道：'你是我的朋友，再也别向我提出这种建议了，否则我们的友谊到此为止。'这才是真正的克拉克西，这就是那位常常被人斥责的克拉克西。当然，正如他本人对议会承认的，他的社会党需要资金；就和天主教民主党以及其他政党一样，它们都需要资金。它们都面临着意大利共产党强有力的竞争，后者从莫斯科那里获得了充裕的资金。在克格勃档案终于开放后，人们发现苏联对欧洲各党派的资助有63%都给了意大利共产党。其他党派在挣扎，它们自然希望获得私人部门的帮助。"

在1980年代的意大利，私人部门的游说者和商界利益集团通过离岸银行账户或是塞满现金的信封来资助政党，是司空见惯的行为。几年之后，随着加强对政党资金来源限制的法律颁布，"贿赂之城"（Tangentopoli）丑闻的爆发将肃清意大利的半壁政坛。当法官向当时所有主流政党发起革命性的打击后，在"贿赂之城"丑闻的一片喧闹之中，贝卢斯科尼萌生了亲自涉足政治的想法。不过此时，他正为自己的成就感到志得意满。他从房地产开发商转变成了亿万富翁与传媒大亨。他与克拉克西以及其他政客的关系呢？这些都是不可避免的后果。

此时，对批评者而言，贝卢斯科尼是被鄙视的贩卖垃圾的商人，他用商业电视摧毁了意大利电影，仅仅是凭借克拉克西在政治上的帮助才保住了自己的传媒帝国。对拥趸而言，他是革新者，是"剧场总管"，是一位营销天才，具有完美的直觉和罕见的与普通人产生共鸣的能力。他售卖的是令人心向往之的生活方式，他给予了饥渴的意大利公众纯粹的逃避主义娱乐。他售卖的是梦想。

或者，正如他在1980年代对一位朋友所说的："我售卖的是迷雾。"

从一开始贝卢斯科尼就明白，在意大利，成功的电视娱乐节目应该包含哪些成分：电影、肥皂剧、综艺，以及体育。他买下了非常非常多的足球比赛转播权。对此，为足球而疯狂的意大利人十分感激。意大利广播电视公司则与往常一样愤怒——贝卢斯科尼总是击败它们，赢得足球比赛转播权。因此，并不令人感到吃惊的是，一旦贝卢斯科尼的商业电视帝国取得了合法地位，他便开始考虑收购一家足球俱乐部。他明白体育比赛与电视转播是多么的般配。有什么俱乐部能比AC米兰这支他儿时就与父亲一道在球场里仰慕的球队更让他心动呢？

身为贝卢斯科尼，你不只购买足球比赛转播权。

你还购买足球队。

第四章：末日此时

"进攻！进攻！"

贝卢斯科尼声嘶力竭地叫喊着，他正站在著名的AC米兰俱乐部更衣室的角落里，身旁的教练神情紧张。

轻盈、瘦弱的前球员菲利波·因扎吉（Filippo Inzaghi）上任仅有几个月的时间，大多数时候都步履维艰，他正瑟瑟发抖。贝卢斯科尼击打着他的手臂。

"告诉我，教练在板凳席上都喊些什么？"贝卢斯科尼盛气凌人地问道，"来啊，说出来！我听不见你！大点声！"

因扎吉曾是一位前锋，为尤文图斯（Juventus F.C.）和AC米兰均效力过，是史上最高产的得分手之一；他还是位花花公子，是深受女性欢迎的型男。但现在的他看起来就像一位正竭力向瑞士山间的疗养院攀爬的19世纪结核病患者一样。在贝卢斯科尼的鼓动下，他几乎颤抖了起来。显然，他感到害怕了。

"进攻！"他软弱无力地回答道，他的声音辜负了自己，而暴躁的贝卢斯科尼正怒视着坐在更衣室板凳上不知所措的球员们。

"不，不，不。"贝卢斯科尼冷笑道，"你最好就只能做到这样？我们身处球场里，让我教你该怎么做。"贝卢斯科尼像大力水手一样鼓起胸膛，用尽最大力气喊叫道："进——攻！"

音量越来越大。

贝卢斯科尼嗓子里发出的这声意大利语，听起来既像是一声警报，又像是蹩脚的歌剧男演员的低音。

进——攻！

AC米兰的教练低头盯着地面。贝卢斯科尼开始喋喋不休了。

"该你了！"贝卢斯科尼咧着嘴嘲笑道，抓住可怜的因扎吉的手，得意洋洋地摇晃起来，"谁知道该如何做得更好？我！我永远是第一名！"

当天，这位"第一名"在一个小时前刚驾临AC米兰历史悠久的训练基地米兰内洛（Milanello）。和往常一样，他是乘坐直升机前来的。

米兰内洛距离米兰市区五十公里，位于草木繁盛的伦巴第乡间。贝卢斯科尼政治财富的基础是意大利力量党（Forza Italia），这一名称听上去就如同足球场上的加油口号；可见，对贝卢斯科尼而言，每周都与心爱的球队AC米兰见面，对他的心态乃至自尊而言均是至关重要的。

乘坐直升机驾临和离去，这种方式当然也非常"贝卢斯科尼"。

这是2014年10月初的一个周五，在这个秋日的下午，树丛里的鲜花依然在绽放，一阵阵暖风掠过树梢。树枝突然发出了沙沙声：贝卢斯科尼乘坐的直升机到来了。这是一架有十二个座位的阿古斯塔－韦斯特兰（Agusta Westland）飞机，机尾绘有梅迪亚塞特（Mediaset）集团的标志。

直升机降落在一块由篮球场改建而来的停机坪上。AC米兰俱乐部副主席加利亚尼从一辆十六座的白色大众豪华房车（Volkswagen Crafter）里跳了出来，这辆带有彩窗的豪车正停在直升机螺旋桨的辐射半径之外。紧跟在加利亚尼身后的是紧张的教练因扎吉。当贝卢斯科尼及其保镖从直升机里走出后，这两人冲上前去，迎接自己的老板。

和往常一样，贝卢斯科尼及其助手与球队的副主席和教练一道上了车，行驶三四分钟后到达了俱乐部会所。贝卢斯科尼满脸笑容地走进了球员餐厅，与工作人员握手、说笑。当贝卢斯科尼去往洗手间后，加利亚尼和因扎吉来到了面积不大的主席餐厅，这里的餐桌上铺着装饰很简单的白色桌布，摆放着橄榄油、香醋、盐和辣椒，两个银色的篮子里装满了小圆面包和意式棒形面包，以及两种矿泉水：一种是无泡的，一种冒着气泡。

当贝卢斯科尼回到餐厅时，所有食客正专注于享用意大利熏火腿和甜瓜，加利亚尼吃的则是意大利熏火腿和无花果。随后呈上的是一道可口的番红花炖饭，这让贝卢斯科尼无法抗拒，尽管他对客人们表示，这会破坏自己的节食计划。

因扎吉坐在这张不大的餐桌的一头，小心翼翼地用手抓取着食物，小口喝着矿泉水，目不转睛地注视着贝卢斯科尼。加利亚尼看起来十分享受食物，他又取了第二份。这位人物将AC米兰打造成了一支世界级豪强，但却总是处于尤文图斯的阴影之下；因此，他经常会贬损"傲慢的"尤文图斯，这样的话语也是可以理解的；但除此之外，他一直都是和蔼、幽默的。换句话说，面对阿涅利旗下的尤文图斯时，AC米兰有一点自卑的感觉。

贝卢斯科尼显得十分自在。然而，在吃完了炖饭后，他犀利地瞪了教练一眼，审问开始了。他对因扎吉说，自己观看了AC米兰的上一场比赛，并仔细研究了球员的表现；他想谈谈球队的阵型，想知道谁会在第二天的比赛中首发出场，谁会当替补；他希望因扎吉能踢出更具进攻性的足球。

贝卢斯科尼转向因扎吉，提出了第一个问题。

"你认为哪些球员应该首发出场？"

"我想选择蒙塔里（Sulley Muntari），我们需要他的力量。"因扎吉回答道。

"为什么不上波利（Andrea Poli）？"隔了还不到一秒钟，贝卢斯科尼便反问道。

这位紧张的教练不会忘记，正是在这张餐桌上，贝卢斯科尼和加利亚尼曾无数次与前任教练们讨论过下一场比赛、中场、防线、前场、某些球员的健康状况，以及比赛顺序。正是在这间屋子里，贝卢斯科尼曾与AC米兰的传奇教练萨基（Arrigo Sacchi）、卡佩罗（Fabio Capello）和安切洛蒂（Carlo Ancelotti）讨论过球员在场上的站位，这几位教练赢下了多达二十六座奖杯。因此，因扎吉谨慎地斟酌着措辞。

"波利是一名好球员，但他支撑不了九十分钟的时间。我不会在开场时就派上他。"教练这样表达着自己与主席想法的不一致。

贝卢斯科尼立即换了个话题。他先是询问了另一名球员马蒂亚·德希利奥（Mattia De Sciglio）的健康状况，随后他又相当固执地问道："明天谁会是我们的中场球员？我们要派德容（Nigel de Jong）首发吗？"

因扎吉看上去并不喜欢这个主意，但他还是点了点头表示同意，嘟囔了几句诸如德容对于比赛而言"至关重要"之类的话。加利亚尼发现教练正身处困境，于是开了几句玩笑，调侃因扎吉是位大众情人，他唯一的过错就是无法抵御漂亮女人。教练难为情地笑了，紧张的局面似乎得到了缓解，但刚刚发生的一切是明白无误的：贝卢斯科尼在以过于直接的方式与自己的教练对话；他不仅仅是建议采取何种开场阵型，他更是以确定无疑的态度要求教练采用自己的阵型。

老友孔法洛涅里曾经这样说道："贝卢斯科尼喜欢掌控一切。"

多亏加利亚尼的插科打诨，气氛变得愉快了起来，轻松的对话开始了。午饭过后他们便前往更衣室和健身房与球队会面。

贝卢斯科尼、加利亚尼、因扎吉一行三人穿过广阔的米兰内洛训练基地七块足球场中的第一块，这块绿茵场毗邻俱乐部会所，直接通往一排米色建筑，更衣室、理疗区、大型健身房与游泳池均位于其中。

更衣室内，全体球员都在等待他们的到来。他们坐在折叠式铁凳上，储物柜的门上都贴有一张带有AC米兰队徽的白纸，上面用黑字印着每位球员的姓名；每个储物柜的顶端均摆放着按照规定必须使用的同一款黑色旅行包，包上醒目地用白色印着赞助商阿迪达斯（Adidas）和阿联酋航空（Emirates）的名字。球员们全体起立,此时贝卢斯科尼走了进来,挨个和球员们打着招呼。

"我们来了。你怎么样?干得不错吧?"贝卢斯科尼询问着看上去很茫然的前锋斯特凡·沙拉维(Stephan El Shaarawy)。

"你感觉好些了吗?"他向法国前锋热雷米·梅内兹(Jérémy Ménez)问道,"报纸说你感觉不太好。"

"你的太太怎么样?"他问中锋费尔南多·托雷斯(Fernando Torres),"孩子们呢?新家如何?大家都过得还习惯吧?没问题吧?太好了。"

"另外,再次祝你生日快乐!"他对后卫克里斯蒂安·萨帕塔(Cristián Zapata)说道,这位哥伦比亚人通常踢中后卫。

"你现在痊愈了?"他向巴西后卫阿莱士(Alex)问道,"这周的比赛能复出,是吗?"阿莱士点点头,他康复了,将重新出战。

现在到了贝卢斯科尼动员球队的时刻。他站在更衣室的后方,摆出有些像教授的姿势。因扎吉站在他身旁。

"我观看了你们最近的两场比赛,"他说道,"你们成功地踢出了协调的比赛,非常令人愉快,绝对称得上是一支伟大的球队。我看到你们在罚角球时做得很棒。我想提醒你们,当足球在空中飞行时,你们得冲到禁区里,这样一来后卫就没法兼顾你们和足球了,他们的本能反应就会是直接拦截你们。我的这套方法赢得了许多点球,不过执行一定要到位才可以。我还要提醒你们,在比赛结束前十五至二十分钟一定要牢记:'掌握控球权!'"

AC米兰队员们被逗乐了,但仍充满了敬意,在贝卢斯科尼发表这段讲话时,他们报以了微笑。站在更衣室一角的加利亚尼脸上带着惊叹与专注的神色,他注视着贝卢斯科尼。因扎吉则不断地点头表示对老板的赞同。

这时,贝卢斯科尼转向了因扎吉,开始再次击打他的手臂。"教练,告诉我,这个时候你在板凳上应该喊些什么?"

因扎吉几乎是低声说出了"进攻"这个词,贝卢斯科尼翻了翻白眼。

"你要说得大声些,"他对教练说道,随即再次咆哮了起来,"进攻!这意味着你们将足球粘在脚下,控制住球,然后突然发起转移,发动攻击。好了,教练,现在你试试看他们能不能听到你的声音。"

因扎吉再次试了试。"进攻!"他有气无力地喊道。

"大声点!"贝卢斯科尼说。

"我发不出更大的声音了。"这位倒霉的教练哀叹道。

"大声点!"贝卢斯科尼重复道,"我们身处球场里。"

因扎吉看上去十分尴尬,他再次作出了尝试。"进攻,进攻!"他使劲喊道,但声音依然很虚弱。

"我听不见。大声点!"贝卢斯科尼命令道。

"进攻!"教练无精打采地喊道,但听上去依然像是男高音。

"哦,拜托!"贝卢斯科尼嘲笑着说,"让我告诉你应该怎么做。"他发出一声呐喊,这声低音如此浑厚、嘹亮,就如同来自那位在孔法洛涅里身旁演奏立式贝斯的邮轮歌手。

进——攻!

"谁做得更棒!"贝卢斯科尼咧着嘴问道,他抓住因扎吉的手,半是握手,半是敬礼,"当然是我!我永远是第一名。"

随后，球员们起身向他致敬，贝卢斯科尼继续挨个问候队员，向他们道别。

"再见，再见，再见。感谢你们所有人。"贝卢斯科尼一边摇晃着球员的手，一边往外走。

"嘿，对你上周的进球表示祝贺。太棒了，太棒了！"他对日本球员本田圭佑说道。在次日的比赛中打入关键进球的还将是本田。

贝卢斯科尼离开前问候的最后一名球员是强壮的加纳中场蒙塔里。

"嘿，你打算什么时候介绍我认识你妻子啊？"蒙塔里被他问得吃了一惊。"我只是想见见她，只是见个面。我老了，做不了其他事了。但我很想见见她，因为所有人都说她是最漂亮的姑娘。"

蒙塔里笑了，贝卢斯科尼笑了，因扎吉也笑了。他陪同贝卢斯科尼走到门口。

热情洋溢的贝卢斯科尼最后一次挥了挥手，随后快速走出了更衣室，前去问候隔壁健身房里的员工。球员们陆续走向球场，准备开始训练。

当天晚些时候，在俱乐部会所里，一位客人向贝卢斯科尼问道，是否曾命令教练采用某种阵型。贝卢斯科尼笑了。

"我是否就采用哪种阵型下达过指示？没有。我是否提出过建议？当然。我常常这么做。我总是和教练们进行讨论，我们常常在每场比赛之前谈论阵型和各个球员。有时候我与教练的意见不一致，但这种情况下总是教练说了算。所以我从来没有滥用自己作为俱乐部老板和主席的地位，我从未试图凌驾于教练之上。毕竟他才是要为球队成绩负责的那个人。举个例子吧,与萨基一道,我们创造了让AC米兰在球场上永远掌控局势的秘方,我们建立了一支享受比赛的球队,我们尊重对手,也因此获得了球迷的赞扬。我想,如今这一观念已经深深地植入了AC米兰的DNA。"

在过去的岁月中见证过贝卢斯科尼与无数教练互动过程的加利亚尼会心地笑了。

"他或许没有就采用哪种阵型下达过指示,"加利亚尼说道,"但贝卢斯科尼无疑很喜欢从技术和战术的角度谈论比赛。他喜欢和教练交谈,就如同报纸的老板与编辑交谈一样。老板聘用编辑,编辑可以自由地决定编辑立场,但如果老板也有自己的想法的话,他可以换掉编辑。对于足球俱乐部的老板和教练而言,情况同样如此。"

此时已是下午,贝卢斯科尼和加利亚尼坐在俱乐部会所客厅里舒适的白色沙发上。正对着球场的是一块玻璃幕墙,透过覆盖其上的白色蕾丝窗帘,渐渐暗去的阳光洒进了房间。在绿茵场的另一端,远远地坐落着更衣室和健身房。

加利亚尼是个爱打趣的家伙,和他此前调侃过的那位教练一样,他也是一位花花公子。他总是有讲不完的故事和轶事。他还是贝卢斯科尼最忠实的崇拜者、诚挚的粉丝、真正的朋友,以及严肃的商业伙伴;与之前创办商业电视台时一样,加利亚尼也成了贝卢斯科尼经营AC米兰俱乐部的左膀右臂。在贝卢斯科尼的一生中,加利亚尼是另一个重要的知己,他们之间的友谊和亲密程度几乎可以同贝卢斯科尼与孔法洛涅里之间的相提并论。加利亚尼专心致志地倾听着贝卢斯科尼讲述是什么原因促使他于1986年买下了AC米兰，以及AC米兰在他生命中的真正意义。

"你知道吗，"贝卢斯科尼说道，"第一次作为俱乐部主席走进这里，来到米兰内洛，对我而言感觉就如同梦想成真。这是我和父亲共同的梦想。你不知道我和父亲曾多少次一起去往球场，当球队失利后我会伤心地哭泣。父亲总是会安慰我，总是对我说：'等着瞧，AC米兰下次就会取得胜利的。你只不过需要一直保持对胜利的渴望。'"

此时，贝卢斯科尼凝视着远方，这位交际高手突然变成了一位禅僧。

"对我而言，AC米兰真正的意义在于，"贝卢斯科尼说道，"它会令我回想起童年，回想起我的父亲。每天晚上当他下班后，我们几乎都会谈论AC米兰。在他询问我功课做得怎么样之后，我总会把话题转向AC米兰。当时的AC米兰并不强大，也没有赢得任何荣誉。但我总感觉自己就身处这支球队之中，我把自己幻想为某个球员。因此，当1986年我第一次有机会买下AC米兰时，我立刻想起了父亲，于是我就出手了。这至少是我收购AC米兰的部分原因，尽管当时球队相当平庸，成绩非常糟糕，总是在输球。"

贝卢斯科尼的另一位知己孔法洛涅里还记得，早在1970年代末贝卢斯科尼就讨论过收购AC米兰的可能性。但当时人们对贝卢斯科尼抱有轻蔑的态度，认为他是一名外来者，一名房地产暴发户，一位刚刚登上意大利商界舞台的新人。

"在我们还是孩子时，西尔维奥和我就已经是AC米兰的球迷了。"孔法洛涅里回忆道，"我老是和他一道去现场看球，尤其是还和他父亲一起，他可是位忠实的球迷。贝卢斯科尼第一次萌生收购AC米兰的想法是在1970年代末。当时AC米兰可谓一团糟，而队长詹尼·里韦拉（Gianni Rivera）一点也不喜欢贝卢斯科尼，他设法阻挠了这笔交易。你可以想象，由贝卢斯科尼当自己的老板，这可不会让人感觉轻松。从来到这里的那一刻起，贝卢斯科尼就掌管了一切。我记得在1980年代初，AC米兰依然是一团糟，总是在输球，两度降入乙级联赛，彻彻底底地是场灾难。因此当1985年秋天贝卢斯科尼再次提出要收购AC米兰时，我们中的好几位都反对这一想法。我尤其记得加利亚尼心存疑虑。加利亚尼有过在足坛工作的经验，他曾担任过蒙扎足球俱乐部（A.C. Monza）的副主席，他表示AC米兰的财务状况不够透明。我们担心在收购完成后会发现某些被隐藏起来的银行债务，或是其他令人不快的财政上的意外状况。但贝卢斯科尼心意已决，他想要收购AC米兰。在我看来，这一决定主要是出于对球队的热爱。"

加利亚尼记得作出决定的关键时刻是在1985年年末，在圣诞节和新年之间。

"我们聚在贝卢斯科尼位于圣莫里茨（Saint Moritz）的家中。"加利亚尼回忆道，"这所住宅曾经的主人是伊朗国王礼萨·巴列维（Reza Pahlavi）。正是在这里，贝卢斯科尼作出了收购AC米兰的决定。我并不赞成这一想法，因为我知道拥有一家足球俱乐部的开销有多么巨大。所以我告诉他，这个想法非常美妙，但将耗费他无尽的财富。贝卢斯科尼没有回应我。当我们离开圣莫里茨后，在乘坐私人飞机回米兰的旅途中，他一言不发。当时只有我、他，以及孔法洛涅里。当我们降落在米兰利纳泰机场后，在四五十分钟的旅途中一直沉默不语的贝卢斯科尼突然开口了。自从离开圣莫里茨后,他一直在考虑我提出的对于这笔交易应该十分慎重的忠告,他还在考虑儿时好友、AC米兰忠实球迷孔法洛涅里的热情——孔法洛涅里对这笔交易持完全支持的态度。于是当我们降落后正行走在柏油跑道上时,贝卢斯科尼向我们宣布了他的决定:'来吧,我们要买下AC米兰。'"

当天,贝卢斯科尼派出了一支团队进行最终的安排。1986年2月20日,签署了收购协议。贝卢斯科尼这位房地产巨头转型成的传媒大亨,如今成为了AC米兰的主人。就好像这还不够似的,就在同一天——确切地说是当晚晚些时候——贝卢斯科尼、加利亚尼和孔法洛涅里又乘私人飞机从米兰飞往巴黎,出席旗下首家法语商业综合娱乐电视频道"五频道"(La Cinq)的成立仪式。

"我永远不会忘记那一天,"加利亚尼说道,"我们飞往巴黎,参加我们新的法语电视频道'五频道'的首次直播。这是法国的首家商业电视台。如此奇妙的一天始于收购AC米兰,而终止于贝卢斯科尼征服法国。当晚,我们在埃菲尔铁塔旁的儒勒·凡尔纳(Jules Verne)餐厅进行了庆祝。我们畅饮了许多香槟,以及一瓶木桶酒庄(Mouton Rothschild)的波尔多红酒——对此我记忆犹新。这真是棒极了。"

收购了球队之后,贝卢斯科尼希望在世界足坛上演辉煌的首次演出。和往常一样,他希望向世界表明,自己才是第一名。

"在娱乐业和电视业的经验告诉我,"贝卢斯科尼回忆道,"我们需要一些华丽的、能够制造新闻的、与众不同的东西。当我们筹划在米兰的竞技场(Arena)展示球队时,我想到的是电影

《末日此时》（*Apocalypse Now*）①里的一个场景：许多直升机突然从高空开始俯冲。我们的想法是：球员将优雅地从直升机里走出，向人群致意；我将发表演说，讲述自己感到多么自豪。"

加利亚尼对于直升机降临这一瓦格纳（Richard Wagner）歌剧式的场景记忆犹新：三架直升机在体育场降落，扬声器里大声地播放着《女武神的骑行》（*The Ride of the Valkyries*）。"我们希望公众感到震撼。于是贝卢斯科尼降落在了体育场的正中央，然后整支球队都从直升机里走了出来。"加利亚尼说道，"体育场里挤满了AC米兰的球迷，几乎有一万人。"

然而，1986年7月18日早晨造访米兰的夏日雷暴几乎毁掉了贝卢斯科尼精心策划的这出大胆的"末日此时"仪式。倾盆大雨淋湿了现场的AC米兰球迷，但他们似乎并不在意。直升机降落在草坪上，球员们鱼贯而出：马萨罗（Daniele Massaro）、塔索蒂（Mauro Tassotti）、马尔蒂尼（Paolo Maldini），以及队长巴雷西（Franco Baresi）。贝卢斯科尼的AC米兰队来到了米兰城的中心，来到了AC米兰最初的主场。整个仪式完全是"末日此时"风格的，或许还添加了一些法语"五频道"的元素，例如适量的歌舞女郎和电视明星，以及华丽炫目的表演；当然还少不了球队的新主人、这一刻的主角、意大利冉冉上升的新风云人物、生意场上的军团领袖：贝卢斯科尼。

那一天，贝卢斯科尼实现了自己的一大毕生梦想。他时年四十九岁。在AC米兰于1986年7月迎来重生后，意大利足坛将发生

---

① 《末日此时》是科波拉（Francis Ford Coppola）导演的一部电影，中文名又叫《现代启示录》。

天翻地覆的变化。

贝卢斯科尼治下AC米兰复兴的秘诀在于为球员、教练和管理层投入巨额资金，从而建立起球队的品牌，并打造出一支更具进攻风格的球队。战略很明确，成本很惊人。

"AC米兰并未上市，"加利亚尼表示，"所以我们没有公布此类信息。但我认为，恰当地说，自1986年以来AC米兰的总花费超过十亿欧元。热情是一件非常昂贵的奢侈品。"

在接下来的数年里，贝卢斯科尼也许花费了一大笔财富，但他所打造的球队本身就是一大笔财富。贝卢斯科尼和加利亚尼的球队对于引进、卖出球员和赢得锦标似乎都具有良好的直觉（在贝卢斯科尼入主后，AC米兰赢得了多达二十八个冠军，成了世界上赢得奖杯数第二多的俱乐部）。秘诀之一就在于一系列教练的任命：这些因扎吉的前任开始执教AC米兰时还是无名之辈，但随后便屡屡证明自己是世界级的赢家。第一个如此成功的选择是贝卢斯科尼于1987年聘请的萨基。萨基此前执教的是混迹丁意丙和意乙的小球队帕尔马（Parma F.C.），意大利体育媒体认为他并不值得被信赖。贝卢斯科尼回忆起了自己聘请萨基的经过，这发生在他所执教的帕尔马在意大利杯的小组赛中击败了AC米兰之后不久。

"我认为萨基会成为执教AC米兰的合适人选，因为我观察了他所执教球队的表现。和许多意大利球队不一样，他的球队踢的不是防守型足球。"贝卢斯科尼回忆道，"多年来，意大利足球都十分看重防守，就好像平局能够令人很满意似的。萨基要求球员们全力以赴地进攻，争取胜利。我还记得和加利亚尼一道第一次与他共进午餐的情景。尽管他似乎是个执拗的人物，但我还是很喜欢他。"

萨基于1987年7月1日接过了AC米兰的教鞭。得益于他的意志力、战略头脑和对贝卢斯科尼资金的灵活使用，他很快就展现出了自己的能力与胆识。在接下来的几个赛季里，他先后签下了荷兰三剑客古利特（Ruud Gullit）、范巴斯滕（Marco van Basten）和里杰卡尔德（Frank Rijkaard），这些传奇球星为AC米兰注入了期待已久的攻击力。围绕在他们身边的还有马尔蒂尼、巴雷西、科斯塔库塔（Alessandro Costacurta）、多纳多尼（Roberto Donadoni）等意大利国脚。有了璀璨的明星和出色的管理层，AC米兰开始收获一场又一场胜利。AC米兰赢得了1987/88赛季的意甲联赛冠军，并于1988/89、1989/90连续两个赛季赢得了欧洲冠军杯冠军（即现在的欧洲冠军联赛的前身）。看起来贝卢斯科尼并不经常能够迫使萨基采用自己建议的阵型。

"萨基的个性非常强硬和坚决，"贝卢斯科尼用外交官的口吻说道，"很难改变他对任何事情的看法。他是个非常骄傲、非常坚定的人物。不过事实证明，签下他是非常出色的决定。我们一起制定了引援计划，并成功地将AC米兰打造成了更具进攻性和侵略性的球队。"

加利亚尼对此表示赞同。

"我们与萨基一道度过了美好的四年，赢得了意甲联赛和许多杯赛的冠军。一切都很完美。然而，萨基决定要去执教意大利国家队。还好我们很幸运，在萨基之后，我们拥有了另一名传奇教练：卡佩罗。签下他也是源自贝卢斯科尼的直觉。卡佩罗曾是一位伟大的球员，不过当时他正在电视台当评论员，还负责管理我们的排球与橄榄球队。如果你签下一名已经不再涉足足坛的管理人员,把他安排在教练席上,会发生些什么?接下来发生的事情是:卡佩罗赢得了1991/92、1992/93、1993/94连续三个赛季的意甲联赛冠军;在1993年至1995年期间,他率队连续三次杀入了欧洲冠军联赛决赛,并于1994年夺冠;随后他于1996年又一次赢得了意甲联赛冠军。卡佩罗担任AC米兰教练,真如同《女武神的骑行》一般。"

"我第一次和卡佩罗见面时,他还是位球员。"贝卢斯科尼回忆道,"我一直相信他会成为一名出色的管理者,所以我邀请他前往管理学院就读,他照我说的做了。然后我邀请他管理我们旗下的三到四支球队:曲棍球队、橄榄球队、排球队和篮球队。他的工作非常出色。于是,当我们需要一名新教练时,我想到了他。当时,整个媒体圈都反对这一决定,报纸声称我希望成为真正的教练,我聘请卡佩罗只是想让他当傀儡。但情况并非如此。卡佩罗立刻用不断的胜利证明了自己。他是一位非常好的人,非常务实、非常积极。我很高兴与他共事。"

卡佩罗之后,贝卢斯科尼与加利亚尼再次慧眼识珠,为AC米兰聘请了第三位伟大的教练:安切洛蒂。他带领AC米兰在21世纪初取得了巨大成功。

"安切洛蒂工作非常努力,他总是乐于接受新观念。"贝卢斯科尼说道,"关于球队阵型的问题,我们之间总能保持和谐一致。他与球员们的关系也棒极了。伟大的教练不仅仅需要具备出色的专业水准,还要表现得像是球队的父亲一样。伟大的教练能够激发并赢得球员们的尊重和支持,甚至是爱戴。在这一点上,安切洛蒂做得极其出色。我曾经称他为我们球队的父亲。想想我们聘请的头三位传奇教练吧：萨基、卡佩罗、安切洛蒂。近期内想复制这样的成就将是极其困难的。"

的确，对于AC米兰而言，在安切洛蒂于2009年离任之后，一切都变得不同了。一同离去的还有"末日此时"的精神，取而代之的则是一系列菜鸟教练，其中一些任职时间非常短暂。安切洛蒂的继任者是巴西人莱昂纳多（Leonardo），这位中场球员曾在安切洛蒂执教期间效力于AC米兰，他执教了十二个月的时间。接替莱昂纳多的是马西米利亚诺·阿莱格里（Massimiliano Allegri），他在2011年赢得了意甲联赛冠军，但在随后的两年多时间里遭受了一连串失败，最终被荷兰人西多夫（Clarence Seedorf）取代。但仅仅不到六个月之后，贝卢斯科尼就解雇了西多夫；年轻的因扎吉于2014年走马上任，这位前锋也曾效力于AC米兰。和卡佩罗一样，这些人也没有执教意甲球队的丰富经验。事实上，贝卢斯科尼似乎非常乐于选择经验较少的菜鸟教练。不管他口头上怎么说，他显然希望教练听从自己的建议。

"对我而言，重要的不在于战略，也不在于对比赛的特殊见解，重要的在于这个人，在于选择怎样的合作伙伴。如果你聘请了一位较为年长的教练，他的经验当然会是一笔财富。但聘请一位较为年轻的教练意味着他可能更为饥渴、更有热情，更乐于接受俱乐部管理层的建议与暗示。"

不幸的是，贝卢斯科尼新聘请的这位经验不足的年轻教练因扎吉表现得并不尽如人意。日后，更为年长的、强硬的塞尔维亚教练米哈伊洛维奇（Siniša Mihajlović）将取代他的位置。

贝卢斯科尼可以没完没了地谈论比赛的战略和战术，以及在足坛展现优雅风格的重要性。他引进和卖出了许多世界上最昂贵的球员，其中有许多都是绿茵场上的怪人和坏小子，但他依然是一个传统主义者，对于什么是美丽足球持有古典的态度。被他称为"米兰风格"的这一个人品牌就是美丽足球的一部分。这一风格关注的不是时尚，而是外表和行为。

"'米兰风格'关乎的是球场内外的良好行为。"贝卢斯科尼说道，但他自己的"场外"行为日后将招致猛烈的批评。"'米兰风格'指的是作为球场上的对手要保持忠诚，无论任何事发生都要保持冷静；这还表现在展示自己身体的方式。比如说，如今太多球员身上带有文身，留着古怪的发型。很抱歉这么说，但我当年会亲自检查球员的仪表，检查他们在上电视前领带是否打得得体。"

贝卢斯科尼喜欢的是秩序与整洁，他不喜欢文身，他也不喜欢巴洛特利（Mario Balotelli）。

他长叹了一口气，说道："我想我来自于另一个时代。事实上，我既忍受不了文身，也忍受不了穿孔，我也不喜欢巴洛特利那样古怪的发型。我希望我的AC米兰重塑优雅的风格，这曾是球队历史的一部分。"

阳光不再透过窗帘洒入俱乐部会所的客厅了，天色已经暗了下来。贝卢斯科尼越说越兴奋，他不断地提到"我的AC米兰"，对于球场里伟大时刻的记忆如同泉水一般从他脑海中涌出。他仿佛在身临其境地重新经历那些伟大的胜利与重大的失败。此时，他谈起了令他感到最为幸福的时刻：1989年5月24日晚，他的球队在巴塞罗那战胜了布加勒斯特星（Steaua Bucharest），取得了历史性的胜利。球场内有八万名AC米兰的支持者。

对于数百万AC米兰球迷而言，与布加勒斯特星的这场比赛是顿悟的时刻，确立了全新的AC米兰队今后的发展方向。

"那一夜在巴塞罗那的胜利标志着我们首次在国际舞台上取得了成功。AC米兰踢了一场令人惊叹的比赛。我们一度看上去就像是世界上最强大的球队，踢着几近完美的足球。那一整天，在巴塞罗那的街头，你看到的全都是大批挥舞着AC米兰旗帜的球迷。那一夜的球场是那么漂亮。在比赛结束时，看台上的AC米兰球迷一齐点亮了蜡烛，这真是太棒了。这就如同星辰满布的天堂一般，持续了整整一夜。"

贝卢斯科尼丝毫不带讽刺意味地回忆着巴塞罗那那个胜利之夜的更多细节。

"我们回到了酒店，我甚至在阳台上发表了演说。我感觉就像年轻的墨索里尼一样，"说到这里，他不好意思地笑了，"AC米兰的球迷叫我下来，和他们一道欢庆。这是我们在冠军杯中取得的首次重大胜利，它将永远铭刻在我心中，铭刻在所有AC米兰球迷的心中。"

贝卢斯科尼兴高采烈地回忆着巴塞罗那之夜，但当说起自己担任AC米兰主席期间最为痛苦的经历时，他脸上浮现出了怒容。那是1991年3月20日的一场欧洲冠军杯四分之一决赛，AC米兰做客自行车馆球场（Stade Vélodrome），挑战法国马赛队（Olympique de Marseille）。那一夜，光亮熄灭了。

这是AC米兰与马赛的第二回合比赛，两周之前的第一回合比赛中，双方1比1握手言和。AC米兰是卫冕冠军，这是四分之一决赛。比赛充满了争议，主裁判出示了多达5张黄牌，3张给了AC米兰，两张给了马赛。比赛已经进入到下半场后半段，僵局仍未被打破，直到75分钟时，边锋克里斯·沃德尔（Chris Waddle）的进球终于令马赛取得了领先。在比赛只剩下两分多钟时间时，马赛仍然以1比0领先，此时球场里的照明灯出现了故障，比赛突然中断了。光亮，一点点熄灭了。大约过了15分钟，当照明灯恢复正常后，AC米兰拒绝重新开始比赛，他们认为灯光条件仍然不能满足比赛要求，而且冲入场内的电视台工作人员和马赛球迷引发了混乱。加利亚尼亲自阻止比赛恢复，他冲到球场上，命令全队回到替补席。他让AC米兰撤离了球场。

最终，欧足联（UEFA）判罚马赛以3比0的比分取胜，终结了AC米兰实现欧洲冠军杯三连冠的希望。随后，因为拒绝完成这场冠军杯四分之一决赛，AC米兰被禁止参加来年的欧洲俱乐部赛事。加利亚尼也受到了多重处罚，欧足联禁止他担任官方职务达两年时间。

贝卢斯科尼的面容扭曲了，显然对此感到不悦。他明确地将过失归咎于自己的知己。

"这都是加利亚尼的主意，虽然他是在遭受了球迷、裁判和马赛球员的不断辱骂和挑衅之后作出的决定。那是一个极其紧张的时刻，所有人都十分不安。在整场比赛中加利亚尼发觉了许多异常之处，他感到受够了。于是他爆发了，作出了那样的决定，这当然令我们损失惨重。不过那是加利亚尼的决定，他一直坦白承认自己的错误，他一直彻底地为自己的行为承担着责任。"贝卢斯科尼简练地说道。

此时加利亚尼身子向前倾了倾，似乎感到有些不自在。该决定相当于他个人的"越战泥沼"。他带着严峻、痛苦的神色回忆起了这段经历。

"大概是比赛结束前的三到五分钟,灯光突然熄灭了。"加利亚尼强颜欢笑地说道,"突然一切都变暗了,在球场上你根本就看不清。有些球迷以为比赛结束了,于是冲入了场内。我摸索着走上了球场,告诉主裁判,这一切都太不正常了:公众涌入了球场,半数照明灯依然没有被修复。主裁判表示我们必须继续比赛。我坚持要求他将公众驱离球场。主裁判依旧表示我们必须继续比赛。我再次争论道,这些情况太不正常了。然后我作出了决定——这绝对是个错误。这应该归咎于一时的情绪失控。不过我真的相信灯光并不能满足比赛要求,而且马赛球迷还在球场上尖叫和咒骂呢。事情就是这么结束的。是我作出的决定,这千真万确。结果,AC米兰被取消了来年的比赛资格,我被取消了两年的从业资格,不过处罚只限于国际赛场,并不会波及意大利国内赛场,贝卢斯科尼也保留了我的职位。在此之后,我们立刻又赢得了1991/92赛季的意甲联赛冠军和1993/94赛季的欧洲冠军联赛冠军。"

那么,对此不感到懊悔?

加利亚尼摘掉了眼镜,露出了微笑。

"懊悔?当然有,因为这一插曲可算不上多优雅,毫无疑问不符合'米兰风格'。不过我想,这已经是二十四五年前的事情了,现在这桩特别的'谋杀案'的诉讼时效已经过去了。"

加利亚尼在AC米兰待的时间也许比诉讼时效还要久,但足球这项运动变得不一样了。如今,市场遍及全球,怀揣着石油美元的投资者成为了最新一批涉足足坛的富豪,他们买下球队,并打造着自己的品牌。

贝卢斯科尼描述了这个已变得面目全非的足坛，在这一全球化的运动市场里，明星球员的转会价格高得令人咂舌，不管他们是为皇家马德里（Real Madrid C.F.）、切尔西（Chelsea F.C.），还是为AC米兰效力。贝卢斯科尼说道，足坛挤满了亚洲和阿拉伯的亿万富翁，这些新的投资者和酋长在整个欧洲收购足球俱乐部。他担心自己的财力无法与酋长的球队或是皇家马德里与巴塞罗那（FC Barcelona）这样拥有巨额预算的俱乐部抗衡。

"皇家马德里与巴塞罗那拥有值得尊敬的传统，它们在各自城市里也有着非常深厚的根基。它们是真正具有合作性质的俱乐部，球迷就是球队的股东。它们的财力也十分雄厚。至于中东和亚洲的投资者，与坐拥石油的俱乐部老板竞争是非常困难的。"

此时已经过了下午六点，贝卢斯科尼在白色沙发上又挪了挪，他似乎准备离开了。很快他将再次乘坐直升机，在十五分钟后飞回阿尔科雷。在米兰内洛度过的一天似乎让他恢复了活力。他一直在谈论自己的热情之所在：足球。的确，对于足球的终生痴迷定义了贝卢斯科尼的性格，影响着他应对商业、娱乐、政治，乃至生活中各种事务的方式。

"我认为足球是对于生活的普遍性比喻，"贝卢斯科尼说道，"不只是意大利人对足球充满了热情，全世界都是如此。这是善与恶、敌与友的对立，裁判必须保持不偏不倚。生活也是这样。你必须面对对手；必须希望自己比他更优秀；必须优雅地击败他；必须表现得优美，而不是鲁莽；必须令所有观众相信，自己才是最好的——一个人在生活中也必须这样做。"

意大利当然是一个为足球而疯狂的国度。贝卢斯科尼关于足球和AC米兰偶尔的异想天开正是这种环境的产物。

但在生活中，成为AC米兰的主席并不仅仅意味着梦想成真。他不再只是一位米兰的房地产暴发户了，也不再只是通过创建商业电视台在传媒业攫取了第二桶金的房地产大亨了，此时他成了一家杰出的足球俱乐部的主席，一位大玩家，一位人民的英雄。他还掌控着一系列非常有影响力的品牌和传播工具，横跨娱乐、传媒和体育多个领域。这位身家上亿的传媒大亨拥有一句能够团结数百万意大利人的加油口号。无论是不是AC米兰的球迷，"米兰加油"（Forza Milan）之声听起来都是那么乐观、欢快、激动人心。在贝卢斯科尼手中，"米兰加油"这句足球口号将要转变成新成立的意大利力量党的政治口号。他将要在全国舞台上有所行动，实现最后一次转型，从亿万富商变为一个政党的缔造者。他将遵从足球场上的惯例来达成自己的目标，充分利用AC米兰为他带来的声名。在意大利的整个政坛爆裂之际，在被丑闻、自杀和腐败审判笼罩着的1990年代初，贝卢斯科尼决定"上场"。他将建立一个新的政党，以足球口号为之命名，其最初的工作人员来自他旗下电视台的营销团队。这一次，赌注要远远高于任何一场欧洲冠军联赛的比赛；这一次，贝卢斯科尼将面临生命中最重要的一场战斗。

第五章：亿万富翁总理

"所有人都告诉我，不要这么做。我最亲密的朋友、顾问以及整个家族都警告我，不要从政。他们全都不赞成。我母亲坚决反对这一想法。她说，如果我从政的话，最终会伤害我自己、我的家族、我的孩子和我的事业。"

贝卢斯科尼坐在圣马蒂诺别墅花园里的一张漆质柚木桌旁，正在回味1993年春夏那段时光，那时他正准备于1994年年初发布一段录像，宣布自己将竞选公职。就像忠实的球迷一样，他将告诉全国，自己决定"上场"了。这是一个大胆的举动，辅以具有麦迪逊大道品质的细致的营销计划。为意大利公众提供的产品是贝卢斯科尼本人，以及一个由他建立的、以足球加油口号命名的新政党。该党的名字是意大利力量党。

1990年代初，贝卢斯科尼在意大利已经成为了一名举足轻重的人物。他的声名也渐渐地在欧洲政界和商界传播开来。他在法国、德国和西班牙都创办了商业电视台，试图复制第五频道等意大利电视台的成功。在扩张传媒帝国的过程中，他与半个欧洲的政客和监管机构展开了较量。

此时，贝卢斯科尼就快成为意大利首富了。他是一位新晋的亿万富翁，并且在事业上出类拔萃。他是欧洲对鲁珀特·默多克（Rupert Murdoch）作出的应答。他登上了《福布斯》杂志（*Forbes*）每年发布的全球富豪榜。但他充满了争议。

他将电视帝国重组成了梅迪亚塞特集团，并以四十多亿欧元的初始价值在米兰上市。除此之外，他进一步扩张了自己的帝国，并令其更加多样化。此时他的生意遍及传媒、保险、个人理财、房地产与建筑、零售百货、出版等行业。通过一笔有争议的交易，他接管了蒙达多里出版集团，并控制了百分之四十的意大利杂志市场。他还收购了由传奇性的自由主义记者与知识分子因德罗·蒙塔内利（Indro Montanelli）创办的中右派全国性报纸《意大利日报》（*Il Giornale*）。此外，当然还有不断赢得奖杯的足球俱乐部AC米兰，它为贝卢斯科尼带来了数百万遍及全国的球迷。

1993年时贝卢斯科尼已经相当有名了——如果你是批评者，或许可以说他声名相当狼藉。对左派而言，他是个魔鬼，是拥有强大媒体势力的狂热反共商人。

他的商业电视帝国不断受到左派评论员、政客和知识分子的攻击。他们始终把贝卢斯科尼的电视频道放在聚光灯下，声称他在败坏文化，并夺取了过多的广告收益。随着新的法律在1990年获得通过，1980年代克拉克西颁布的一系列法令促成的贝卢斯科尼传媒帝国的合法化才最终尘埃落定，随之确立的还有意大利传媒市场中事实上的两强垄断格局：贝卢斯科尼的三家电视频道以及意大利广播电视公司。新的法律规定，贝卢斯科尼必须放弃报纸的股份。但这并不是问题，他只需要将股份转移给弟弟保罗。与其他亲戚一样，在很长时间内，保罗也是菲宁维斯特集团股权结构的一部分。

1993年时，贝卢斯科尼在意大利已经不仅仅是一名身家上亿的传媒大亨了。在众多领域的财富令他掌握了政治权力。他具有影响力。但贝卢斯科尼帝国并非一切都一帆风顺。1990年代初的衰退和广告收入的下滑令他损失惨重。他的电视帝国仍在扩张，但此时其债务已经超过了净资产的四倍。他的银行放贷人是米兰世家的一员，也向菲宁维斯特集团施加压力，并迫使其从外部聘用了一位名叫佛朗哥·塔托（Franco Tatò）的职业经理人，他的工作就是缩减成本和债务。他的工作如此有成效，在二十四个月之内，贝卢斯科尼的媒体帝国刚在米兰证券交易所上市便取得了成功，在这个十年结束之前其价值超过了三百亿欧元。

除了财政问题外，在1992年和1993年意大利司法机构对贝卢斯科尼的敌意也越来越严重。有一小群米兰法官和检察官开始严厉地审查贝卢斯科尼的生意。在一年多的时间里，他们对贝卢斯科尼在米兰和罗马的房地产、传媒及建筑生意展开了十多起调查。

对于这一时期，贝卢斯科尼的记忆非常清楚。此时爆发的一系列重大的腐败丑闻将动摇意大利的政治体制，并将导致他的朋友克拉克西不光彩的流亡以及被定罪。始于此时的一系列司法地震被称为"贿赂之城"丑闻。

在两年多的时间里，几位米兰法官展开了调查，许多簿记员和中间人被捕，他们被监禁起来，直到用其他人的名字来交换较轻的判决，或是进行诉讼交易。法官展开了大量的黎明突袭搜查和出其不意的税务稽查。米兰部分重要的公司高管和企业家被逮捕和拘押，他们几乎都被指控以非法手段资助政党，或是通过行贿来赢得合同。一张系统性的腐败网络被揭开了，意大利政界与商界的几乎所有人都牵涉其中。

这项调查被称为"净手行动"（Operation Clean Hands），整整一代政党领导人都遭到了清洗。意大利政坛的半壁江山在一夜之间崩塌了。许多被捕的企业家和商人在狱中自杀。在米兰，空气里弥漫着阴谋的气氛，流传着关于交给政客塞满贿赂的信封的故事，以及谁将成为下一个落马名人的流言。报纸上都是关于离岸银行账户与洗钱的报道。员工与老板反目，法官施加越来越大的压力，用情报进行诉讼交易者揭发了更多的贿赂与腐败丑闻。

贝卢斯科尼称这段时间对他而言是"恐怖"与"痛苦"的。

1992年，他的弟弟保罗受到了多起司法调查。他因在罗马和米兰行贿与腐败的罪名遭到了起诉。1993年4月，贝卢斯科尼在罗马的首席说客、菲宁维斯特集团副主席詹尼·莱塔（Gianni Letta）承认亲自向一个信封里塞入了约三万五千欧元现金，并通过送信人之手将它交给了罗马城另一端的一位小型政党的领导人。那年春天，税务人员再度降临贝卢斯科尼在米兰的公司总部。他们搜查了"米兰二号"的办公室。1993年6月，菲宁维斯特集团正式否认有任何不当行为，并煞费苦心地指出，截至此时，公司的办公室被税务部门搜查了多达五十七次。电视台和房地产公司不是调查法官的终点，他们还对一项非法基金进行了调查，据说贝卢斯科尼的手下利用这项基金为他钟爱的AC米兰买卖球员。

这一小群米兰法官发动的这场反腐运动对意大利政坛和社会产生了深远影响。这就如同驾驶着一辆大卡车碾过了旧的政治秩序，摧毁了许多政客与商人。在米兰，原本舒适的商界沙龙里弥漫着恐慌的气氛；在罗马，五个执政党派的领导人无一例外地遭到了起诉，名誉扫地。他们就像保龄球瓶一样，一个接一个地倒下了。

"当'贿赂之城'现象发生后，当时统治着意大利的五个党派被彻底地从政坛上抹去了。"贝卢斯科尼回忆道，"调查结果令人们产生了这样的印象：所有政治领导人都从政党的融资中获利。有些情况下，事实的确如此。然而调查很快表明，显而易见的是，在始于克拉克西的这些案件中，多数情况下金钱的确是主要用于资助政党的运作，而非为个人牟利。"

贝卢斯科尼认为，由于在意大利政党没有公共的或是其他形式的筹资渠道，私人部门的献金就成了常态。

换句话说，所有人都这么做。

旧秩序的象征克拉克西日后向调查法官递交了书面证词，详细说明了自己的党派和其他政党一样，定期从菲亚特、好利获得（Olivetti）、菲宁维斯特等意大利大公司那里接受金钱。

"当时政党根本没有其他的融资渠道，"贝卢斯科尼回忆道，"没有其他的选项——除了意大利共产党，他们的资金总是十分充裕。他们从苏联那里获得了大笔非法、秘密的资金，他们掌控着全国上下的商务合作，他们还有自己的党报。当时意大利共产党非常有权势，资金非常充足。所以当丑闻肃清了温和派政党之后，我开始四处寻找能够代替意大利共产党的党派。我试图让那些能够抗衡意大利共产党的党派联合起来。我担心意大利政坛上如果没有其他党派或是温和的政治势力,那么意大利共产党会不费吹灰之力地赢得下次大选。"

正是在恐惧与厌恶的情绪共同驱使之下,贝卢斯科尼于1993年夏天作出了从政的决定。他利用电视帝国的营销团队来进行焦点小组研究和民意调查。他们对民调结果和选民偏好进行了研究,就如同营销团队对软饮料的推广进行研究一样。1993年7月,贝卢斯科尼在接受一家报纸采访时否认自己计划从政。他的团队对公众的反应进行了细致分析。与此同时,他与少数几位幸存的政治领导人进行了会面,试图说服他们建立一条统一战线,结成联盟。1993年夏天的意大利政坛宛如一片荒漠。

在意大利,多数人都认为贝卢斯科尼之所以从政,是为了挽救自己的生意,为了获得免于被调查的议会豁免权。这是公众普遍的信念。但贝卢斯科尼的看法显然不是这样。他声称自己没有其他选择,他表示自己是在"净手行动"将意大利政坛化作一片焦土之后决定从政的。

值得注意的是,尽管柏林墙已于四年前倒下,意大利共产党也已于1991年更名为左翼民主党(Democratic Party of the Left),但贝卢斯科尼仍然认为自己、自己的生意以及国家面临的主要威胁在于被旧瓶装新酒的意大利共产党统治。当时和现在他都对极左派怀有发自肺腑的仇恨和人身上的厌恶。这种情绪是相互的。

当回想起1990年代初的丑闻和旧秩序的爆裂时,贝卢斯科尼活跃了起来。此时他兴高采烈地谈论起了1993年时的氛围,他使用"意大利共产党"一词就如同在挥舞一把手枪。在贝卢斯科尼的言语里，这个词涵盖了一切他所鄙视的事物。

"左派检察官疯了，"贝卢斯科尼的左脚不停地拍打着地面，激动地说道，"米兰检察官办公室的那些人尤其疯狂。结果就是，五个政党从政治地图上被抹去了，这为左派留下了一大片空白。五十年来他们第一次似乎能够夺取权力了，天知道他们将掌权多久。对我而言，这是一场悲剧；但不仅仅对我而言才是这样。意大利共产党掌权的威胁令许多商人感到了恐惧，因为我们都明白他们的意识形态意味着什么。这么说吧，我们不认为意大利共产党胜利后会建立起人间乐园。"

此时，正在调查"贿赂之城"丑闻的米兰检察官开始将目光投向贝卢斯科尼。他们开始逐个对付贝卢斯科尼的高管，并开始关注其公司的账目。贝卢斯科尼电视帝国此时的主管、他的老友孔法洛涅里成为了首批被"净手行动"的调查法官问讯的贝卢斯科尼幕僚中的一员。

"1993年4月，税务警察搜查了我们的办公室，法官也找上了我们。我和我的助理都遭到了法官的问讯，"孔法洛涅里回忆道，"调查者指控我们以非法行为向社会党提供资金，因为我们参与了社会党年会的夏日派对。我们的公司出席了这些聚会。我告诉法官，我们的公司也出席了意大利共产党夏日的'团结年会'（Festa de l'Unità），法官表示会对此展开单独调查。"

孔法洛涅里发出了一声冷笑。

"但最终他们宣布我无罪，事实上他们根本没有审判我。"孔法洛涅里带着得意的笑容回忆道，"我试图向他们解释，我们之所以这么做是为了推广自己，是为了在政党面前露面——作为监管者，他们掌控着我们电视台的命运。我们的多数广告客户也都出席了这些聚会，这是大家都在做的事情。"

贝卢斯科尼并不否认，在1993年时自己成了米兰检察官的目标。但当他对自始至终笼罩着自己的那些指控作出辩解时，他的声音显得有些哀伤。带着自豪的微笑，他抑扬顿挫地断然否认自己从政和竞选是迫不得已，是为了寻求议会豁免权从而保全自己，或是因为自己的传媒帝国负债累累，处在破产的边缘。

"这些绝对是谎言，"他宣称，语调里仅仅带有一丝不安，"这些与现实截然相反。如果我不从政，而是待在原来的职位上，我将对公司作出更大的贡献。从政令我得到的只是法官不计其数的攻击，这一直持续了许多年。"

贝卢斯科尼最坚定的捍卫者之一孔法洛涅里表现得更为激烈。

"我们的债务的确很沉重，但我们集团规模很大，拥有各种各样的生意：电视、出版、零售、保险。我们的资产规模很大，我们拥有大笔财富。我们实力雄厚，证据就是，仅仅两年之后，在1996年上市时，我们集团的估价就达到了约五十亿美元。认为贝卢斯科尼因为被调查或是我们的生意正在崩溃才被迫从政的想法完全是错误的。这不是事实，这是谎言，这是多年来人们针对贝卢斯科尼构筑的一座巨大的谎言城堡的第一块砖。"

贝卢斯科尼为何决定从政这一问题依然悬而未决。有一种说法是，1993年4月4日，贝卢斯科尼在阿尔科雷与前总理克拉克西召开了一次"战时会议"。据埃齐奥·卡尔托托（Ezio Cartotto）所言，关于从政的讨论始于这次会议。感到愤愤不平的卡尔托托曾是菲宁维斯特集团的雇员，他还曾担任贝卢斯科尼从政初期的政治顾问。他们讨论了建立新政党的想法，希望用其取代已经在政坛上遭遇了溃败的天主教民主党和社会党。据说，在对话结束时，贝卢斯科尼表示自己知道该怎么做了。

贝卢斯科尼否认了这种说法。他同样记得与克拉克西讨论了从政的想法，不过不是在1993年4月4日。此外，他还表示克拉克西并不支持这一想法。

"他建议我不要从政，"贝卢斯科尼回忆道，"他告诉我政坛之丑陋将超乎我的想象。他还说拜咄咄逼人的法官所赐，意大利政坛甚至更加丑陋。他坚决地告诉我：'绝对不要！不要从政。'"

孔法洛涅里同样记得与克拉克西的对话以及忧虑：一旦贝卢斯科尼从政，他就会成为调查法官的目标。

"1993年时，贝卢斯科尼这样的人从政要冒很大的风险。法官会拿着放大镜审视你，直到发现蛛丝马迹。许多法官都是左派，都支持意大利共产党。"孔法洛涅里说道，显然对自己的话深信不疑，"我完全不赞成贝卢斯科尼从政。原因之一在于我不相信他能建立一个新的政党，并一蹴而就地赢得选举。所以我争论道，我们的结局可能是为晚餐买了单却没吃到任何东西。我还记得在克拉克西流亡之前最后一次和他见面的场景。我问了他的想法，他表示贝卢斯科尼最多只能赢得百分之六到百分之八的选票，不会更多了。"

贝卢斯科尼一直痴迷于民意调查，促使他从政的一起事件发生于1993年7月，在一位名叫朱利亚诺·乌尔巴尼（Giuliano Urbani）的不太知名的政治学教授拜访阿尔科雷之后不久。

"乌尔巴尼教授是应我之邀前来的，"贝卢斯科尼回忆道，

"我请他带来他的学校进行的最近一次民调结果。这些调查表明,由于丑闻肃清了中右派政党,左派在下次选举中显然将取得大胜。更名后的意大利共产党将赢得几乎百分之四十的选票,根据选举制度的规定,这意味着他们将掌控议会中百分之七十四的席位。"

贝卢斯科尼停了一下,似乎在查看民意调查的数据。

"这一刻我作出了决定。这些数据促使我决定寻求不一样的政治前景。一开始我试图建立一个中右派政党的联盟,当这条路不可行之后我决定建立自己的政党。"

在意大利政坛的那一酷暑时节,贝卢斯科尼还前往都灵向菲亚特继承人和意大利的无冕之王阿涅利表示了敬意。

"我与阿涅利共进了晚餐,并向他展示了部分我所准备的政治纲领与材料。"贝卢斯科尼说道,"我们讨论了将不同党派联合起来以对抗意大利共产党这一想法。我甚至向他展示了我们的广告部门所准备的一些宣传板。他被打动了,对我说道:'我希望你能成功地带回之前执政党的剩余势力。'那顿晚餐之后我与阿涅利在整个夏天都保持着密切的联系。在某个时刻我告诉他,除了建立我自己的政党,别无他法了。他认为我不应该这么做,因为这太危险了,而且商人的思维模式与政客截然不同。他试图劝阻我。"

几个月之后,贝卢斯科尼的重大行动开始了,以世故而闻名的阿涅利代表意大利工业界说出了这句名言:"如果他赢了,那么我们全都会赢;如果他输了,那么只有他自己会输。"

1993年秋天贝卢斯科尼向电视与广告帝国的多位销售与营销管理人员布置了创建政党的新任务。梅迪亚塞特广告部门的主管德卢特里与贝卢斯科尼最信任的律师朋友普雷维蒂是创建新政党这一想法热情的支持者,他们为新的政党准备了许多候选人。他们每周都对销售和营销管理人员进行政治组织方面的培训。他们将来自"意大利项目"(Programma Italia)这一金融服务子公司的代表选拔为候选人或是地区性政党组织者。1993年9月,贝卢斯科尼告诉正在准备发起一场政治运动的德卢特里,自己希望在下一次选举中能够拥有一个彻底的全国性政党。

到了1993年年底,许多广告与营销人员与财务顾问一道,在全国上下建立起了地区性的意大利力量党俱乐部,这将成为全国性政党的支柱。该党的战略家细致分析目标受众、创建内容,只待运动开始,便准备如闪电般播出这些电视短片。他们已经制订好了营销计划。所有的一切都直接出自梅迪亚塞特的战略手册。一个全国性政党的设计、谋划、筹资和成立均源自一家大公司,这在西方历史上还是头一次。

"贝卢斯科尼从来都是一位企业家,"孔法洛涅里回忆道,"他用企业家的方式建立了政党。他分析市场,寻找不足,然后创立产品以填补市场上的空白。我还记得他曾对我说:'如今的政治市场上只出售一种产品:左派。让我们将左派比作软饮料吧,把它比作一种苦味饮料。市场上缺少的是替代品,一种甜味饮料。'他认为如果市场上没有这种替代饮料的话,我们就应该创立出新产品,并将它提供给意大利人民。这就是他看待政治的方式,就如同一位企业家制定推出新产品的营销计划一样。"

贝卢斯科尼从来都是推销员,不过此时他开始将享有盛名的交际天赋运用于意大利政坛。

1993年年末时,贝卢斯科尼开始发出关于自己即将展开的政治行动的信号。出人意料的是，这位身家亿万的传媒大亨突然公开为一位右派罗马市长候选人背书，这位名叫詹弗兰科·菲尼（Gianfranco Fini）的后法西斯政客依然公开仰慕墨索里尼。贝卢斯科尼表示，自己只不过是回答记者提出的一个问题，但在全国这一表态都被视为一种信号。

还不止于此。他还把手伸向了另一个右派政党联盟党（Lega）。这是一个来自勤劳的意大利北部的仇外、反税的政党，类似于意大利的茶党（Tea Party），当时他们的目标是将北方地区从意大利分离出去。贝卢斯科尼之所以接触这一边缘党派，是因为他觉得自己需要建立更为广泛的中右派联盟才能执掌权力。

"我拼命地试图让剩余的政党与我联合。还有一个政党意大利社会运动党地位也很边缘，因为它起源于法西斯党。开始的一段时间非常艰难，但最终我让人们明白了，阻止意大利共产党掌权的唯一途径就是创建由温和右派构成的保守派政治运动，这些主张自由市场的自由派占选民的多数。我与联盟党和意大利社会运动党结成了竞选联盟，前者放弃了从意大利分离出去的想法，后者最终变成了更加温和、民主的政党。"

贝卢斯科尼伸展了一下身体，他的目光缓缓移向了位于别墅二层的卧室。他回忆起了1994年1月中旬的那一刻：他将莱塔、孔法洛涅里、德卢特里、八十三岁的母亲等家人与朋友聚集在一起。他选择在那一夜让自己的家人和朋友为意大利力量党的初次登台做好准备。

"我邀请他们前来吃晚餐，并对形势作出了评估。我解释道，我试图找到另一种解决方案，但未能如愿以偿。我告诉他们，我真地觉得必须这样做。"贝卢斯科尼回忆道,"他们的反应非常激烈。所有人都告诉我,不要这么做。我最亲密的朋友、顾问和整个家族都警告我,不要从政。他们全都不赞成。我母亲坚决反对这一想法。她说,如果我从政的话,最终会伤害我自己、我的家族、我的孩子和我的事业。"

贝卢斯科尼停顿了一下,又接着回忆起了那一夜是如何结束的。

"他们的反应完全是负面的,"他回忆道,"我告诉他们我会考虑考虑,然后再召集一次家庭会议。随后,我母亲上了车,准备回米兰。当她经过我们家的旧公寓时,她让司机停了下来。她走下车,久久地凝视着这幢公寓:正是在这里,她将三个孩子抚养成人。随后她让司机调头,把她送回阿尔科雷。"

贝卢斯科尼顿了顿,指向圣马蒂诺别墅二层的窗户。

"她来到我的卧室,就是上面那一间。"他说道,"幸好我还没有入睡,还在盯着天花板。当时我非常沮丧,我在回想每个人的反应。这时,母亲来到了我的床前,我永远不会忘记她所说的话:'我考虑了一下,我依然坚决反对。他们会用一千种方式来伤害你、你的家族和你的公司。但我能理解你为什么强烈地感到自己需要这么做。我想,如果你真的觉得为了自己的自由、国家的自由需要做点什么,但又没有勇气去做的话,你就不是我养大的那个儿子了。'然后她拥抱了我,又坐车回到了米兰。就在这之后我辞去了公司里的一切职务;几天之后,我们建立了意大利力量党。"

贝卢斯科尼刚按下按钮,他手下由营销人员转型成的议会候选人便已经各就各位。但对于贝卢斯科尼全新的竞选风格,意大利人还没做好准备。他在竞选中运用了各种媒体渗透技术,发表了直言不讳的、乐观的讲话。这是电视时代带有麦迪逊大道技术与风格的民主民粹主义。这是美式的,让人感觉很舒服。这就像贝卢斯科尼的电视节目,充满了梦想、渴望与缤纷的色彩。这就像贝卢斯科尼的足球俱乐部,"意大利加油"的助威声自然而然地成为了口号。全国半数主流电视台和许多纸媒都归贝卢斯科尼家族所有,这也助了他一臂之力。

在1994年1月该党成立后,仅仅六十天以内,贝卢斯科尼便赢得了选举。他的成功之道可谓政治学家的梦想,可以作为哈佛商学院品牌与营销的研究案例。

贝卢斯科尼不仅仅施展了令人眼花缭乱的传媒技术,他还发明了新的政治语言与象征符号。他吸引的是在美国政治中被称为"沉默的多数"的人群。多年以前,美国总统尼克松就曾使用过这一术语,当时他称美国选民多数都是保守的和亲商业的。1994年贝卢斯科尼提出的是一系列不加掩饰的亲商业与自由市场的政策,是放松管制、减税和"人人有肉吃"的大杂烩。对于厌倦了经年累月的丑闻与衰退的意大利选民而言,贝卢斯科尼带来的正是日后令奥巴马入主白宫的品质:他为一个绝望的国家带来了希望。

"我记得我们正是在这里制定竞选计划的,在客厅和厨房里。"贝卢斯科尼满载着怀念地说道,"我们是一个相对较小的团体,就在这幢房子里工作。"他仰望着宏伟的圣马蒂诺别墅。"这就是指挥中心,在阿尔科雷,只有四到五个人制定竞选策略。在几周时间内,我们便在这里拟定了一份包括经济政策在内的政府计划。我觉得多数意大利人都迷失了方向,不知道应该把票投给谁。因此意大利力量党满足了那些不愿意投票给左派的多数意大利人的市场需求。"

贝卢斯科尼动用自己传媒帝国的资源制作出了五彩斑斓的海报，代表意大利力量党的、令人心向往之的蓝色，竞选文案，电视节目，等等。但正如那些了解他的人会证明的，在很大程度上他依然是个一人乐队与事无巨细的经理，痴迷于细节，甚至为之疯狂。他亲自筹备了品牌发布会，并参与了巡回演出。他一个城镇接一个城镇地覆盖了数千英里长的意大利半岛，承诺为人们带来更加美好的明天，并举办了华丽的竞选集会——就如同那些奢华的电视节目一样。

贝卢斯科尼亲自审视每一个细节，常常检查音响效果，或是查看木匠为集会搭设的舞台是否出色。他命令团队将舞台粉刷成明亮的白色，这既显得高贵，又令人愉悦。

"我一直非常关注如何将自己展现给公众。我几乎改变了一切政客与公众互动的方式。例如，所有旧式政党都让高级官员站在舞台上，当党的领导人发表讲话时，他们都肩并肩地站在他身后。我却决定只摆放一个话筒，只让一个人站上舞台，而不是像过去那样在舞台上排列许多党员。"

他从来都是一位表演者。

"我曾经亲自参与设计所有大型电视节目的布景。"微笑着的贝卢斯科尼自豪地回忆道，"我总是亲自负责我们建造的新房地产项目的建筑细节。因此对我而言，亲自参与公共形象与信息传递的方方面面，是再自然不过的了。我监管着所有竞选手册和海报的制作。我亲自撰写了多数广告词以及我发表的演说。我参与了竞选的方方面面。在那六十天内，我想每晚我的睡眠都不足三小时。"

除了疯狂地痴迷于品牌定位与形象设计，贝卢斯科尼为自己新政党揭幕的方式也是非常规的。他通过在家庭办公室里录制的一段长达九分钟的录像，滔滔不绝地向全国观众传达了信息。他如同总统一般坐在一张大书桌后，身着时髦的蓝色领带、雪白的衬衣与双排扣的布里奥尼条纹西装，身后的书架上摆满了家庭照片。实际上，他看上去更像是一位米兰的商业领袖，而不是一位政客——这一形象有助于他的事业。贝卢斯科尼首先在自己的电视频道上播出了这段录像。他在意大利广播电视公司公共电视频道的晚间新闻节目中获得的播出时间要少得多。

这段录制的演说十分著名，因为贝卢斯科尼在宣告"意大利是我所热爱的国家"之后，戏剧性地宣布自己要"出场"了。这段录像标志着一场将吸引数百万意大利选民的竞选活动的开始。意大利政坛的一切都将随之改变。此前意大利政坛只有由小党组成的碎片化的、不稳定的联盟，此时，贝卢斯科尼试图建立起两党制。他将自己展现为一位致力于用自己的经验为国服务的身家亿万的企业家。他尤其将枪口对准了老派的意大利共产党——尽管他们刚刚更改了党名，并且放弃了镰刀与斧头。

"共产主义的孤儿不仅没有做好执政的准备，对于信奉自由市场的人来说，他们的意识形态观点更是可憎的。"贝卢斯科尼宣称，只是偶尔才低头看一眼事先写好的备注。

贝卢斯科尼直视着摄像机，脸上浮现出干练而坚定的微笑。这段致辞就如同来自白宫椭圆形办公室（Oval Office）一般，不过贝卢斯科尼传递的信息充满了敌意。

"左派声称他们变了，"他用控告的语气说道，"他们说自己变成了民主派,但这并不是真的。他们还是同一群人。他们的思维方式、文化和最深处的信念并未改变。他们不相信自由市场,不相信私有企业,不相信利润,不相信个人,不相信多样性。他们并没有真的改变。事实上他们没有真正的信念。他们只是想把这个国家转变成一个巨大的、吵闹的广场,鱼龙混杂的群众则只不过在广场上尖声地进行控诉与指责。"

这时,贝卢斯科尼低头看了看书桌,接着义正词严地说道:

"因此,我们必须与他们作战。因为我们相信个人,相信家庭,相信商业、竞争、进步、效率,相信自由市场和社会公正,这些来自于正义与自由。我之所以决定上场,发起一场新的运动,我之所以请求你们加入我的行列,就在此时,在为时过晚之前,是因为我梦想着一个自由的社会;在这个社会中,无论男女,人们都不必生活在恐惧之中;在这个社会中,没有阶级嫉妒与阶级战争,有的只是慷慨、勤劳、团结、宽容,以及对生命的尊重。我建议你们加入的政治运动名叫意大利力量党……"

这时,他口若悬河地说出了一大串老生常谈的话题,包括自由、现代化、透明政府、创造就业机会、繁荣、打击犯罪、信仰自由、救助穷人与领退休金者,乃至清洁环境。

然后,他的马丁·路德·金(Martin Luther King)时刻到来了。

"我有一个梦想,"他宣称,"我相信我们能够共同实现这个伟大的梦想。我梦想意大利变得更加公正,对需要帮助的人更加慷慨,更加繁荣,更加安宁,更加现代,更加有效率。我梦想意大利在欧洲和世界重拾主角这一理所应当的地位。"

贝卢斯科尼的结语令人印象深刻，足以与奥巴马的"是的，我们可以"这一口号相媲美，不过他的这番话比奥巴马首次成为总统候选人早了十多年。

"我们可以做到，"他放缓了语速，直视着摄影机，生气勃勃地吐出每一个单词，"为了我们自己和我们的孩子，我们可以也必须创造新的意大利奇迹！"

画面逐渐变暗。

这段录像在当时十分激动人心，也起到了很好的效果。凭借着拒绝过去的民族情绪以及意大利力量党带来的对于美好未来的模糊憧憬，贝卢斯科尼在六十天之后夺取了胜利。1994年5月11日，他宣誓就任意大利总理。一周之后，面临多个腐败案判决的克拉克西逃离了意大利，前往突尼斯的度假住所避难。

贝卢斯科尼成功了。他策划并建立了新的政党，并当选为意大利总理。他赢得了八百多万张选票，组成了中右派联盟，从而在议会中获得了多数席位。他成为了欧洲首位亿万富翁总理。但商人背景令他尚未准备好应对意大利政坛的惊涛骇浪。贝卢斯科尼终归是一位白手起家的、强硬的米兰企业家。他习惯了主导自己的节目，他习惯了当老板。问题在于，在罗马情况与之有些不同。

"简直是灾难性的，我被深深地挫败了。"他回忆道，"我发现总理的权力比我原先想象的小得多。由于意大利的法西斯经历，我们的宪法将多数权力赋予了立法机构，而不是总理。可是我们的议会只不过是一个充斥着秘密与流言的大杂院。勤劳工作的议员非常少，可能只有一百多位。对于我这样习惯了从早工作到晚的商人来说，这简直是一场灾难。最初的经历十分糟糕。"

"贝卢斯科尼对于政府的缓慢运作感到非常不耐烦，非常沮丧。"孔法洛涅里回忆道，"他以为一当上总理，他就可以改变一切了，但他陷入了罗马的政治泥潭。在两千年的历史中，罗马人什么东西都见识过了，这并非偶然。他们见识过并消化了所有事物以及前来发号施令的所有人，他们也正在慢慢地消化贝卢斯科尼。事实上，仅仅六个月之后，他们就将贝卢斯科尼踢出了办公室。"

亿万富翁贝卢斯科尼成为了总理贝卢斯科尼，但他的第一段任期并没有维持太长时间。

孔法洛涅里近距离地观察着这一切。

"永远别忘了，这可是马基雅维利（Niccolò Machiavelli）的国度。"孔法洛涅里露出密谋般的神色，警告道，"在罗马，所有人都读过《君主论》（The Prince）；即使他们没读过，他们也在践行着马基雅维利式政治。这流淌在意大利政客的血液之中。"

无论是如同贝卢斯科尼一直坚称的那样，左派法官和政客发动了一场马基雅维利式密谋，还是只不过是时间上的巧合，但至少可以说，1994年年末贝卢斯科尼倒台的方式是非常不寻常的。

1994年11月22日这个周二的早晨，这位刚刚上任六个月的亿万富翁总理正在那不勒斯召开联合国关于跨国打击有组织犯罪的世界峰会。尽管贝卢斯科尼的批评者对峰会的主题大加嘲讽，但这原本应该是一个为他带来威望的时刻。对贝卢斯科尼而言，在短短几个月时间内第二次与世界领导人齐名，相当于一枚荣誉勋章；7月时，他已经在那不勒斯的七国领导人峰会（G7 Summit）上接待过克林顿、叶利钦（Boris Yeltsin）、布莱尔、密特朗（François Mitterrand）和科尔（Helmut Kohl）等领导人了。此次七国领导人峰会是历史性的，因为俄罗斯首次被邀请参加。这一天，他正准备会见联合国秘书长和来自一百四十个国家的代表。

早上五点四十分，莱塔——他离开了菲宁维斯特集团，担任总理办公室的守护者——打来的一通电话唤醒了贝卢斯科尼，这不是好消息。他将《晚邮报》头版上的一则轰动性的独家新闻读给贝卢斯科尼听。头条是这么说的："贝卢斯科尼正在米兰被调查。"副标题表明意大利总理是一起司法调查的目标：据称，在贝卢斯科尼知情的情况下，他旗下的公司曾向税务官行贿。

这篇头版文章震动了贝卢斯科尼政府。人们很快就发现，贝卢斯科尼不仅正在被调查，他还收到了一张前往米兰接受"净手行动"调查法官问讯的传票。他将因涉嫌行贿和腐败而接受审问。菲宁维斯特集团辩解称，并非是自己主动行贿，而是早在1990年代初便勒索菲宁维斯特集团的税务部门索取了贿赂。

总理新闻办公室确认这份法律通告的确存在，并表示贝卢斯科尼被要求接受米兰检察官的问讯。贝卢斯科尼声称自己"很平静，因为正如我曾多次表示的，我没有犯下过任何罪行"。但与那不勒斯峰会一样，他的总理任期也遭到了打击。在全世界面前，他受到了公然羞辱。一个月之后，他的政府倒台了。

签发这张传票的是米兰的地方检察官弗朗切斯科·博雷利（Francesco Borrelli）。对许多意大利人而言，博雷利是位英雄，在"贿赂之城"丑闻中，这位追求正义的检察官向整个政治体制发起了挑战。他也被视为左派的支持者。事实上，在于那不勒斯峰会期间向贝卢斯科尼发出传票不到一年之前，博雷利已经发出了警告。那是在1993年12月底，当时贝卢斯科尼正在准备"上场"并建立意大利力量党。

在接受《晚邮报》的采访时,这位地方检察官传达了不祥之兆:"有些巧合可能引发动荡。"他发出了警告:"希望成为政治候选人的那些人最好看看自己。如果是清白的,他们大可平静地继续。但如果他们有污点,或是任何难堪的事迹,在我们开始调查之前,他们最好坦白,并退出政坛。"

在意大利,人们认为检察官的这番话虽然没有指明对象,但他所针对的主要是贝卢斯科尼。

"从我成为总理的那一刻起,"贝卢斯科尼强硬地表示,"好斗的左派法官便针对我采取了一系列行动。他们不断地制造骚动。当我在那不勒斯参加重要的联合国会议时,他们发来了传票。他们希望以这种方式声讨我,令我再也无法在政坛立足。"

看待那不勒斯事件的这种态度与左派政客的观点形成了鲜明的反差,他们指出,事实上贝卢斯科尼在首次审判中被宣判向税务官行贿的罪名成立,尽管在申诉后他又被宣判无罪。《晚邮报》的主编是著名的保罗·米耶利(Paolo Mieli),该报不偏不倚地将这张传票称为米兰法官对决贝卢斯科尼这场漫长战役的高潮。

该报表示,此次调查是范围更广的税务审查行动的一部分;早在一年多以前,这些审查已经令贝卢斯科尼的帝国陷入了险境。"在数月的冲突与争议之后,法官祭出了致命一击。"这篇导致贝卢斯科尼第一任政府倒台的文章写道,"和往常一样,在'净手行动'调查的紧要关头,检察官等到选举结束后才发动了进攻。"

最不祥的话语是:"截至昨天,总理的处境改变了,新的阶段开始了,很难对下一步的政治与司法进展作出预测。"这段话很有先见之明。

换句话说,贝卢斯科尼的政治前途充其量也不过是悬而未决的。

"传播这条新闻,是法官精心策划的行动。"贝卢斯科尼愤愤不平地表示,"他们不是简单地通过官方渠道向我发出传票,对此不加以大肆渲染;而是把这则消息透露给了媒体,然后将其刊登在了头版。这件事情发生之后,同样是左派出身的意大利总统召见了我主要的联盟伙伴,对他说:'贝卢斯科尼完蛋了。如果你不希望也完蛋的话,最好退出政府,让他倒台。'事态的发展果真如此。这完全是一场政变。"

这不是贝卢斯科尼最后一次鸣冤叫屈,控诉他的左派对手密谋推翻自己。此后多年时间里,关于诡计与阴谋的话语将成为意大利政坛的主流;至少有一次,贝卢斯科尼的说法将被证明是有充分理由的。这一次发生在许多年之后,主题也不是国内政治或是法庭案件,而是欧元危机最严重时一场真正的国际阴谋,牵涉其中的不只是贝卢斯科尼,还包括法国总统萨科齐(Nicolas Sarkozy)和德国总理默克尔(Angela Merkel)等领导人,以及贝卢斯科尼最为意想不到的盟友:奥巴马。

在贝卢斯科尼因腐败指控被调查之后,他的政府没能维持太长时间,他本人也于1994年年底辞去了总理一职。接下来的六年时间里,贝卢斯科尼一直在野,或者用他自己的话来说就是"身处荒漠之中"。1995年时,他已经被视作一位过气的人物。1996年他再次参选,但以失败告终。2001年时,在"身处荒漠"多年之后,贝卢斯科尼不可思议地在政坛东山再起,这一次他将成为意大利共和国任职时间最长的总理。21世纪初担任意大利总理期间,他参与或是见证了许多历史性的国际政治事件：9·11恐怖袭击的余波、阿富汗战争、普京与西方的关系逐渐缓和并达成合作、欧元危机，以及驯服利比亚的卡扎菲。尽管在国际舞台上贝卢斯科尼往往表现得更像是执法者，缺乏一定的外交手腕，并常常失态，但他依然很享受这个舞台。他在外交政策上最不为人所知的，也可能是最为惨重的失败，是曾出人意料地、秘密地试图阻止小布什和布莱尔向萨达姆开战。

第六章：小布什与伊拉克战争

"我永远不会忘记第一次和小布什会面的情景。我们立刻就喜欢上了彼此。我们之间有种特殊的感情，有着很好的化学反应。我想，他的眼光吸引了我。"

贝卢斯科尼凝视着远方，回忆起他与第四十三任美国总统友谊的开始，有那么短暂的一瞬，他的双眼似乎模糊了。他的语气表明，这段关系属于一见钟情。

贝卢斯科尼坐在圣马蒂诺别墅花园里他最喜爱的那张柚木桌旁。他身着一件深蓝色衬衣、一件夹克和一双有些脏的海军蓝运动鞋。当他谈起对小布什的感情时，他将右手放在心口，作出哑剧般的手势。这可能是自然而然的举动，也可能是为了制造戏剧化的效果。每当他讲述一个故事，或是回忆起一桩轶事，都如同是在表演莎士比亚的戏剧一样。他是一位天生的表演者，一位演员。他还是历史的见证者。

贝卢斯科尼回忆起了他与小布什友谊开始的时刻。两人第一次见面是在2001年6月13日布鲁塞尔（Brussels）一场繁忙的北约峰会上。在国际舞台上，这两位领导人都相当缺乏经验。上任仅仅五个月的小布什是首次出访欧洲。不到二十四小时前，贝卢斯科尼才宣誓就任总理。这是他在2001年5月的意大利选举中东山再起后，首次出现在重大的国际场合。在欧洲，这位前得克萨斯州长与多数领导人的关系都很糟糕，充其量也不过是不冷不热的，但他很快就将意识到，贝卢斯科尼愿意成为他的死党。

小布什政府与欧洲盟友的关系刚一开始便动荡不安。他决定退出克林顿政府曾大加宣传的旨在防止全球变暖的《京都议定书》（Kyoto Protocol），这惹怒了许多德国人和法国人。他还坚决加速推进被称为"星球大战之子"的全新的、耗资巨大的导弹防御计划，这进一步引发了巴黎与柏林的怨恨。他的处事方式一点也不含蓄。布莱尔已经站到了小布什这一边，他会同意小布什提出的任何请求，他对美国总统的敬畏是众所周知的。但法国人和德国人都反对华盛顿，希拉克（Jacques Chirac）和施罗德（Gerhard Schröder）都不喜欢小布什。

与此同时，意大利的外交政策也即将经历巨变。贝卢斯科尼是最为公开亲美的意大利总理。显然他会支持小布什和美国。甚至早在担任总理之前，贝卢斯科尼已经表示自己将支持美国的导弹防御系统。事实的确如此。

在布鲁塞尔，两人的肢体语言说明了一切。人们发现两人在拍摄传统的北约领导人"全家福"时互相开着玩笑，进行友好的寒暄。小布什与贝卢斯科尼似乎终于找到了彼此，就如同心灵伴侣一样。两人都热情地支持商业，都将减税作为竞选的核心政策，都因不同的原因屡屡遭到欧洲媒体的攻击。

小布什被刻画为一位傲慢的得州牛仔，而《经济学人》杂志（The Economist）刚刚将贝卢斯科尼搬上封面，标题总结了欧洲媒体的普遍情绪："贝卢斯科尼不适合领导意大利的原因。"

小布什和贝卢斯科尼都是强有力的、两极分化的人物，都受到数百万支持者的爱戴与仰慕，都引发了对手的严厉批评乃至发自肺腑的憎恨。

当晚，在比利时的北约峰会上与小布什会面之后，贝卢斯科尼又搭乘总理专属的空客A300，飞往了瑞典；次日，他将再次与小布什会面，这次是在于哥德堡（Gothenburg）举行的欧盟峰会上。此时，美国总统的言语变得愈发强硬。除了导弹防御系统外，小布什还主张北约以及欧盟东扩，许多人都不欢迎这些主张，在欧洲各国首都均爆发了大规模的抗议与不满，在哥德堡市区的街头也不例外。

反全球化运动势头正猛。示威人群挤满了哥德堡街头，超过了瑞典警察的人数。

警察动用了马匹、警犬和水枪，正试图制服街头愤怒的抗议者。与此同时，小布什和贝卢斯科尼则安然地与施罗德、希拉克、布莱尔等十来位欧洲领导人进行着会谈。尽管就任总统才几个月的时间，但反对小布什的情绪如此强烈，以至于大批意大利和瑞典的无政府主义者也加入了来自大半个欧洲的反全球化抗议者的行列。在人数上处于劣势的瑞典警察终于开火了，他们共射伤了三人。

但对于贝卢斯科尼而言，重要的是峰会内发生的化学反应。

当防暴警察出动时，领导人正在享用晚餐前的鸡尾酒。根据峰会上贝卢斯科尼翻译的回忆，致命的吸引力于周五晚间发生在由玻璃与钢铁制成的哥德堡会议中心里，出现于享用开胃酒期间及欧盟峰会晚餐之后。

"小布什像个得州牛仔一样走进了房间，屋里的欧洲领导人大多都不喜欢他。"峰会上贝卢斯科尼最亲密的助手瓦伦蒂诺·瓦伦蒂尼（Valentino Valentini）回忆道，"小布什发现贝卢斯科尼正冲着他微笑，贝卢斯科尼是房间里为数不多的几个乐于见到小布什的人之一。小布什大叫道：'嗨，西尔维奥！嗨，西尔维奥·贝卢斯科尼！'他悄悄地走到贝卢斯科尼身旁。你能够发现他们很快就喜欢上了彼此，在饮酒期间一直在聊天与开玩笑。晚餐时，小布什发现贝卢斯科尼是峰会上唯一愿意支持美国立场的领导人，是唯一愿意大声宣布支持华盛顿的欧洲总理。看上去小布什对于与贝卢斯科尼的会面十分满意。毕竟贝卢斯科尼是一位大亨，他是亲美国和亲商业的，是一位天然的盟友。当然他们会立刻喜欢上彼此。"

贝卢斯科尼则表示，给他留下最深刻印象的是这位新任美国总统直言不讳的表达方式。

"很少有政客像他这样，"贝卢斯科尼脸上露出怀念的笑容，说道，"我最喜欢小布什的一点在于，他说'是'，意思就是'是'；他说'不是'，意思就真的是'不是'。这一点就和我一样。我们有许多共同之处。"

一点也不令人感到意外的是，贝卢斯科尼的外交政策深受其私交的影响：无论对于小布什而言，还是对于日后的普京而言，都是如此。"他终归是一位商人、一位企业家、一位大亨。他的整个世界都是以个人关系网为基础的,他的风格就是与所有人建立起良好的关系。"瓦伦蒂尼回忆道,"通过与小布什会面,他提升了意大利的国际地位。和布莱尔一样,他也是受到小布什青睐的盟友。对贝卢斯科尼个人而言,这意义重大;但对意大利而言,同样如此。"

在哥德堡峰会上,与小布什的化学反应一定让贝卢斯科尼感觉好极了。在野长达六年时间的贝卢斯科尼刚刚再度掌权,对他而言,与自由世界的领袖并肩站立在世界舞台上,可不仅仅意味着良好的化学反应,这更是一种救赎。

哥德堡峰会之后,贝卢斯科尼坐满了五年任期,在意大利政坛这是一项了不起的成就,因为政府的平均寿命只有十到十一个月。

距离1994年11月的耻辱已经过去了六年多时间。当时,在联合国打击有组织犯罪的峰会于那不勒斯召开期间,报纸报道了贝卢斯科尼因行贿和腐败正接受调查的消息。

这时,贝卢斯科尼刚刚在选举中取得了压倒性的胜利,从政治坟场里东山再起。

那不勒斯峰会之后,他的命运已经盖棺论定。数日之后,米兰的调查法官问讯了贝卢斯科尼。对于在任的意大利总理而言,这是历史上的头一次。这表明他很有可能会被以行贿和腐败罪名起诉。

意大利的特色在于,法院官员会与米兰的记者们交流引语和秘密。于是,任何怀疑,任何耳语,无论是否经受了调查,都可以成为报道的对象。一切都会被泄露出去,在呈交法庭之前,报纸常常就已经将调查的细节公之于众了。

信息的不断泄露对贝卢斯科尼而言是一种折磨。这位在任的意大利总理受到了彻底的羞辱,他非常愤怒。他的执政联盟分崩离析了,他本人正在经受米兰重案组的审问。

他最后一次向全国发表了电视演说。与往常一样,这段录像也是事先在他的别墅里录制的,随后再分发给媒体。他以自己孩子的生命起誓,自己没有任何不当行为,并承诺决不辞职。然后,在大厦倾倒之前,他又坚持了一周多的时间。

1994年圣诞节前三天,贝卢斯科尼辞职了。盟友与他反目。他的执政搭档、北方联盟(Lega Nord)领导人翁贝托·博西(Umberto Bossi)在议会声明里和集会上对他大加辱骂,将他比作墨索里尼,抨击他掌控了意大利电视市场的半壁江山,并声称菲宁维斯特集团及其姊妹公司与黑社会有染。博西还抨击了贝卢斯科尼的极右派联盟搭档、前法西斯分子菲尼,他将菲尼称为法西斯。

在自己的政府倒台后,贝卢斯科尼要求提前进行选举,但意大利总统奥斯卡·路易吉·斯卡尔法罗(Oscar Luigi Scalfaro)已经下定了决心。他运用自己的宪法特权,任命贝卢斯科尼的财政部长为新总理。贝卢斯科尼出局了。在意大利,总统本应是超然于党派分歧之外的。然而,由于总统不是来自左派,就是来自右派,意大利总统很少能表现得不偏不倚。辞职之后,贝卢斯科尼与斯卡尔法罗多次恶言相向,在这一过程中,两人均有失风度。

如果说1994年是意大利首位亿万富翁总理崛起与坠落的一年,那么1995年就是法官真正开始堆砌罪名的一年。

在一年多的时间里,贝卢斯科尼及其追随者共经历了二十七次逮捕与起诉。他的弟弟保罗被宣判行贿罪名成立,他本人也即将被以行贿罪名起诉并接受审判。

此时贝卢斯科尼已经名誉扫地。他对法官感到十分愤怒,因为从此时起，在他此后生命的多数时间里，在领导意大利力量党之余，痛苦的法律事务总要耗费他的精力。

政治上，他无法重整旗鼓和鼓舞军心了。每个星期报纸都在不停地报道与贝卢斯科尼有关的调查、起诉、证人问讯、流言飞语，或是法庭程序。他与司法部门的大战全面展开了。

游戏开始了。

到了1995年春季，多项司法调查已经展开，此时贝卢斯科尼开始害怕自己会被逮捕了。他的弟弟保罗面临着更多起诉，他的表亲、律师以及几位最亲密的朋友也莫不如此。

在意大利政坛，出现了替代贝卢斯科尼的新的中左派选项。来自博洛尼亚（Bologna）的快活的经济学家罗马诺·普罗迪（Romano Prodi）刚刚宣布计划建立一个名为"橄榄树"联盟（Olive Tree Coalition）的社会民主主义政治运动。这一新的政党将前共产主义者、极左派马克思主义者和天主教民主党人聚集在一起。这是由左派的自由主义者和保守主义者组成的难以驾驭的联盟，只有对抗贝卢斯科尼这一点能够让他们团结起来。尽管如此，这一联盟的出现还是对贝卢斯科尼及其支离破碎的中右派联盟构成了威胁。事实上，对于这位传媒大亨转型成的政客而言，这是一个不祥之兆。

当然，贝卢斯科尼声称检察官是故意针对他，精心制定了一项政治策略，通过将具有破坏力的调查细节泄露给媒体来令他名誉扫地。无疑，部分指控的确是在选举前不久被泄露给媒体的，而贝卢斯科尼在此次选举中表现糟糕。意大利力量党在1995年的地方和大区选举中惨遭失利，此时贝卢斯科尼正因涉嫌在为AC米兰引进球星时造假账和伪造公司账目而接受调查。

1995年10月,米兰检察官给予了贝卢斯科尼沉重一击。他们正式起诉了贝卢斯科尼,并指控他本人、他的弟弟保罗、四名菲宁维斯特集团的经理以及五名税务官犯有行贿和腐败罪。贝卢斯科尼首次(但不是最后一次)宣称:"如今,我们生活在一个警察国家里。"

数日之后,情况变得更加糟糕了。有媒体报道,"净手行动"的调查人员发现了一系列瑞士银行账号,菲宁维斯特集团涉嫌通过这些账号将非法资金转移给贝卢斯科尼的老友、前总理克拉克西。尽管正式起诉直到第二年夏天才被提出,但此时所有细节已经登上了意大利媒体的头版。现在,贝卢斯科尼正因涉嫌向克拉克西行贿而接受正式调查。

1996年1月,贝卢斯科尼在米兰的一家法院接受了向税务官行贿一案的审判。更沉重的一击来自巴勒莫(Palermo),有消息称贝卢斯科尼及其在梅迪亚塞特集团的得力助手德卢特里因与黑手党有染正在接受调查。尽管到年底时对贝卢斯科尼的调查已经停止,但德卢特里仍面临着多项与黑手党相关的调查,并最终以贝卢斯科尼与黑手党中间人的身份被定罪。这位首先在巴勒莫对贝卢斯科尼与德卢特里发起调查的检察官日后成为了一名极左派政客。

在1996年4月的意大利全国大选中,贝卢斯科尼被中左派候选人普罗迪击败。在竞选失败之前,米兰法官再次发动了一场闪电战,这一次行动的时机的确令人感觉可疑。不过贝卢斯科尼之所以竞选失败,主要原因在于这一次他未能与其他中右派政党达成竞选协议。

"在这次选举中,我依然赢得了近八百万张选票,中右派获得的总票数则是一千五百八十多万张。"贝卢斯科尼回忆道,"然而我的联盟搭档不愿意与意大利力量党合作,这意味着我们不可能取胜。"

此时的贝卢斯科尼遭受了重创与围攻。法院案件堆积如山,一些亲密幕僚开始劝说他退出政坛。他本人的前发言人在贝卢斯科尼家族拥有的一份报纸头版上发表了文章,敦促他"有尊严地离开"。

竞选失败是一回事,但金钱又是另一回事。

1996年夏天,贝卢斯科尼重新将注意力转向了自己的传媒帝国。他曾与自己的朋友默多克进行会谈,商讨将梅迪亚塞特集团出售给这位澳大利亚传媒大亨一事,但两人并未谈妥。此时,意大利前亿万富翁总理却成功地削减了债务,并通过将梅迪亚塞特集团在米兰证券交易所上市令自己的财富增值。他还将一部分关键股权出售给了沙特王子瓦利德(Al-Waleed)、德国电视巨头莱奥·基尔希(Leo Kirch)以及南非亿万富翁约翰·鲁珀特(Johann Rupert)。

此时梅迪亚塞特集团的价值超过了五十亿欧元,在这十年结束时,其价值将超过三百亿欧元。在中左派政府的眼中,贝卢斯科尼代表着活生生的利益冲突,这位政治领导人不仅是意大利最富有的人物,还拥有着巨大的媒体影响力。

对于贝卢斯科尼来说,幸运的是受困于内讧与派别之争的中左派政府无法巩固自己的地位。意大利共产党前领导人马西莫·达莱马(Massimo D'Alema)似乎觊觎着普罗迪的总理宝座。日后,狡猾的达莱马也的确取代普罗迪成为了总理，整个过程直到今日依然是晦暗不清的。不过他的首个举动令人十分费解：1997年时，这位意大利最大的左派政党的领导人邀请属于中右派的反对党领导人贝卢斯科尼与他一道改写意大利宪法的部分条文。他邀请魔鬼前来吃晚餐，并由此令贝卢斯科尼重整旗鼓，并为他在政坛上东山再起铺平了道路。

达莱马之所以这样做，无论是出于希望占据中央舞台的自负心理，还是因为他发自肺腑地相信需要为祖国注入新的活力，其效果都是一样的。突然之间，贝卢斯科尼从政坛上的过气人物和司法调查的对象摇身一变，成为了祖国新宪法之父。他从政治荒野里回归了，这要归功于他最凶猛的一位政敌的政治误算，但也许也要部分地归功于他吸引和诱惑包括敌人在内的任何人的能力。

贝卢斯科尼参与如此重要的宪政对话，有助于他重塑形象，并重新确立自己作为中右派无可争议的领导人这一地位，尽管这可能并非左派人士达莱马的本意。意大利力量党在1999年的欧洲议会选举中取得了大胜，一年之后，贝卢斯科尼重新团结起了那些难以对付的联盟搭档，并在地方和大区选举中彻底击败了达莱马和执政党。在竞选过程中，贝卢斯科尼乘坐邮轮马不停蹄地环游了意大利的地中海沿岸，他称其为"自由之船"。这种竞选手段起到了良好的效果。这几次行政部门选举的结果加速了达莱马的倒台。

随后，在2001年5月，贝卢斯科尼完成了令人惊奇的东山再起，他那华丽的竞选活动内容包括了大量的电视宣传、梅迪亚塞特电视明星的代言，以及向千万意大利家庭寄送一本以贝卢斯科尼为主角的厚达一百二十五页的彩色手册。他向意大利人民承诺将减免税收，并创造一百万个新的工作岗位。这位永远的表演者直到投票日前五天才锁定胜局：他登上了国家电视台，在一位受人欢迎的亲贝卢斯科尼派脱口秀主持人恰到好处的配合之下，他以夸张的动作签署了一份文件，内容是向全国人民承诺减税并创造就业机会。他将这一文件称为"与意大利人民的契约"，是纽特·金里奇（Newt Gingrich）具有历史意义的"与美利坚的契约"的意大利版本。

宣誓就任总理后，他的第一个举动当然就是飞赴布鲁塞尔参加北约峰会。他将结识一位新的好友：小布什。

贝卢斯科尼与小布什的友谊始于布鲁塞尔峰会之后在哥德堡的经历。在这场遭到了街头骚乱破坏的峰会上，他们逐渐了解了彼此。一个月之后，在另一场伴随着暴力与抗议的峰会上，他们之间的关系变得更加深入了。那是2001年7月在热那亚（Genoa）举行的八国集团领导人峰会（G-8 Summit）。

贝卢斯科尼很高兴能够在热那亚重回世界舞台。他款待的是世界上最具权势的领导人。此外，俄罗斯的普京正式加入这一集团，这也是历史上的第一次。不过，这次峰会被笼罩在抗议、暴力与死亡悲剧的阴影之下。

7月20日周五早晨，世界领导人相会在热那亚。最先到来的是加拿大总理让·克雷蒂安（Jean Chrétien）。早早到来的他与此前一天从东京飞来的日本首相小泉纯一郎进行了双边会谈。此前正在意大利乡间度假的德国总理施罗德也早就到了。贝卢斯科尼乘坐军方的飞机从不远处的佩萨罗（Pesaro）飞来。大约上午十一点时，法国总统希拉克抵达了热那亚海边的小型机场。英国首相布莱尔从位于契克斯（Chequers）的庄园飞来，他和美国总统小布什在那里度过了此前一晚。快到中午时，"空军一号"（Air Force One）着陆了，与其他领导人一样，小布什也在车队护送下到达了建于13世纪的总督宫（Palazzo Ducale）。贝卢斯科尼正在那里招待他的客人们享用开胃酒和午宴。普京则要到下午晚些时候才会到来。

当世界领导人就座，准备享用午餐时，贝卢斯科尼指向了恢弘的天花板。布莱尔与希拉克手中拿着酒杯，表达着对热那亚总督宫华丽壁画的仰慕。几乎与此同时，渗透在数万名街头示威者里的捣乱分子开始惹是生非了，热那亚市区变成了战地。在总督宫里上第二道菜之前，街头警察第一次发射了催泪瓦斯。

戴着黑色面具的无政府主义者向意大利警察投掷着石块与燃烧瓶。当贝卢斯科尼与客人们快要享用完午餐时，一些示威者向当局发起了挑衅。他们跃过了路障，进入了一块被钢铁与水泥障碍物包围着的最高安全区域，这一地带被称为"红色区域"（Red Zone）。

中午环节的活动结束时，普京乘坐的飞机着陆了。贝卢斯科尼作出了新的承诺，宣布要帮助贫穷的非洲国家，并提供十二亿美元用于抗击艾滋病及其他传染病。然而，此时街头的空气中弥漫着催泪瓦斯的气味，近两万名警察正在与示威者激战。

在峰会开幕时，贝卢斯科尼对小布什以及德国、法国、英国、日本和加拿大的领导人表示，由于自1999年的西雅图（Seattle）世界贸易峰会以来，抗议运动与暴力行为不断发生，也许是时候重新考虑未来是否应该继续在大城市举办峰会了。

关于针对着警察残忍行为的批评，贝卢斯科尼试图捍卫自己，他表示自己刚上任一个月的政府此前就曾试图通过与示威者的代表进行对话来平息反全球化抗议运动。但一小群决心采取暴力行动的无政府主义者和反全球化示威者胜出了，对此贝卢斯科尼感到非常愤怒。

"反对八国集团的人反对的不是各国经民主选举产生的领导人，"贝卢斯科尼宣称，"他们反对的是西方世界，是自由世界的哲学。"

小布什出面表达了对新同僚的支持，他对集结在热那亚码头临时建筑物里的白宫记者团表示，自己对暴力事件感到遗憾，但在他看来，这些抗议运动将伤害全世界的贫困民众。

然后悲剧发生了。

快到下午六点时，贝卢斯科尼与最亲密的幕僚待在总督宫的图书馆里。一名助手传来了这则消息：一位二十岁的示威者被意大利准军事部队的一名宪兵开枪击中了头部。这名受害者曾向警车投掷灭火器，宪兵射出的两颗子弹有一颗击中了他。热那亚此时的画面传播到了全世界：一位年轻人躺在血泊中，身上覆盖着白色床单。在图书馆里，贝卢斯科尼重重地捶了下墙，从喉咙里发出了暴怒的声音。

示威者之死以及近两百人的受伤，毁了贝卢斯科尼梦寐以求的这次峰会。

"世界看上去那么平静，"他回忆道，"在晚宴上招待世界上最有权势的领导人，和小布什进行愉快的交谈，普京就坐在我的右边——这是多么美妙啊。不过，这位年轻人之死当然是一场悲剧，尽管事后表明那名宪兵是出于自卫。当然所有人都向我表达了慰问,尤其是小布什。"

当热那亚峰会结束后,小布什及夫人劳拉(Laura)并未离开意大利。他们飞往罗马,对意大利进行了旋风般的国事访问,并会见了教宗。贝卢斯科尼在一间巴洛克风格的17世纪罗马别墅款待了小布什夫妇,奉上了奢华的意大利式午餐,辅以大量意大利美酒以及一份红、白、绿三色的意大利面——对应的正是意大利国旗的颜色。两人对于所有问题的看法似乎都是一致的。他们在多里亚·潘菲利别墅(Villa Doria Pamphilj)精致的花园里进行了很长时间的散步,差一点在迷宫中迷了路。对美国总统和意大利总理而言,这是一次不同寻常的、计划之外的休闲活动。他们看上去都非常愿意和对方待在一起。布什也许遭到了法国和德国的冷遇,但在意大利他找到了这位坚定的盟友:贝卢斯科尼。

这位亿万富翁总理早已是凶狠的反共人士,此时他领导的政府是如此亲美,以致于遭受了意大利几乎所有左派政党深深的敌意。半数意大利人憎恨贝卢斯科尼,正如另外半数爱戴他。但吹嘘与遭人厌恶的小布什的友谊,令左派对他的恨意愈发加深。但他丝毫不在意。

"我告诉了乔治,为什么我热爱美国,为什么我将美国视作世界上最伟大的民主国家。"贝卢斯科尼自豪地说道,"事实上我还告诉了乔治,所有意大利人都应当对美国心怀感激,因为二战期间是美国士兵解放了我们。我向他解释道,对我这一代意大利人来说,美国依旧是自由的灯塔。得益于慷慨的马歇尔计划(Marshall Plan),我的祖国才能在战后摆脱贫困,实现增长与繁荣。当我们首次见面时，我就向他讲述了我父亲的故事，此后，在对美国国会联席会议发表的一次演说中，我再次重复了这个故事。那是一个对我的思维产生深远影响的时刻。"

贝卢斯科尼停顿了一下，润了润嗓子。

"高中毕业后，父亲带我拜访了位于安齐奥（Anzio）的一座美国公墓。他指着美国士兵墓碑上刻着的日期。"

此时，贝卢斯科尼也伸出了手指，仿佛自己与父亲就身处那座公墓，他用手势重演着当年的场景。

"看看墓碑你就能明白，他们大多还是孩子，他们去世时只有二十二、二十三或是二十四岁。父亲指着墓地对我说：'这些孩子漂洋过海，为了遥远地方的民主而来，为了你的自由，他们牺牲了自己的生命。我希望你发誓，永远对他们、对他们的民主、对他们的国家心怀感激之情。'他让我在这些美国士兵的墓地里发誓永远不会忘记他们的牺牲。我永远不会忘记。"

贝卢斯科尼的眼眶再次湿润了。世故的人也许会认为他是世界上最伟大的方法派演员，[①]认为他此前曾无数次背诵并重复这一故事。但这一次他极为诚恳，似乎完全是发自肺腑的。

贝卢斯科尼暂时停止了回忆。他环视着精心修剪的草坪，平复了自己的情绪，然后指向了旧式别墅。

"你知道吗，当听到9·11恐怖袭击的消息时，我就在那里。2001年9月的那一天，我就在阿尔科雷。"他瞟了一眼那幢建筑，说道，"我正在与工作人员开会，突然，他们叫着要我打开电视。"

---

① "方法派表演"（method acting）指的是一种表演流派，演员使用各种方法让自己与角色产生共鸣，融为一体。

9·11事件将进一步加深贝卢斯科尼与小布什的感情。在那个夏天受到欧洲峰会期间的暴力洗礼之后，纽约世界贸易中心的倒塌将令贝卢斯科尼与小布什走得更近。

"打开电视后，我简直不能相信自己的眼睛。"贝卢斯科尼回忆道，"我还以为我看的是一部灾难片。这太不真实了，简直让人无法想象、不敢相信。我等待了几个小时，才给小布什总统打电话。我还记得，当时我的感觉就如同魔法被解除了。在那之前，世界显得十分和平；但此时，世界的集体纯真似乎破碎了。此前，一切似乎都在沿着正确的方向前进，世界正在进步，经济正在增长。我们完全没有做好应对全球恐怖主义这一崛起的新势力的准备，这是西方民主面临的新威胁。当然，在这个恐怖的时刻之后，其他的一切很快都随之发生了：阿富汗战争、伊拉克战争、基地恐怖组织（Al-Qaeda）、'伊斯兰国'（ISIS）恐怖组织。这些都是在9·11之后发生的。这一天，世界历史永远改变了。"

贝卢斯科尼再次停了下来。他低头看了看自己的双手，又开始了回忆。他谈论起了在此后数月时间里与小布什和布莱尔进行的一系列对话。

"我们在持续合作。这是不间断的。坏消息一个接着一个，我们随时都保持着联系，我、小布什和布莱尔都会告知彼此自己的动态。我们之间的交流与协作十分频繁。毕竟这是我们面临的最严峻问题，是挑战中的挑战，我们各自的国内问题暂时都退居次要地位了。全人类都面临着这一挑战，而不只是西方。我们对如何进行反恐战争展开了长时间的讨论。关于某个话题的讨论尤其激烈，我们的观点出现了严重分歧：这就是美国决定发动伊拉克战争。"

2003年1月，在世界贸易中心遭到袭击的十六个月之后，战鼓声越敲越响。2月初，倒霉的科林·鲍威尔（Colin Powell）在联合国安理会上晃动着一个玻璃瓶，他声称里面可能含有一茶匙的炭疽病毒；此时，小布什显然已经下定决心，要向萨达姆开战了。

"老实说，我非常担心，"贝卢斯科尼回忆道，"我想试试看自己能否改变小布什的主意。我想找到入侵伊拉克的替代方案。我试图找到流放萨达姆的方式，从而避免战争。于是我接触了卡扎菲，与他谈论了让萨达姆在利比亚流亡的想法。在2002年年底到2003年年初之间，我们至少谈论了五六次。我几乎说服了他，让他接纳萨达姆。"

贝卢斯科尼计划于1月30日前往白宫与小布什会面。在访问华盛顿之前数周，他展开了疯狂的电话外交。

"那段时间非常疯狂，贝卢斯科尼与卡扎菲交谈了许多次。"一位核心幕僚说道，"小布什愿意接受让萨达姆流亡的方案，前提是这样能够保证政权更替。但他并不认为我们能做到这一点。卡扎菲是个不可预测的疯子。他会在午夜给贝卢斯科尼打电话，但我们很难找到翻译，所以我们告诉卡扎菲晚些时候我们会再打过去。这真是太疯狂了。"

当贝卢斯科尼正在为华盛顿之行做准备，并拉着卡扎菲的手，让他接纳萨达姆时，布莱尔正忙碌地穿梭于大西洋两岸。他的旅途如此频繁，以至于许多人都觉得英国首相就像是一位往返于白宫与欧陆之间的光荣的信使。多数欧洲国家对于布莱尔传递的信息都不感兴趣。法国和德国领导人激烈地反对发动打击萨达姆的战争。除了布莱尔之外，少数几个愿意站到小布什一边的欧洲领导人包括西班牙的中右派首相阿斯纳尔（José María Aznar），以及几位新近受到重视的东欧国家领导人——能够成为北约的一部分令他们激动不已，他们还希望能够加入欧盟。此外，还有贝卢斯科尼。对小布什的坚定支持令他在国内如履薄冰。多达百分之七十五的意大利选民反对加入小布什的"意愿联盟"（Coalition of the Willing）。意大利宪法更是禁止意大利进行攻击性军事行动。

此时，意大利公众并不知道，贝卢斯科尼仍在试图说服他的朋友小布什不要愚蠢地发动战争。

"事实上我希望阻止战争。"贝卢斯科尼聚精会神地盯着他的访谈人，似乎在衡量自己话语的分量。

"我之所以与小布什会面，"贝卢斯科尼回忆道，"是因为想解释清楚我对于伊拉克的看法。我的看法很简单：这个国家的边界是在一块桌布上划定的；其人口由三个素来敌对的种族群体构成；该国百分之六十五的人不识字。它是不可能像民主国家那样，由民主选举产生的政府来治理的。该国政权的领导人最好不是独裁者，或者至少不是嗜血的独裁者。伊拉克没有办法成为一个民主国家。因此我希望避免战争。这正是我一直努力让卡扎菲接纳萨达姆的原因。事实上小布什乐于接受这一想法，如果时间足够的话，他会尽力争取的。"

在从罗马飞往华盛顿的途中，贝卢斯科尼在伦敦停留了一会儿。

"贝卢斯科尼与布莱尔在唐宁街（Downing Street）进行了几个小时的会谈，但布莱尔有些心不在焉。伊拉克让他在下议院（House of Commons）遇到了麻烦，情况并不妙。"贝卢斯科尼的助手瓦伦蒂尼回忆道，"布莱尔和贝卢斯科尼都认为，在国内和国际层面上，美国采取的任何军事行动都需要合理的法律依据作为支撑。"

2003年1月29日，在贝卢斯科尼接着飞向华盛顿的这一天，针对萨达姆，布莱尔作出了极具争议的论断。他向议会表示，根据情报，"我们知道基地组织与伊拉克之间的联系"。

1月30日早晨，贝卢斯科尼前往白宫椭圆形办公室与小布什会面。与往常一样，两人脸上都带着笑容。他们看上去十分乐于待在一起，贝卢斯科尼还对着镜头说了几句英语。在椭圆形办公室里，所有对话都是关于萨达姆、大规模杀伤性武器，以及联合国的汉斯·布利克斯（Hans Blix）进行的武器核查。贝卢斯科尼试图说服小布什接受让萨达姆流亡利比亚的方案。

"我把与卡扎菲的对话告诉了小布什，"贝卢斯科尼说道，"他非常投入，非常感兴趣。"

"贝卢斯科尼希望帮忙，"美国前驻意大利大使梅尔·森布勒（Mel Sembler）当时也在椭圆形办公室里，他表示，"他是一位出色的盟友。他在寻找战争的替代方案。总统倾听了贝卢斯科尼的意见，他并不反对让萨达姆流亡这一想法，只要萨达姆离开伊拉克。"

在椭圆形办公室里会谈了四十五分钟后，小布什邀请贝卢斯科尼上楼，享用为两位领导人及其核心幕僚准备的私人午宴。餐桌上的人物还包括国家安全事务助理康多莉扎·赖斯（Condoleezza Rice）、国务卿鲍威尔、美国驻意大利大使森布勒，以及白宫幕僚长安迪·卡德（Andy Card）。陪同贝卢斯科尼出席的包括他的发言人、外交顾问以及意大利驻美国大使。在享用这顿由石斑鱼、蘑菇、菰米和加州葡萄构成的便餐时，贝卢斯科尼和小布什依然在讨论伊拉克与萨达姆。

午宴快结束时，在全美苹果派这道甜点被端上餐桌之前，贝卢斯科尼对小布什说道，任何军事行动都必须符合国际法。接着，对话的主题转向了凭借在联合国通过决议来为干涉伊拉克提供合法性。此时，贝卢斯科尼开始讲述一个虚构的冗长故事——一则发生在丛林里的寓言——来向小布什解释，对于没有恰当的法律依据以及大规模杀伤性武器确实存在的证据便发动战争，他为何感到忧虑。毕竟联合国武器核查官员只是空手而归，而且法国和半个欧洲都激烈地反对入侵。这时，贝卢斯科尼鼓起了勇气，挺起了胸膛，注视着桌子对面那些冷峻的面孔。

"我希望以友好的方式传递信息，"贝卢斯科尼说道，"毕竟，我是要告诉美国总统自己并不赞成采取军事行动。在从伦敦飞往华盛顿的飞机上，我和瓦伦蒂尼花了好几个小时的时间，试图构思出一个巧妙的故事，一则寓言。"

随后，贝卢斯科尼花了十分钟才讲完这个故事。这个故事十分冗长、复杂，还有点陈腐。对于在座的诸位而言，贝卢斯科尼表现得非常活跃，模仿着不同的动物角色，表演出在想象的森林里发生的场景。此时发生在白宫楼上的这一幕看起来一定有些怪诞。

"我向他们讲述了关于一头狮子与一匹狼的故事。"贝卢斯科尼说道，"这则故事里的狮子是小布什，是森林之王。狮子不喜欢这匹狼——也就是萨达姆。狼每天回家都必须经过狮子的房子，每次当它经过时，狮子都会冲它咆哮，或是揍它。然后狼和狮子向森林动物大会的主席狐狸——也就是科菲·安南（Kofi

Annan）——发起了诉讼。狐狸要求狮子别再为难狼，但狮子表示狼很坏。'狼干了些什么？'狐狸向狮子问道。'它吃了三只小猪。'狮子回答道。但狐狸想看到这桩罪行的证据，于是狐狸（安南）派瑞典老鹰（联合国武器核查官员布利克斯）前去调查狼。但老鹰没有发现任何证据。于是狐狸对狮子说，如果它真的想要继续揍狼，就必须想出一个好的理由与借口。狮子便命令狼给自己找到一包万宝路（Marlboro）香烟。当狼带着万宝路香烟回来后，狮子对它说自己要的不是这一种香烟，然后狮子又把狼揍了一顿。"

"换句话说，"讲完这则故事后贝卢斯科尼哈哈大笑了起来，"我试图告诉他，如果他想推翻萨达姆，那么需要找到一个足够好、足够充分的理由。"

贝卢斯科尼讲完这则冗长、令人困惑的故事——这则由动物森林里的多个寓言构成的虚拟乐园——后，各位午宴的参加者发出了礼貌的笑声。然后，所有人都将目光转向了小布什，空气变得凝固了。

"我讲完故事后，所有人都笑了。"贝卢斯科尼回忆道，"除了乔治……"

小布什一向沉默寡言。

"是的，"美国总统对贝卢斯科尼说道，"我要狠狠揍他！"

在这则意向声明之后，小布什又讲了一则冗长的故事，这则故事不是发生在丛林里的寓言，而是关于萨达姆如何试图刺杀老布什。

"小布什有着特别的、可谓非常强烈的信念，他真诚地相信萨达姆是全人类面临的威胁，因此必须被摧毁。"贝卢斯科尼回忆道，不带一丝讽刺的语气。

离开白宫时，贝卢斯科尼向幕僚表示，看起来小布什不会改变心意了。贝卢斯科尼看上去十分失望。

不过，在当日离开白宫发表公开讲话时，贝卢斯科尼又重新鼓起了力量，继续坚定地支持小布什，正如次日布莱尔在白宫的表现一样。

当晚，贝卢斯科尼及随行人员乘坐空客飞机回到了罗马，疲惫不堪并受到时差困扰的他在日记里匆匆记录下了这次失败的使命。事情的发展并未如他所愿。

几天之后，鲍威尔出现在了联合国安理会上，他的表现极具争议。在那之后，小布什显然已经下定决心要推翻萨达姆。3月，"持久自由军事行动"（Operation Enduring Freedom）开始了，尽管贝卢斯科尼依旧相信入侵伊拉克是重大的错误，但在这场战争中，意大利仍将提供后勤支援以及其他非军事协助。此后的多年时间里，在这场旷日持久的战争期间，他始终热情地支持小布什，直到2008年奥巴马当选美国总统。贝卢斯科尼与布莱尔的友谊也将变得更加深厚，他与妻子切丽（Cherie）曾在贝卢斯科尼位于撒丁岛（Sardinia）翡翠海滩（Costa Smeralda）的宏伟别墅里度过了著名的假期，在这位亿万富翁的游乐场里享受游艇与当地的酒吧。不过贝卢斯科尼与布莱尔——他被贝卢斯科尼视为撒切尔的合法继承人——的友谊从来不像他与小布什的关系那么热烈，也永远无法匹敌他与另一位具有男子汉气概的世界领导人结下的友情。这位亿万富翁总理对小布什可谓一见如故，但在他离开白宫、回到得克萨斯很久之后，贝卢斯科尼依旧与一位男士保持着亲密的关系以及最深厚的友情。这位男士是谁？

在由贝卢斯科尼的全球好友构成的万神殿中，这位最亲密的朋友是谁？

"我谈论的是我的朋友弗拉基米尔。"贝卢斯科尼微笑着说道。

他就是弗拉基米尔·普京。

第七章：克里姆林宫里的朋友

"不只是对西尔维奥，对其他同僚我也多次这样表示：在我看来，参与政治者首先是普通人；他们也必须是普通人，否则就无法成为优秀的政客。坏人不可能成为好政客。"

普京停了下来。在克里姆林宫二层一间面积很大的名为"烟囱房"的巴洛克式屋子里，他正坐在大理石壁炉和装点着许多小天使的新古典金色时钟前方。

"做一个好人、一个正派的人意味着什么？"普京自问道，"这意味着与朋友们、同僚们保持良好的个人关系。你不能只是这样，按一下开关（他弯了弯手指），就像离开房间时关灯一样，你不应该忘记曾经依靠过的人们。这意味着，当某人不再是决策者了，你不应该只是停下来问候一句'你好'便了事，你明白吗？任何地方都有这种人，包括政坛，但我并不羡慕他们，因为他们的生活太无趣了。"

普京显然相信人与人之间化学反应的重要性和超出任期之外的长期人际关系的价值。他将这番道理付诸实践的结果便是与贝卢斯科尼深厚、持久的友谊。

普京安坐在金碧辉煌的克里姆林宫内部密室里，他显然乐于从繁忙的日程里抽出时间来谈谈他的朋友贝卢斯科尼，谈谈他的为人，谈谈他们之间的化学反应以及友谊。

回到意大利，在阿尔科雷的家中，贝卢斯科尼正投桃报李。

"弗拉基米尔本人与西方媒体所刻画出的形象截然相反，"贝卢斯科尼说道，"他非常敏感，感情十分丰富，总是很尊重别人。他非常绅士，情感十分细腻。"

很少有友情像贝卢斯科尼与俄罗斯总统普京之间热烈、持久的友谊这样令人惊诧、好奇、引发争议。两人的友谊始于2000年代初。当时，作为毛遂自荐的斡旋者，贝卢斯科尼正积极地往来于普京与小布什之间。

在白宫之行的四天之后，贝卢斯科尼前往俄罗斯与普京会面。2003年1月30日，贝卢斯科尼未能令小布什改变向萨达姆开战的决心。

"我要狠狠揍他！"在午宴结束时，小布什对贝卢斯科尼这样说道。不过此时，贝卢斯科尼是应普京之邀前来参加俄罗斯－意大利双边峰会；此外，在小布什知情的情况下，他正在就即将与萨达姆开战一事展开秘密渠道的外交。

俄罗斯总统的官方乡间住所之一是坐落在森林中央的一幢广阔的别墅，这座建筑毗邻莫斯科东北六十八英里外的扎维多沃市（Zavidovo）。俄罗斯是猎人的国度。在冬天，苔原上冷得令人可怕。2月3日晚，当一架贝卢斯科尼及两位助手乘坐的俄罗斯军方直升机降落在扎维多沃的建筑群时,气温仅为零下二十一度。

普京点燃了香烟,笑着回忆起了寒冷的天气。

"我们身处苏联时期建立的野生动物保护区。这块区域非常大,面积约有十二万四千公顷。我提议在森林里享用晚餐,他同意了。我们散了会儿步、吃了晚餐,并在篝火前坐了会儿。我希望他感到开心;我想他的确觉得很愉快。"

俄罗斯总统非常希望展示"俄罗斯母亲"在冬日里的奇观。他安排了一块用于室外晚餐的夜间营地,向有些惊异的贝卢斯科尼保证,篝火能够让他们感觉温暖。普京送给了贝卢斯科尼一顶俄式捕猎者毛皮帽,这顶巨大的哥萨克式帽子带有毛茸茸的护耳。由四轮驱动SUV构成的小型车队驶出了别墅区,两位领导人驱车进入了森林。贝卢斯科尼的外交顾问还记得严寒的天气,他还记得普京表示要向他们展示真正的俄罗斯人是如何在荒野中生活的。

"普京极为好客,"当晚与贝卢斯科尼同席的乔瓦尼·卡斯泰拉内塔(Giovanni Castellaneta)回忆道,"他带我们去的地方生着烈火,但依然非常寒冷。普京希望向我们展示俄罗斯美丽的大自然、无尽的草原,以及猎人围坐在篝火边,在夜间开怀畅饮的情景。我们都穿着很厚的衣服,戴着毛皮帽。晚餐开始了,首先是非常美味的鱼汤,随后是烤鲟鱼,还有许多伏特加,虽然普京本人喝得并不多。唯一的问题是,在零下二十一度的气温里,当侍者把鲟鱼从烤架上端上餐桌时,鱼肉已经变冷了。"

与此同时,贝卢斯科尼表现得非常自在,对一位排演了一场上佳节目的领导人,他无疑会表现出尊重。好在普京没有让他们在严寒中忍受太长时间,终于护送这些瑟瑟发抖的意大利客人回到了别墅。在别墅里他们享用了第二顿、更具仪式性的晚餐。

"至少别墅里还是很暖和的。"卡斯泰拉内塔回忆道。这种环境也更加适宜于对即将进行的伊拉克战争进行激烈讨论。贝卢斯科尼向普京转述了小布什的观点,他和普京都反对进行军事干涉。贝卢斯科尼依旧试图忠诚于华盛顿,与此同时,他还在努力保持与普京沟通渠道的畅通。美国前外交官员表示,作为小布什与普京之间沟通的秘密渠道,贝卢斯科尼实际上发挥了相当作用,尤其是在9·11事件之后以及2002年和2003年。

贝卢斯科尼对小布什可谓一见如故。他对一切美国事务的热情令两人的关系水到渠成。两人之间还存在着明白无误的化学反应。贝卢斯科尼与普京的关系同样如此。他一直试图凭借精湛的销售技巧来加强两人之间的化学反应。即使在处理外交政策时,他依然是一位老练的生意能手与令人着迷的人物,是青年时代那位天生的引诱者。

人们普遍认为,贝卢斯科尼与普京立刻便喜欢上了对方,并且相互尊重。他们组成了一对奇怪的组合:一位是白手起家的亿万富翁与传媒大亨,作为意大利总理,他是小布什在欧洲最亲密的盟友之一(仅次于布莱尔);另一位则是冷酷、具有男子气概的前克格勃特工,他和贝卢斯科尼一样,恰好也是一位直言不讳的领袖。

对于普京与贝卢斯科尼会在彼此身上找到慰藉,人们可能感到十分惊讶,但事实并非如此。两人进行的双边互访次数创下了俄罗斯与意大利领导人的纪录。从2001年7月热那亚的八国集团领导人峰会上首次会面,到2003年年初扎维多沃严寒中的晚餐,在短短十九个月内,他们共会面了八次,这还不包括普京十来岁的女儿在贝卢斯科尼位于撒丁岛的豪华别墅度过的暑假,或是每年10月贝卢斯科尼前往俄罗斯参加普京生日聚会之行。在接下来的十年,他们每年都将会面至少两次。

在对话中,普京经常使用"战略"一词,他显然十分尊敬那些被他视为战略思想家的世界领导人。他曾将贝卢斯科尼称为欧洲领导人中"最后的莫希干人"。这种表述究竟是什么意思?

"我也许想错了,"普京说道,"但在我看来,贝卢斯科尼先生不仅仅从竞选或是下一个选举周期的角度出发思考问题。他的思想更具战略性。他的生活不是用竞选周期来衡量的,他具有战略眼光。我们的对话并非仅仅关于当下的问题。我们当然会讨论这些问题,但贝卢斯科尼更经常地提出在更广泛意义上与意大利、欧洲以及国际关系相关的战略与长期问题。在这层意义上,他是一位有威望与眼光的人物。"

贝卢斯科尼的助手瓦伦蒂尼出席了这些年来贝卢斯科尼与普京的每一次会面,在他看来,理解两人之间关系的关键在于,普京很欣赏贝卢斯科尼将人际关系摆在公务之前的处事方式。

"记住,"瓦伦蒂尼告诫道,"贝卢斯科尼是位商人,是位企业家。他也许并不熟悉外交礼仪,他也的确多次失态,但他有独特的处理国际政治的方式。首先,他希望了解你,和你沟通;然后他才开始处理手头的事务。这与美国的方式截然不同——美国的方式是,你先处理公务,然后再决定是否喜欢对方。在他与普京的关系中,人际层面占据着相当大的分量。"

事实上,随着两人的关系更加深入,贝卢斯科尼的销售与营销技巧将派上用场。普京在克里姆林宫接受采访时谈到了贝卢斯科尼的一生,他强调了俄罗斯与意大利两国贸易关系的改善。

"当他于1994年首次当选意大利总理时,俄罗斯与意大利之间的贸易额为四十四亿美元,如今则是四百六十亿美元,增长了十倍多。"普京指出。"这意味着工作岗位,这意味着政府税收增加,这意味着经济增长。"俄罗斯总统补充道。

因此,贝卢斯科尼与普京友谊的加深也有利于意大利经济。尽管在国内仍是位两极分化的人物,但贝卢斯科尼成功地与普京保持着联系,甚至可能要比与小布什更加频繁。吊诡的是,他不按常理出牌的方式以及吸引人关注的光环使得意大利在外交政策上获得了超出自身实力的分量——尽管持续的时间不长,并偶尔扮演了华盛顿与莫斯科之间斡旋者的角色。贝卢斯科尼与小布什和普京之间的友谊对于意大利的真正价值就在于此。

贝卢斯科尼在跨大西洋关系中的作用在2002年春天展现无遗,他推动了谈判的步伐,促成了俄罗斯与北约达成协定,为冷战画上了象征性的句号。普京还记得贝卢斯科尼发挥的重要作用,他表示贝卢斯科尼极大地缓解了冷战宿敌之间的紧张情绪,建立了双方对彼此的信心。

"在2000年代初,尤其是在2002年,"普京表示,"他推动了俄罗斯与北约之间一项协定的签署。由此,他极大地改善了欧洲的局势——不只是意大利与俄罗斯的关系,还包括更广泛的政治进程。"

2002年4月2日,贝卢斯科尼前往普京在黑海边索契(Sochi)的别墅做客。这是许多次访问中的一次,两人在会谈的茶歇期间开心地在镜头前摆出造型。晚餐前,贝卢斯科尼与普京进入了别墅二楼的一个小房间，陪同的只有核心幕僚和一位翻译。

在会谈中，贝卢斯科尼向普京转达了小布什对于俄罗斯为伊朗核武器项目提供敏感技术的怀疑。他还敦促普京加快俄罗斯与北约的会谈，该会谈旨在达成一项合作协定，建立起新的伙伴委员会，令俄罗斯与北约首次联合起来。鉴于北约即将邀请七个前共产党国家加入，普京对这一问题感到敏感是可以理解的。他告诉贝卢斯科尼，出于政治原因，他将不会与即将加入北约的前华约（Warsaw Pact）国家一同参加当年的北约峰会。普京表示，出于面子考虑，当务之急是落实北约与俄罗斯的新伙伴关系，并单独举行一次峰会，以此来显示北约－俄罗斯关系与北约扩张同等重要；这样做会奏效的。贝卢斯科尼立即表示同意，并抓住了这次机会。他提出意大利可以承办条约签署仪式，令其具有"恰当的历史性的背景"。普京感到很满意。

几分钟后，在助手的注视下，普京与贝卢斯科尼进入了别墅二楼的房间，并给白宫打了电话。在贝卢斯科尼的陪伴下，普京通过翻译与小布什进行了交谈。普京敦促小布什加快就新的北约－俄罗斯协定进行的谈判；他将贝卢斯科尼的提议转达给了小布什：仅仅几个月之后，于2002年5月底，在罗马举办峰会和协定签署仪式。小布什并没有立即同意。他向普京表示自己会考虑这一提议。自从2001年7月的热那亚峰会以来，贝卢斯科尼一直在努力推动小布什与普京将分歧放到一边；这通电话令他激动不已。他觉得自己推动了进步，他希望主办一场盛大的演出，他希望作为这场峰会的东道主招待世界上最有权势的两位领导人，让这对宿敌正式化干戈为玉帛。

普京、贝卢斯科尼和小布什在于罗马郊外的普拉蒂卡迪马雷举行的历史性的北约峰会上。此次峰会创建了北约－俄罗斯理事会。当时,贝卢斯科尼扮演着小布什与普京的中间人。摄于2002年。

回到罗马之后，贝卢斯科尼于4月4日召见了美国大使森布勒，将与普京会谈的情形告知了他。森布勒自己关于此次会面的机密电报显示，在会面结束时，"贝卢斯科尼将大使拉到一边，就北约－俄罗斯问题向小布什总统提出了'个人请求'"。

贝卢斯科尼请大使转告小布什，普京需要他们的帮助，来塑造俄罗斯公众对于北约扩张问题的民意。贝卢斯科尼认为，普京需要被视为北约大家庭的一员。此外，他还着重强调了请求小布什尽快达成北约－俄罗斯协定，该协定此时依然被官僚与外交人员掌控着。他还提醒小布什，于5月底将在罗马举办盛大的峰会，届时普京和小布什将同处一室。贝卢斯科尼请森布勒竭尽所能，说服白宫。

森布勒向华盛顿发回了电报，请求指示。他不太确定在罗马举办一场盛大的峰会，是符合普京的利益，还是更符合贝卢斯科尼的利益。不过，几天之后华盛顿便传来了积极的答复。小布什在给贝卢斯科尼的电话中表示自己已经考虑过了，并决定接受加速达成北约－俄罗斯协定的建议，这样他就可以在5月来到罗马，与普京一道签署该协定了。

小布什是于4月12日深夜打来这通电话的。次日，在与普京及北约秘书长乔治·罗伯逊（George Robertson）通话后，贝卢斯科尼宣布了在意大利举办峰会的计划。然后，身为贝卢斯科尼，他并未咨询北约问题专家，而是召集了手下最出色的电视制作人、舞台设计师、建筑师以及灯光师。他召集了梅迪亚塞特的头号团队，包括机智问答节目制作人和综艺节目布景设计师。为了确保最高级别的安保以及壮观的日落场景，贝卢斯科尼将罗马郊外的普拉蒂卡

159

迪马雷（Pratica di Mare）军事基地选为了峰会地点。

"从小布什来电说自己将出席峰会的一刻起，贝卢斯科尼就开始思考应该制造出怎样的媒体形象：冷战终结的电视形象，以及为小布什和普京设计的视觉奇观。"瓦伦蒂尼回忆道，"贝卢斯科尼无疑是个表演者，有些美国记者也的确嘲笑了他建造的布景，他们认为这一场景十分媚俗。然而你需要了解的是，贝卢斯科尼不仅是总理，他还是媒体和营销专家，他很清楚自己在做些什么。"

贝卢斯科尼以创纪录的时间建造了可以与最奢华的电视节目相媲美的舞台布景，这一布景位于建筑的中央，守卫着它的是反弹道导弹炮阵，空中盘旋着战斗机，罗马机场为此完全关闭四十八小时。欧洲和美国的反恐警报级别依然很高，毕竟9·11就发生在数月之前。实际上，建立北约－俄罗斯理事会（NATO Russia Council）的计划就源自9·11恐怖袭击后普京与国际反恐联盟联合的意愿。

贝卢斯科尼部署了一万五千名人员，用于加强安保，其中包括了警察、士兵和其他安保力量。他命令意大利海军船只沿着地中海沿岸清理出一片区域。在建筑物内部，他让木匠在领导人将会面与签署条约的巨大会议厅里搭建了令人想起古罗马斗兽场（Coliseum）的拱门。该建筑主要是仿大理石风格的，实际是由绘制得如同石头一般的胶合板制成。贝卢斯科尼还从那不勒斯的考古博物馆里运来了古罗马雕像，让一切看起来更加真实。《纽约时报》（The New York Times）驻罗马记者称其为"为世界领导人搭建的奇尼奇塔（Cinecittà）"。①

---

① 奇尼奇塔意为电影城，是罗马的一座大型电影制片厂。

当普京和小布什抵达空军基地时，这里已经彻底被封锁了起来，这座堡垒的核心处看上去就如同电视节目《谁想成为百万富翁》（*Who Wants to Be a Millionaire*）的布景。

对贝卢斯科尼而言，最重要的是作为历史的见证者占据这一长达五个小时的精巧、盛大的仪式的中央位置。当文件签署时，身处贝卢斯科尼两侧的分别是他的朋友普京与小布什，桌旁还坐着布莱尔与希拉克。这件事完成了。

"我想，在我一生中做过的所有事情里，这件事也许是最令我感到自豪的。"贝卢斯科尼一边说着，一边在阿尔科雷别墅的书房里四处翻寻着。他找到了一张与小布什和普京的合影，照片上的他咧着嘴露出了笑容。"你要知道，这实实在在地是标志着冷战结束的时刻。这真的是近代史上一个重要的时刻。"

普京与北约国家领导人于2002年5月在普拉蒂卡迪马雷签署的《罗马峰会宣言》（*Rome Summit Declaration*）的确是后冷战史的一章，这一时刻发生于从9·11事件到伊拉克战争的中间点上。

"21世纪初，我们所生活的世界是全新的、彼此之间密切关联的，史无前例的新威胁与新挑战要求我们越来越团结地进行应对，"《罗马峰会宣言》写道，"今天，我们——北大西洋公约组织成员国及俄罗斯联邦——的关系翻开了崭新的一页，旨在提高双方在有共同利益的领域展开合作以及抵御我们的安全面临的共同威胁与风险的能力。"

此次峰会标志着北约-俄罗斯理事会的建立，这并非一个人们耳熟能详的机构，但依然是世纪之初一条重要的外交渠道，当时华盛顿仍旧对普京抱有厚望，将他视为莫斯科的一支现代化力量和一位奉行实用主义的伙伴。小布什甚至宣称他曾"直视"普京,"感受到了他的灵魂"。

诞生于此次峰会的理事会在此后多年时间里都发挥了作用,促使北约与俄罗斯在阿富汗战争以及反恐战争中进行了密切合作。在俄罗斯对格鲁吉亚发动了战争之后,北约于2008年中止了该理事会的会议,作为惩罚。但在2009年年初,新上任的美国国务卿希拉里将重新激活北约-俄罗斯理事会列为了令美俄关系"复位"这一政策的重要组成部分,但这一政策最终以失败告终。北约-俄罗斯理事会的重启被认为将成为奥巴马政府与俄罗斯重新建立建设性关系的步骤之一。在普京吞并了克里米亚(Crimea)之后,华盛顿与北约其他国家一道,再度中止了该理事会的活动;此时,希拉里早已去职。

普京表示,在普拉蒂卡迪马雷创建北约-俄罗斯理事会,是"迈向在俄罗斯与北约之间建立长期伙伴关系的积极举动,它为长期合作创造了条件。然而不幸的是,我们(我指的是所有人,而不是指责个别人)未能充分利用在意大利达成的协定。俄罗斯-北约协定本身当然为建设双边关系提供了平台,但在实际政策层面上,无疑是需要作出改变的。不幸的是,我们并未看到这一点"。

贝卢斯科尼在捍卫他的朋友普京的政策时,也对发生新冷战的危险提出了警告。但普京表示,俄罗斯不会让自己与西方在乌克兰问题上的分歧将自己拖入新的冷战。

"有人想破坏欧洲与俄罗斯或是乌克兰与俄罗斯的关系,我们对这一点了然于胸。有时,这些人的确达到了目的。但这只能表明我们的工作还不够有效。我们不会让任何人将我们拖入任何形式的新冷战。我们不会让这种事情发生。"

贝卢斯科尼一向捍卫着普京在克里米亚和乌克兰的所作所为，以至于批评者将他称为普京的喉舌。但在了解贝卢斯科尼与普京对于乌克兰以及其他问题看法的人看来，他们显然具有相同的见解。

"关于乌克兰问题以及北约的行为，"贝卢斯科尼表示，"我完全不赞同欧盟与美国的政策。克里米亚人民说的是俄语，而且他们在公投中选择了重新加入'俄罗斯母亲'。对俄罗斯实施制裁是错误的政策，将俄罗斯逐出八国集团也不是正确的答案。在我看来，不幸的是，西方领导人在乌克兰问题上的做法有可能令俄罗斯重新陷入签署普拉蒂卡迪马雷协定之前的孤立状态。坦率地说，我认为这一次西方完全没有体现出领袖才能。"

对于普京而言，贝卢斯科尼不仅仅是一位盟友；早在叶利钦当政的1990年代，他就曾竭尽所能地试图帮助俄罗斯摆脱孤立地位。

"我们的双边关系有了很大改善。早在1994年时，他就曾邀请叶利钦总统出席当时的七国集团领导人峰会。在并不太长的首个总理任期内，他曾前来莫斯科，与叶利钦一同签署了关于意大利与俄罗斯两国友好、和睦与合作的协定。在21世纪头十年之初，是他首先倡议北约与俄罗斯签署条约，由此，他发挥了重要作用，令欧洲的局势更加健康——不只是意大利与俄罗斯的关系，还包括更广泛的局势。"

多年来，贝卢斯科尼与普京一直保持着极为密切的关系。对于贝卢斯科尼的政治命运，以及他在过去二十年里面对的无数指控、诉讼与丑闻，普京也表现出了充分的理解。西方媒体对待贝卢斯科尼是否不够公平？

普京耸了耸肩。

"我不认为我有权指责西方媒体的任何错误。所有人都会犯错，包括政客和大众媒体。我想要指出的是：如果我没有记错的话，贝卢斯科尼先生开始参与政治是在1994年。他第一次涉足政坛是在1993年，在1994年当选总理，但此前的三十多年时间里他都在经商，而执法部门从来没有问过他任何问题。然而，一旦进入了政坛，在三年时间里他就面对了近三十项刑事案件。不幸的是，这不仅仅是意大利的特色，在整个世界都是如此。"普京说道。

俄罗斯总统流露出了真情，在半小时的对话中共十次以"西尔维奥"来指代贝卢斯科尼。"西尔维奥很坦诚，"他说道，"有时候也许过于坦诚了。他会冒犯同僚或是媒体，引发他们的激烈反应。所以，这些只是公开的政治斗争的构成元素罢了。有时候这些事情不失体面，有时候则并非如此。坦率地说，我没有时间去分析外国媒体说了些什么。"

在维基解密（WikiLeaks）丑闻期间——2010年11月，二十五万多条美国机密外交电报被曝光——外国媒体再次发挥了作用，引发了人们对贝卢斯科尼与普京友谊的关注。潮水般的文件中包含几封美国驻意大利大使发往华盛顿的电报，其中的一封秘密备忘录名为"意俄关系：罗马的观点"，作者是罗纳德·斯波格利（Ronald Spogli）。这封电报于2009年1月底寄给了刚刚上任的希拉里。

斯波格利大使是一位来自加州的投资银行家，曾为小布什筹集了大量资金，他尝试着分析了贝卢斯科尼与普京的关系。大使写道："贝卢斯科尼相信普京是自己亲密的私人朋友，他一直与普京保持着比与其他世界领导人更加密切的联系。在格鲁吉亚危机期间，贝卢斯科尼在一周的时间里几乎每天都与普京通话。很难确定友谊的基础是什么，但许多受访者告诉我们，贝卢斯科尼相信同为'大亨'的普京信任自己甚过任何其他欧洲领导人。贝卢斯科尼仰慕普京男子气十足、决断、专制的治理风格，意大利总理认为这与自己的风格很匹配。就俄罗斯而言，普京看上去投入了大量精力来赢得贝卢斯科尼的信任。"

备忘录中最具轰动性的部分提到了贝卢斯科尼与普京进行商业交易的嫌疑，这一部分登上了报纸的头条。众所周知的是，两人加深了意大利国有石油公司埃尼（Eni）与俄罗斯天然气工业股份公司（Gazprom）之间的能源关系与生意往来，但斯波格利提到了贝卢斯科尼从中获取私利的传闻。他向美国国务卿写道，两人之间存在着"更加不道德的关系"。

斯波格利写道，他的情报来源"相信贝卢斯科尼及其亲信从意大利与俄罗斯的多笔能源交易中牟取了丰厚的私利"。他还尖锐地质疑了瓦伦蒂尼，称"这名议员是个有些神秘莫测的人物。尽管没有任何手下，甚至连秘书也没有，但他是贝卢斯科尼在俄罗斯问题上的关键人物。瓦伦蒂尼会说俄语，每月会前往俄罗斯数次，经常在贝卢斯科尼会见其他领导人时伴其左右。并不清楚他每次前往莫斯科都做了些什么，但流言普遍认为他是在看管贝卢斯科尼在俄罗斯的生意"。

贝卢斯科尼的这位前助手激烈地否认自己有过任何不当行为，并谴责美国大使"根据报纸和罗马的流言飞语"收集情报。

"那封电报完全是无稽之谈，"瓦伦蒂尼声称，"因为贝卢斯科尼在俄罗斯根本没有生意。我在俄罗斯有许多朋友，我还将意大利出口品推销到了俄罗斯，但斯波格利大使所说的其他内容纯属虚构，出自他的想象。"

在维基解密事件爆发期间，贝卢斯科尼对于这些指控十分愤怒，尤其是因为他的左派对手立刻利用这些传言，在国内政坛上引发了骚乱。对于被美国外交官描述为"不可信赖、虚荣、无能"，贝卢斯科尼同样感到很不满意。

而对于自己与贝卢斯科尼的持久友谊为俄罗斯和意大利两国带来的重大经济收益，尤其是双边贸易额与工作岗位的增加，普京感到十分自豪。

维基解密事件中的另一封电报同样提到了贝卢斯科尼与普京的友谊，这封电报是由奥巴马任命的大使戴维·索恩（David Thorne）于2009年晚些时候发出的。索恩引用了消息源的说法："贝卢斯科尼经常熬夜到很晚，爱好狂欢派对，这意味着他没有得到足够的休息。"

"性丑闻、刑事调查、家庭问题以及财务问题似乎极大地影响了贝卢斯科尼身体上和政治上的健康，以及他的决策能力。"美国大使写道。

世界媒体于2010年11月28日曝光了维基解密电报。具有讽刺意味的是，负责事先通知贝卢斯科尼办公室这些电报即将被公之于众的正是索恩本人。差不多三天之后，即在12月1日，在遥远的哈萨克斯坦举办的一场国际安全会议上，希拉里尴尬地面对着贝卢斯科尼。在公开场合，他试图对维基解密电报一笑了之，但意大利媒体正在严厉拷问着贝卢斯科尼，议会中也已掀起了轩然大波，反对党要求对贝卢斯科尼与普京之间据称的商业关系进行特别调查。私底下，他刚与希拉里在阿斯塔纳（Astana）安全会议上见面，便提及了维基解密事件。

"我与希拉里的关系十分密切，足以向她发泄情绪，所以我要求她告诉我，为什么美国外交官会说出这种话。我告诉她，美国在欧洲没有更好的朋友了，我是最忠诚、最亲密的盟友，对于美国为我的祖国所做的永远抱有感激之情。"贝卢斯科尼回忆道，"随后她道了歉。我们走到镜头前，她随即解决了这一问题。她发表了一份声明，向意大利以及我本人表示了坚定的支持。对于她的做法我十分感激。"

希拉里尽了自己的义务，表示了歉意，并发表了一份有关美意之间良好关系的声明。贝卢斯科尼对希拉里的支持表示了感谢，她的声明及时地登上了意大利国内的晚间新闻。随后，贝卢斯科尼前往机场，登上空客离开了哈萨克斯坦，他的下一站恰好是普京在索契黑海边的别墅。在索契，他能够找到慰藉。

直到今天，贝卢斯科尼一直否认与普京之间存在任何商业利益关系，并依旧将克里姆林宫里的朋友视作一位战略思想家、强有力的领导人，以及亲密的朋友。

这么多年来，贝卢斯科尼与普京当然在一起度过了轻松的时刻，不过这恐怕不如索恩大使在发往华盛顿的八卦电报里提及的别墅里的"狂欢派对"那么令人兴奋。贝卢斯科尼否认曾开过派对，但承认多年来曾努力地维护与普京的关系，因为对他的外交政策而言，私人关系是最重要的起点。

"我总是试图坦诚地对待我的朋友弗拉基米尔以及其他领导

人。我试图建立起良好、密切的私人关系。当你遇到问题时，良好的关系总能助你一臂之力。你可以在任何时间给对方打电话，更加轻松地解决问题。不过，你们也必须共度时光。普京、布莱尔以及其他欧洲领导人常常去撒丁岛看望我，与我共度假期。我想这是一件好事，因为和人与人之间的任何关系一样，在领导人之间，基于互相尊重、友谊与信任的良好关系同样意味着一切。对我而言，这种关系必须来自诚意。"

回到克里姆林宫的"烟囱房"里，当被问及前往贝卢斯科尼位于撒丁岛的别墅做客一事时，普京承认"贝卢斯科尼全身心地投入所做的每一件事"。随后，俄罗斯总统露出了有些孩子气的笑容，回忆起了与贝卢斯科尼及朋友们在这位亿万富翁位于撒丁岛黄金海岸（Gold Coast）那幢奢华的切尔托萨别墅（Villa Certosa）里度过的一晚。当时在场的客人还包括歌手安德烈亚·博切利（Andrea Bocelli）及其未婚妻。为了取悦普京，贝卢斯科尼决定放烟火。

"我不知道西尔维奥是否喜欢我现在要讲的故事。"普京眼中闪烁着光芒，说道，"他组织了烟火表演，一开始几支火箭直接冲上了我们所在的阳台。对于这一意外他感到十分生气，但欢快的气氛并没有被破坏。他总是全身心地投入所做的每一件事。"

当意外发生后，博切利、普京以及其他客人不得不离开了阳台。根据当晚在场的两位客人所言，普京的白裤上沾上了灰，博切利的未婚妻一条腿被轻微烧伤了，裙子几乎被烧坏了，她不得不迅速撤离。

当被问及他与贝卢斯科尼不太常规的会面时，普京也露出了笑容。2014年10月某天的凌晨两点,他顺道访问了贝卢斯科尼位于米兰的豪宅,享用了一份意大利面,并和主人聊了会儿天。对于普京而言,那是漫长一天的结束:他飞往米兰参加亚欧峰会;途中他顺道访问了塞尔维亚,在贝尔格莱德(Belgrade)欣赏了阅兵式,这使得他与德国总理默克尔的会谈推迟了四个小时;当他离开默克尔下榻的酒店时,已是凌晨两点了。然后他前往了贝卢斯科尼的住所,在那里,一顿丰盛的意大利美食正在等待着他。在撒丁岛,普京曾品尝了当地人称为"乐谱纸"的一种极薄的面包。但10月正值意大利北方松露收获的时节,于是贝卢斯科尼用一碟配以黄油汁和白色松露的意大利面招待了普京。凌晨三点四十五分,普京开心地离开了贝卢斯科尼的家。

普京这样评价深夜在贝卢斯科尼家里享用的意大利面:"经典的意大利美食非常美味,非常健康、可口。贝卢斯科尼的烹饪技术是第一流的。他做了非常多道菜,都是高品质的家常菜。我们一起享用了一顿丰盛的晚餐,彼此交谈得也非常开心。他营造出了非常舒适的环境,感觉就像在家一样。他向我介绍了他的孩子,我们一起谈论了许多事情,度过了一段开心的时光。"

普京与贝卢斯科尼在相互仰慕之余,还持有相同的战略眼光,而这常常是与华盛顿的观点不一致,甚至是背道而驰的。然而,在对近来的这段历史进行了分析并谈论了中东局势、阿拉伯之春以及打击圣战恐怖主义之后,普京强调了这一事实:贝卢斯科尼一直是欧洲与跨大西洋联盟的一位团队协作者,即使有时他会认为西方的立场是错误的。

贝卢斯科尼认为,随着时间的流逝,普京对于如何打击恐怖主义有了更加深刻的认识，并且明白了伊拉克、叙利亚、利比亚等地方的问题需要极为复杂的解决方案。就小布什发动的伊拉克战争而言，贝卢斯科尼和普京对2003年的入侵都持反对态度。就阿拉伯之春和2011年春季的利比亚局势而言，两人都不赞成萨科齐提出的轰炸卡扎菲部队这一手忙脚乱的方案。贝卢斯科尼警告道，利比亚的政权更替会导致该国解体以及部落民兵势力与圣战恐怖分子的兴起。对于利比亚变成失败国家后恐怖主义可能扩散的前景，他和普京均深感忧虑。就叙利亚问题而言，两人都认为华盛顿对于局势的认识过分简单化了。不过，普京依旧强调了，贝卢斯科尼还是遵从北约的规则及与华盛顿的关系行事的。

"我不知道对于我的这种说法西尔维奥是否会感到高兴，但我认为西尔维奥这个人是体系的一部分，他是一位欧洲－大西洋主义者，这一点是毫无疑问的。除了是一名意大利人，他还是一名欧洲人，他忠于这个体系的运作方式。他在某些规则之内行事，这些规则是在过去数十年间形成的；在这个意义上，无论在北约内部，还是欧盟内部，他都是一名非常值得信赖的伙伴和盟友。而且，即使他不喜欢某事——在我们的对话中，我发现他的确对上述案例心存异议——他依然愿意谨慎行事，不去阻碍北约或欧盟的其他伙伴采取行动。就反恐而言，毫无疑问他一直是一以贯之的，是绝对真诚的，他对阿富汗战争的支持态度和对伊拉克战争的保留意见都体现了这一点。他一直公开支持俄罗斯在高加索（Caucasus）地区的反恐活动，他也从来不畏惧公开地表达意见。他是个非常正派的人，一直奉行着一以贯之的政策，为此我十分尊重他。"

俄罗斯总统在椅子上挪了挪，他的双手和双腿均张开着，他微笑着，依然十分乐于谈论他的朋友西尔维奥。但他拒绝将自己与贝卢斯科尼进行比较，或是强调两人的相似之处。

普京说道："对我来说，要将自己与贝卢斯科尼进行比较的话，我首先得评估自己，但我不认为我能够做到这一点。我只能说，我怀着十足的热情与敬意与同僚相处，尤其是那些我与之有着持久、友好关系的同僚。我与贝卢斯科尼的关系就是持久、友好的。"

他稍稍停顿了一下。

"不过，请允许我不将自己与任何人进行比较。"普京最后说道。

在克里姆林宫"一号建筑"的二楼，在列宁时代以来俄罗斯权力的神经中枢，这场对话即将结束。俄罗斯联邦总统要么是真的非常放松，要么是出色地模仿出了放松的样子。当被问及他认为贝卢斯科尼的历史地位如何时，他最后一次停顿了一下，给出了充满敬意且经过深思熟虑的看法。普京仔细地斟酌着措辞，慎重地用俄语说道，语气柔和得出人意料："他先后担任了四任意大利总理。这意味着人们将票投给了他，意味着普通意大利人觉得他的政治主张与为人都非常具有吸引力。我相信他与许多意大利人之间存在着良好的化学反应。他还是一位非凡的、坦率的、非常有趣的人物。所有这些因素都表明，无论是作为政治家，还是作为一个男人，在意大利历史上，贝卢斯科尼都一定将获得他应得的地位。"

然而，贝卢斯科尼面临的挑战，不在于他是否能够名垂青史，而在于历史将如何描述作为一个男人的他。

第八章：女人们

"你想看看著名的'性爱狂欢'房间吗？你有勇气吗？你敢吗？"

贝卢斯科尼吐出上述话语时，脸上露出了魔鬼般的微笑。他发出的声音颤动着，在空气中擦出火星，就如同拨动贝斯时发出的声音一样："性爱——狂欢！"贝卢斯科尼此时发出的拟声词所暗含的情色意味，迫使听者要么微笑，要么开怀。

咧嘴而笑的贝卢斯科尼更像是一位十来岁的淘气学童，而不是年近八旬的老人。在他最喜爱的客厅里，他正坐在大理石壁炉前一张加有厚软垫的扶手椅里。他身着通常那件"居家"海军蓝山羊绒线衣和夹克。在他右手边的壁炉台旁，金色相框里的黑白照片上正是慈父般的贝卢斯科尼与他的女儿玛丽娜。在巨大的大理石壁炉底部，是一幅耶稣降生的木版画。在图上，我们能够看到干草摇篮里刚刚降生的耶稣，以及玛丽、约瑟夫和耶稣降生故事里的其他角色，如牧羊人和羊。马槽附近有小天使，此外还有一头驴和一头公牛，以及东方三博士（Magi）和他们的骆驼。

此时是一个多雨冬日的下午。在阿尔科雷，12月的寒意渐渐从周边的树林里侵袭而来。夜色降临得很快。屋外的空气寒冷、湿润，18世纪圣马蒂诺别墅的石质外墙沐浴在花环状的月光中。而在客厅里，壁炉前则是温暖而舒适的。

客厅里装点着家庭照片，不远处是卢卡·德拉·罗比亚（Luca della Robbia）的半浮雕作品，远处的墙上悬挂着加纳莱托（Canaletto）的画作，长桌上摆放着精致的白色陶瓷藏品。正是在这样的环境中，贝卢斯科尼决定敞开心扉，谈论"性爱狂欢"丑闻，谈论那些声名狼藉的"性爱狂欢"之夜，那些狂野的派对，以及他花钱与未成年的摩洛哥女孩卡里玛·拉希达·马赫鲁克（Karima Rashida El Mahroug）发生性关系的传言。这位漂亮但声名狼藉的夜总会舞女在小报上被称为"偷心者鲁比"。

贝卢斯科尼因招雏妓的罪名被起诉，经历了一场极为引人关注的审判，被宣判有罪并被处以七年徒刑，随后又在上诉后被宣判无罪，此时，脸上带着"鬼才在乎"的肆意表情，这个男人开始引导客人参观"性爱狂欢"房间了。他从扶手椅上站起，鼓足声势，大幅度地转向左侧，说道："跟我来吧！"

他穿过另一间奢华的客厅，这间客厅里摆满了镶嵌着精美、华丽的金色画框的古典大师作品。在门廊处，他向别墅庭院里的草坪瞟了一眼，随后，我们来到了一扇白色的门前。然后，用足以为任何中世纪骑士或是他的电视综艺节目主持人增添光彩的肢体动作，他猛然推开门，摸索着电灯开关，"性爱狂欢"房间绘满壁画的天花板下突然放射出了一千瓦特的光亮。"性爱狂欢"房间实际上是一间精美的、天花板很高的宴会厅，可以与国王的餐厅媲美，足有六十英尺长，二十英尺宽。突然之间，贝卢斯科尼不再羞怯了，不再谨小慎微了，身边也没有了小心翼翼提供建议的律师陪伴。不，他独自在家；当他骄傲地迈着大步走进这间宏大的、绘满壁画的房间时，他成为了一位斗牛士，他要上演一出充满活力与幽默的独角戏。

这就是著名的"性爱狂欢"房间？不是一间卧室，而是一张巨大的、巴洛克风格的、被古典绘画以及一排排镜子与壁画围绕着的餐桌？

贝卢斯科尼宣布："我们到了！"他向我们展示着一张有着三十六个座位的长桌，就仿佛正准备举办一场国宴；长桌中央的装饰品中有一组圣诞主题的图案；桌上摆满了微缩版的旋转木马与旱冰场、塑料制的山水景观模型，以及许多愤怒的公牛，这种混合很有蒂姆·伯顿（Tim Burton）电影的风格。

但是，所谓的"性爱狂欢"房间看上去就像一间大餐厅啊。

"当然，因为这就是一间餐厅，这是举办社交晚会的房间。"他满面笑容地解释道，"我坐在那儿，管弦乐队在那儿。桌面布置得如同往日一样优雅。这段时间里，什么都没有改变。实际上，晚间我依然在这个房间里举办派对，宴请不同的客人。"

但"偷心者鲁比"首次来到这里时的情形是怎样的？

"那一次，这里有许多来自电视和电影界的漂亮女孩。当然，我也拍电影，也制作电视节目，所以她们对于能够拜访意大利总理、AC米兰主席、电影大亨都感到十分高兴。除此之外，我想人们必须承认，我这个人相当有趣。你们可以把我视作一位非常规的总理……"

鲁比坐在哪儿？

"啊，我记不清了！"

她是客人中的一员吗？

"是的。"

即使此后她又十多次回到这里，依然没有性爱，只有音乐和晚餐？

贝卢斯科尼脸上露出了转瞬即逝的戒备神色，随即又变回了好莱坞式的笑容。"我要补充的是，"他面无表情地说道，仿佛自尊受到了伤害，"即使这里曾有过性爱，在这所私人住宅里也不构成犯罪。所以，犯罪行为发生在哪里？是何种犯罪？"

贝卢斯科尼因招雏妓接受了审判，他被指控花钱与未成年人发生性关系，但他一直坚称自己不知道鲁比的真实年龄。

当被问及年龄问题时，贝卢斯科尼声称："首先，鲁比曾告诉所有人，她的年龄是二十四岁。她看上去的确有那么大，因为她很聪明，而且生活得很艰辛。不过，不可能曾有过性爱……"

没有性爱？

"听着！"他突然愤怒了，甚至有些不屑，"我一直表示自己从未碰过鲁比，连一根指头都没有碰过，鲁比每次也都是这么说的，而且没有任何人见证过任何事。要证明曾有过性爱，你得有照片、视频，或是可靠的证人。然而，什么证据都没有。这种说法纯属虚构。"

他再次放松了下来，若无其事地露出了微笑，这位亿万大亨转型成的政客希望受到爱戴、仰慕并感到愉悦，他也希望吸引并愉悦身边的人。也许，他依然是最初的那个贝卢斯科尼：他在1970年代末、1980年代初成为了电视大亨；千万意大利同胞像他一样喜欢曲线优美的长腿性感女郎，因此，他们十分热爱贝卢斯科尼商业电视台制作的奢华综艺节目。自1980年代起，贝卢斯科尼就热衷于举办非常具有娱乐性的晚宴。个人品位以及娱乐性的定义从来都是主观的问题。

然而，鲁比事件不只是一场盛大的演出。对贝卢斯科尼而言，此事很快就变得十分严重，令他私底下和在政坛上都无比窘迫。当2010年10月，米兰调查法官泄露的信息被公布之后，这则故事随即传播开来，贝卢斯科尼立刻发现半个欧洲的官场都在嘲笑自己。从莫斯科到曼彻斯特，从柏林到巴厘岛（Bali），"性爱狂欢"酒吧在许多城市里开张了。这些报道令贝卢斯科尼看上去就像是小丑和性爱狂。在意大利，他的左派批评者对新一波滥用职权以及花钱与未成年的摩洛哥夜总会舞女发生性关系的指控感到兴奋不已。

当2010年年底，贝卢斯科尼首次得知自己正因这一案件被调查时，这起丑闻似乎会导致政府倒台，迫使大选提前。

随着调查法官不知羞耻地不断将监听通话、证人证词以及将奢侈的礼品抛洒在出席"性爱狂欢"派对的十来位渴望成名的小明星和模特身上等故事泄露给媒体，贝卢斯科尼的处境越来越被动。

世界媒体关心的全都是鲁比。除了性爱指控外，贝卢斯科尼还被指控滥用总理职权：他曾于2010年5月给米兰的警察局打电话，命其释放鲁比。他希望鲁比获释后能够受到另一名漂亮女人妮科尔·米内蒂（Nicole Minetti）的保护。米内蒂曾是贝卢斯科尼电视节目中的一位舞女，还曾是一名口腔保健师，此时她代表贝卢斯科尼的意大利力量党在伦巴第地区被选为了一名地方官员。

居无定所的鲁比此前不久曾因盗窃钱财和珠宝被警方关押过。据说，贝卢斯科尼向值班警察表示，鲁比是埃及总统穆巴拉克（Hosni Mubarak）的亲戚，最好将她释放，让她接受米内蒂的保护；米内蒂将很乐意前往警察局接走鲁比。晚些时候，贝卢斯科尼表示自己记不太清这通电话的内容了，但他矢口否认自己给警察局打电话滥用了总理职权。

贝卢斯科尼还表示，在鲁比身处困境时，自己曾在经济上向她提供过帮助，两人均否认曾发生过性关系。但报纸的报道和泄露的信息没完没了，很快，全意大利都在谈论这一流言：亿万富翁总理建立了由三十三位年轻姑娘组成的后宫，其中有些就住在"米兰二号"房产项目的公寓里。和往常一样，贝卢斯科尼用自嘲的幽默来应对这一切："我已经七十四岁了。尽管我的确很粗俗，但要在两个月时间里招待三十三位姑娘，即使三十岁的小伙子也很难做到。"

不幸的是，不苟言笑的米兰检察官并不欣赏贝卢斯科尼的幽默感。有一次，他不得不为出席电视直播的颁奖盛典时开的玩笑公开道歉。他对前歌舞女郎、现众议院（Chamber of Deputies）议员玛拉·卡尔法尼亚（Mara Carfagna）说道："要不是我已经结婚了，我立刻就要娶你！"

在意大利，这些话可能会冒犯部分女性；这一次，贝卢斯科尼的第二任妻子的确受到了冒犯。几年后，她提起了离婚诉讼，并赢得了每月一百四十万欧元的生活费。但这就是妙语连珠的贝卢斯科尼。"我并非圣徒，"他假笑着说。他还曾开玩笑道："我曾是忠诚的——常常是。"

2010年8月时，半个欧洲的头条新闻都是贝卢斯科尼的性丑闻，很快，甚至连其他政府首脑也开始取笑他。戴维·卡梅伦（David Cameron）刚刚入主唐宁街，他即将前往罗马，应贝卢斯科尼之邀参加国宴。一天，他正和妻子萨曼莎（Samantha）以及涂鸦艺术家本·艾因（Ben Eine）一起喝下午茶。艾因还记得英国首相突然被打断了。

"我们正坐在那儿聊天。忽然，他的私人助理走了进来，说道：'戴维，我们得走了。'"艾因回忆道，"卡梅伦跳了起来，说道：'萨曼莎，我得去意大利了，和贝卢斯科尼吃晚餐。别担心，在妓女出现前我就会找个理由离开按摩浴缸的。'"

当所谓"性爱狂欢"审判于2011年4月开始时，对贝卢斯科尼而言，这个故事不再有趣了。

"告诉他们不是这样的，西尔维奥！"《纽约每日新闻》（*New York Daily News*）的头条写道。这份小报称贝卢斯科尼将"因花钱与未成年的夜总会舞女发生性关系并试图掩盖此事而接受审判"。瑞士的《时报》（*Le Temps*）谈到了"意大利政治生活的堕落"。《纽约时报》则更为雅致地提到，贝卢斯科尼决定不前往米兰出席审判，而是留在罗马参加讨论利比亚危机的会议。当所谓"性爱狂欢"审判开始时，全世界的报纸都疯狂了。伦敦的《观察家报》（*The Observer*）写道，"意大利紧张地等待着'性爱狂欢'审判揭开贝卢斯科尼荒唐行径的盖子"。

共有一百一十位外国记者前往米兰最大的法庭报道"性爱狂欢"审判。CNN对此进行了现场报道，半岛电视台（Al Jazeera）

和英国广播公司也在场。此外还有《纽约时报》、《华盛顿邮报》、法国《世界报》（Le Monde）、德国《明镜》周刊（Der Spiegel）、德国《时代》周报（Die Zeit）、法国《解放报》（Libération）、西班牙《国家报》（El País），等等。在法庭外，数十名准军事部队成员戴着头盔，手持大棒和防暴盾牌，贝卢斯科尼的支持者与反对者则发生了冲突。抗议者喊叫着"性爱狂欢"这个词，意大利总理的支持者则唱起了他的非正式颂歌《为了西尔维奥谢天谢地》（Thank Goodness for Silvio）。在法庭内，两百位证人中包括了所谓的三十三名妓女，甚至还包括了好莱坞明星乔治·克鲁尼（George Clooney）——他表示自己曾与贝卢斯科尼的法律团队说过话，他很乐于作证。克鲁尼透露，他曾在贝卢斯科尼在罗马的家中度过了一夜，他称那是"我一生中惊人的一夜"。克鲁尼称他曾被领到贝卢斯科尼的卧室，见到了普京送给他的床，随后便被请求留下来参加晚宴。

回到阿尔科雷的"性爱狂欢"房间，当被问及克鲁尼时，贝卢斯科尼开心地笑了。

"克鲁尼参加了我在罗马举办的一场晚宴，之后他说道：'我参加了晚宴，玩得很开心，东道主非常有魅力，但我没经历过"性爱狂欢"。'他当然没经历过，因为晚宴本身就是'性爱狂欢'。"

贝卢斯科尼喜欢说出"性爱狂欢"这个词，他那带有嘲讽意味的男低音如此浑厚，就如同路易斯·阿姆斯特朗（Louis Armstrong）的声音一般。他解释了这个词的来源，它出自与他过去的朋友、已故的利比亚独裁者卡扎菲有关的一个笑话。

"卡扎菲一直希望我每年都去利比亚出席'万王之王'庆典。

有一年我无法前去，因为我有很重要的会晤。于是他请我派两位代表去利比亚出席庆典，我照做了。"

"这正是故事的起点。"贝卢斯科尼说道，"这两位代表被利比亚最叛逆的部落捕获了。他们被绑在村子中央的一根柱子上，在他们周围，人们跳着部落里的舞蹈。部落的人们从喉咙里发出巨大的声响，我的两位代表能听清的唯一单词就是'Bunga-Bunga'。"

"舞蹈结束了，巫医走近名叫奇基托（Cicchitto）的特使，问道：'你是愿意死，还是愿意Bunga-Bunga？'像所有人一样，在死亡与'Bunga-Bunga'之间，奇基托选择了后者。然后，村子里的所有勇士都那个了他。"

此时，贝卢斯科尼并没有疯狂地做着手势；相反，他十分镇定。但他甚至没有使用明确的术语，便用意大利语表达出了这位特使被村民强暴的意思。他继续说道："巫医又走近另一名特使邦迪（Bondi），问道：'你想死，还是想Bunga-Bunga？'目睹了朋友的遭遇后，邦迪回答道：'死！'巫医说道：'好的，你马上就要死了。不过在此之前，先来Bunga-Bunga！'一切都源自这个笑话。"贝卢斯科尼大笑了起来。他仿佛迈着华尔兹舞步一般沿着餐桌长长的边缘滑行，指着精美的圣诞装饰，宣布次日晚上将至少有三十六位客人前来聚餐。

他在一幅画作前停了下来，这一达·芬奇风格的杰作完成于文艺复兴顶峰时期。这幅镶着豪华镀金木质画框的杰作摆放在画架上，它最引人注目之处在于，在这间声名狼藉的屋子里，画面上的女孩半裸着身体，淡粉色的胸部一览无遗。

"这是达·芬奇学派的蒙娜丽莎,"贝卢斯科尼停了一会儿,就好像实在忍不住似的,继续说道,"有人指控我亲自脱掉了她的衣服。"

凝视着宽敞的"性爱狂欢"房间的另一端,贝卢斯科尼指着另一幅古典大师的画作——或者是足以乱真的复制品,这幅肖像画的主角是一位美丽但表情严肃的名媛或贵族女子,她衣着完好,名叫安泰娅(Antea),作者是16世纪的风格主义画家帕尔米贾尼诺(Parmigianino)。

在这间因传说中的放荡派对而名声大噪的屋子里,这两幅画作代表着贝卢斯科尼生命中神圣与放荡两种美学的强烈对比:袒胸露乳的蒙娜丽莎的色欲,以及帕尔米贾尼诺肖像更为庄重的女性之美。

"我原本也脱掉了帕尔米贾尼诺画中人的衣服,"贝卢斯科尼假装一本正经地说道,"但看着她的面孔,我不禁想到:'希望你可别像鲁比那样,看着二十来岁,但实际上距离十八岁生日还差了七个月呢。'于是我又帮她把衣服穿好了。"

回到最喜欢的客厅里,贝卢斯科尼放松了下来,政治助手和新闻助理陪伴在他身旁,他承认"很难谈论我的感情"。他露出了羞怯的表情,这一次,他不是在表演。事实上,对他来说,在酒会上插科打诨或是开关于漂亮女人的玩笑,要比审视自己的情感生活容易得多。所有人都有过初恋,就连贝卢斯科尼也不例外。聊完了"性爱狂欢"之后,他开始讲述自己第一次坠入爱河的故事,那时,他甚至还不到十岁。

"当时我七岁,我们全家前去美丽的科莫城游玩。我们登上了一座名叫巴拉代洛（Baradello）的古老城堡。家人带我登上了城堡之巅，在塔楼里有一大片空地，我们能够俯瞰壮丽的全景。还有几个人也在那里，其中包括一位比我稍大一些的小女孩。她大概八九岁，有一头美丽的秀发。看着她，我立刻产生了喜爱之情。我和她说了几句话，仅此而已。但在很长一段时间里，她一直停留在我的记忆里；直到今天，依然如此。这是我第一次关注女人。"

全世界都在关注着贝卢斯科尼对性感女郎的喜爱，但他很少谈论自己对于爱的理解，渴望在女人身上找到什么，是如何与首任妻子相识、相爱的，或是第二段婚姻破裂时受到的公开羞辱以及由此带来的痛苦。

在贝卢斯科尼看来，什么是爱？

"我想我从没有真正沉思过这一问题，尤其是近来，太多别的问题让我分心了。爱是一种被深深吸引的感觉，这种感觉否定了一个人的自我。爱是渴望为某个人做到最好；爱上一个人，以至于在这段爱情中，你发现了自我的镜像。"

那么，一个男人应该找寻哪些品质？贝卢斯科尼认为完美的女人应该具备怎样的品质？

贝卢斯科尼羞怯地笑了。

"很抱歉，也许我会显得很肤浅，"他说道，"但首先，你必须非常喜欢她。她必须很漂亮，是欲望的对象。我得说——即使这有些私密——在我和妻子还真心相爱时，每当我们同床，没有哪一次我不是对她充满欲望的，没有哪一次我们是不会做爱的。因此我认为这一点是重要的、基本的。然后是友情等因素，但在爱的时刻，存在着一种绝对的吸引力。另外还有一点：你必须同样感觉到她被你所吸引,她真的喜欢你,你们之间有一种真诚的关系。这必须是一种共享的忠诚,这也是一个非常重要的因素。"

贝卢斯科尼自称是"天生的引诱者",他肯定收集了堆积如山的剪报,他传说中的性癖好为这些报纸提供了上好的新闻素材。意大利媒体事无巨细地将贝卢斯科尼的性生活描述了一遍又一遍,关于"性爱狂欢"女郎出现了各种各样的传言,包括肛交、性虐待,以及女郎打扮成修女和护士的样子跳脱衣舞。然而,在贝卢斯科尼家中,他坚称自己其实远远没有人们想象的那样追求刺激。

"广为流传的对我的刻画其实并不准确。事实上我一直都是个工作狂,我并没有把太多时间用于追求性爱的魅力。我的生活是井然有序的。我有过两段婚姻,第一段婚姻育有两个孩子,第二段婚姻育有三个孩子。我从来都是个居家的男人,努力在闲暇时和孩子们待在一起,尤其是周末。因此所有这些关于我的故事都纯属幻想。它们被一再讲述,目的就在于贬低我,破坏我的公众形象。的确,就像我母亲常说的那样,孩提时期的我,青少年时期的我,总是海滩上最帅气的男孩。我会唱歌,会弹吉他,还很擅长运动,所以我对女孩很有吸引力。但我要说的是,事实上我经常被别人引诱,而不是引诱别人。"

贝卢斯科尼于1965年首次结婚,他与达洛利奥生了两个孩子:玛丽亚·埃尔薇拉(Maria Elvira),又名玛丽娜;以及皮耶尔·西尔维奥,昵称为杜迪。达洛利奥不爱抛头露面,她的家世也并不显赫:在父亲去世后,她与两个兄弟于1959年从艾米利亚-罗马涅大区(Emilia-Romagna)的乡下迁居而来。

当时贝卢斯科尼才大学毕业,他刚结束了邮轮歌手的生涯,开始涉足房地产业。年轻的他尚未取得成就，但已经极具企业家精神，无论是就生意而言，还是就个人欲望而言，总是在谋划着下一步。1960年时，二十四岁的贝卢斯科尼遇见了比自己年轻四岁的达洛利奥。丝毫不令人感到吃惊的是，回忆他们的首次碰面时，贝卢斯科尼最先想起的是"一位女孩非常优美的侧影"。

多年以来，贝卢斯科尼遇到首任妻子并要到她的电话号码的方式，一直是人们猜测的话题。据贝卢斯科尼所言，他是在一个火车站遇见并爱上她的，随后他即兴设计了一个如同滑稽喜剧一般的精巧计划，希望能够吸引这位女孩的关注。

"我曾在邮轮上驻唱，还当过负责庆典的主管：管理邮轮上的游戏区，兼职当导游，我做过许多工作。我还和邮轮主人的女儿擦出了火花。有一次，她从罗马来到米兰看我。当她要返回罗马时，我把她送到了火车站，她跳上了火车，我一直等到火车驶离站台。当我转身离去时，突然发现就在我面前出现了一位女孩非常优美的侧影。她也是来和朋友道别的，也就是说，她刚和男朋友分离，正如我的女朋友刚刚离开一样。我对自己说道：'好吧，我们都挺孤单的，也许她会希望有个人陪伴吧。'

"我徘徊了一分钟，然后买了一份报纸。我走下楼梯，走出车站，发现她正好走在我前面，我再次对她心生爱意了。我走进我的车里，当我经过公交车站时，再次看到了那个侧影，她似乎在向我招手，对我说：'带我走！带我走！'这时我对自己说道：'既然这辆公交车和我要去往的是同一个方向，都是通往我家的，那我就跟踪它一段吧，看看她在哪里下车。'

"于是我就跟在公交车后，等了一站又一站，她还是没下车。

但这时我太过专注了,以至于跟着公交车穿过了半座城市,到了小镇的另一端。这时她下车了,我迅速停好车,跳出车外,向她走去。我走到她跟前,对她说:'哇,太不可思议了!请原谅,不过半小时之前,在火车站向某人道别的就是你吧?'她看着我,感觉很可疑,说道:'是的,就是我。'我问她是否愿意把电话号码留给我,但她说:'不,你别抱任何幻想了。'可随后她还是把电话号码留给了我。于是,为我带来了两个孩子的爱情故事就这么开始了,多亏了我以如此独特的方式遇见的这位女孩。"

讲完这个故事后,贝卢斯科尼再次大笑起来,似乎是为了强调勇敢地追求到达洛利奥所带来的喜悦。

贝卢斯科尼的首任妻子不仅仅是一个美丽的"侧影",还是一位内向、甚至有些羞涩的女人,她审慎地操持着家务。在1960年遇见达洛利奥之后,一段长期恋情开始了。五年之后,两人终于于1965年3月成婚。

相对稳定的家庭生活持续了二十年时间,在这段时期,贝卢斯科尼也迅速收获了财富与名声,从1960年代刚崭露头角的房地产大亨变成了1980年代身家亿万的传媒巨头,并由此获得了显赫的声名。然而,贝卢斯科尼永远是不知疲倦的,永远爱慕着漂亮女人。

1985年,在结婚二十年后,贝卢斯科尼和达洛利奥走上了法庭,经过双方同意正式分居。他们已经就离婚和财产分割达成了协议。五年之后,两人正式离婚,此时贝卢斯科尼已经开始了另一段恋情。这时,贝卢斯科尼的新恋情已经持续了五年时间,这位曲线优美、风情万种的女演员已经为他生下了他的第三个孩子。她原名米丽娅姆·巴尔托利尼(Miriam Bartolini),随后受1940年代好莱坞的偶像女星维罗妮卡·莱克（Veronica Lake）启发，改艺名为维罗妮卡·拉里奥。①

维罗妮卡与贝卢斯科尼最初擦出火花是于1980年在曼佐尼剧院。这家贝卢斯科尼拥有的大剧院位于米兰市中心的一条主要大街上。当时维罗妮卡二十四岁，贝卢斯科尼四十四岁。贝卢斯科尼刚收购下这家剧院，他正在将生意扩张到房地产业之外，开始涉足电视、戏剧和电影。当晚，他前去观看弗拉芒语剧作家费尔南德·克罗默兰克（Fernand Crommelynck）创作的一出商业喜剧，剧名很滑稽，叫作《华丽的绿帽子》（*The Magnificent Cuckold*）。维罗妮卡扮演的是一位爱吃醋丈夫的妻子。在舞台上，她拉低了上衣，露出了胸部。

据说，表演结束后，贝卢斯科尼立刻离开座位，冲到了后台，闯入了维罗妮卡的更衣室，献上了一束玫瑰，并立刻与她建立起了秘密的恋爱关系——因为当时他仍然已婚，家中有妻子和两个孩子。对于一位初出茅庐的女演员而言，与即将成为意大利最有权势的传媒大亨的这个男人谈恋爱会令她受益颇丰。维罗妮卡拍了几部电影，随后便结束了表演生涯，并在此后几年与贝卢斯科尼生了三个孩子。贝卢斯科尼直到1990年才与维罗妮卡结婚，婚礼在米兰市政厅举办，由市长主持。时任社会党市长皮利泰里不仅是贝卢斯科尼的密友，而且还是前总理克拉克西的连襟，克拉克西则在婚礼上担任了贝卢斯科尼的伴郎。

在婚后的大部分时间里，维罗妮卡一直停留在公众的视线之外，有时是亿万富翁贝卢斯科尼微笑着的配偶，有时是总理贝卢斯

---

① 拉里奥（Lario）是科莫湖（Lake Como）的意大利语名字。

科尼微笑着的妻子，但更多时候根本不抛头露面。2004年时，情况发生了变化，她极大地颠覆了自己的形象，向一名八卦记者透露了自己的生平以及对世界的看法。她似乎想要建立起自己作为独立、现代女性的新身份，而不只是一名过气的演员和贝卢斯科尼的妻子。维罗妮卡选中了一位名叫玛丽亚·拉泰拉（Maria Latella）的记者为自己撰写传记，这位记者以十分温和的态度对待自己的主人公，完成的作品也完全没有恶意。

2007年时，这一切全都改变了，有关她的丈夫公然与其他女人调情的报道令她显得不同寻常地愤怒。突然之间，贝卢斯科尼夫人被丈夫的行为"震惊"了，仿佛在共度了二十七年时光后，她还不了解真正的贝卢斯科尼似的。

事情发生在2007年1月，在贝卢斯科尼出席了相当于艾美奖（Emmy Award）的"电视猫"（Telegatto）颁奖典礼之后数日。星光璀璨的派对上挤满了模特、歌舞女郎、女演员和舞女，贝卢斯科尼似乎十分享受这一场合。当他四处走动时，这位曾两度出任总理的现任反对党领袖忍不住说了些轻浮的话。

他对一位身材匀称的委内瑞拉模特艾达·耶斯皮卡（Aida Yéspica）说道："和你在一起，我什么地方都愿意去。"他还和其他女人公然调情，电视镜头记录下了每一个瞬间。

无论此前贝卢斯科尼的家庭关系如何，突然之间，他的家庭土崩瓦解了。维罗妮卡表现得如同典型的怨妇一样，做出了她明知会伤害她丈夫的举动：她在《共和国报》（la Repubblica）——这份左派报纸一直是她丈夫的批评者——的头版发表了一封措辞严厉的公开信。她写道，自己的尊严受到了侵犯，她要求贝卢斯科尼就公然与两位女人调情一事公开道歉。在通常情况下，这也许只是微不足道的小事；但卷入其中的人物令此事变得非同小可，并且引发了一场震惊全国的丑闻。贝卢斯科尼受到了公然羞辱。

维罗妮卡提到了一位不知名的爱尔兰情节剧作家凯瑟琳·邓恩（Catherine Dunne），将自己比作她笔下一位在结婚多年后突然被丈夫抛弃的人物。"我扪心自问，自己是否也像邓恩笔下的人物一样，是一无所有的。"维罗妮卡在长篇公开信中写道。

维罗妮卡还要求丈夫作出公开回应，而贝卢斯科尼也并未迟疑。当他的婚姻危机出现在意大利所有报纸的头版，他在不到二十四小时内便进行了公开道歉。与此同时，贝卢斯科尼的一位律师向维罗妮卡问道，她究竟为什么要在两人刚开始秘密商讨离婚协议时，制造这样一起噱头。但维罗妮卡并没有作出回应。和贝卢斯科尼的首任妻子不同，这位女士不打算保持沉默。

贝卢斯科尼夫人的怒火使得这位爱尔兰小说家的作品在意大利热销。在维罗妮卡爆发后，邓恩的一位朋友从意大利打来电话，告诉她："报纸上到处都是你！"后来，邓恩对一份伦敦小报说道："电话一直响个不停：广播采访、纸媒采访。过了八个小时，我才能够挂断电话。他们问我，是否认为贝卢斯科尼先生应该道歉；我回答道，肯定应该！维罗妮卡受到了冒犯、伤害和羞辱。"

"贝卢斯科尼的确道歉了，"已经成为意大利图书圈子里常客的邓恩随后补充道，"但并没有诚意。我想这可能是耗资巨大的离婚大戏的第一章吧。事实果然如此。"

邓恩也许是对的，但在两年之后，维罗妮卡才对自己的丈夫发动了一波更为猛烈的进攻，包括通过媒体正式宣布自己打算离婚。

在正式离婚前的几年中，维罗妮卡通过多种渠道公开批评贝卢斯科尼，包括向媒体发布新闻稿，以及接受自己的传记作者采访。这在许多地方都引发了诸多不快。公开羞辱贝卢斯科尼似乎成了她最喜欢的刑具——也许在她看来，这是她最好的自卫手段。

对贝卢斯科尼而言，最大的痛苦发生在2009年，当时正在那不勒斯访问的总理出席了诺埃米·莱蒂齐娅（Noemi Letizia）的生日聚会，这名漂亮的十八岁内衣模特有志于成为女演员。尽管莱蒂齐娅的父母也参加了聚会，但媒体称早在十八岁生日前，贝卢斯科尼就已经认识她了。利用这次机会，维罗妮卡再次发起了进攻。

和此前的公开信相比，维罗妮卡这次动用的是核武器，仿佛她是在等待这样一个开战理由似的。在那不勒斯生日聚会后两天，意大利媒体对于十八岁的女孩亲昵地将贝卢斯科尼称为"爸爸"一事欣喜若狂；此时，维罗妮卡按下了发送键，在深夜向安莎社（ANSA）发布了一篇新闻稿。

至少可以说，这是非常规的举动。媒体正在传言她的丈夫将前歌舞女郎推选为意大利力量党的候选人，参加即将到来的欧洲议会选举。对此，维罗妮卡痛加斥责。

维罗妮卡实际上是在以最为公开的方式宣布这段婚姻走到了尽头。

"我无法与一个和未成年人交往过密的男人生活在一起，"维罗妮卡宣布，"我要拉下这段婚姻生活的幕布。"

维罗妮卡的唇枪舌剑维持了一段时间，猛烈地抨击这位曾在更衣室里为自己献上玫瑰的男人。这种做法起到了效果。她提起了离婚诉讼，数年后，两人就上十亿财产达成了离婚协议，她获得了每月一百四十万欧元的终身生活费。终于,维罗妮卡似乎乐于回归安静而奢侈的私人生活了。

如今,当谈起两位前妻时,贝卢斯科尼看上去依然十分不自在。

"我想,我与首任妻子——她是我头两个孩子的母亲——的关系一直是相互尊重、友好与充满感情的,到现在依然如此,没有例外。和第二任妻子的关系有所不同,可能是在别人的建议下,她采取了某些立场;如果现在她重新审视的话,也许不会这么做了。不过这些都过去了,毕竟她是我三个孩子的母亲,如今我们的关系是相互尊重与亲近的。"

谈到与五个孩子的关系时——在意大利媒体看来,这关乎他多达数十亿欧元的遗产将如何分割——贝卢斯科尼表示一切都很好。

"我们感情很好,相互爱戴和尊重,他们和我总是很亲近。他们对我说或是写给我的话十分动人。我竭尽所能地令自己配得上他们。不过一切都很好,非常自然,我们的关系中没有一丝虚假的成分。"

谈论女人似乎耗费了贝卢斯科尼很多精力,在聊了一个多小时后,他有些饿了。此时已经过了晚上六点,他走向家庭餐厅,推开一扇门,进入一间通往厨房的小屋。他在一张木桌旁坐下。他的私人厨师似乎十分在意让贝卢斯科尼严格遵照他现在的同居女友、二十九岁的帕斯卡莱规定的食谱进食。在享用了看上去非常健康的蔬菜汁后,贝卢斯科尼依然有些饿。终于,一个装满了薄脆饼干、配以辛辣的意大利软干酪的小盘子摆在了他的面前。

贝卢斯科尼吃着饼干,一位助手走了进来,建议他临时去附近小镇的竞选集会上露个面。前总理点头表示同意,接着继续吃起了饼干。屋外天色已暗,暴雨敲打着碎石子。保镖站在别墅的大门处，正在车道旁抽着烟。

此时，贝卢斯科尼又谈论起了国内政治和悬而未决的案件，感觉自己受到了法官出于政治动机的迫害。而对于任何与他共处过较长时间的人来说，这些话题都是司空见惯的。他指出："'性爱狂欢'案件只是过去二十年间我不得不经历的六十一次审判中的一次。我用于法律事务的开支高达数亿欧元。"他对被出庭、调查、作证、定罪、上诉、宣判无罪和再度上诉消耗掉的大量时间、金钱与精力感到十分痛惜。鲁比与"性爱狂欢"派对一案催生了另外的三十多起案件，其中一起案件的内容是，一位对前述案件结果感到不满的米兰法官指控贝卢斯科尼向三十三名辩方证人行贿，令其作伪证。

"担任总理期间，贝卢斯科尼在私生活问题上原本可以表现得更加慎重一些？"老友孔法洛涅里问道，"他当然可以表现得更加慎重。确实有几起风波是可以避免的。但事实上贝卢斯科尼做了些什么？这才是真正的重点。他是被以何种罪名指控的？招雏妓？得了吧！'性爱狂欢'派对？我们都知道贝卢斯科尼喜欢唱歌，喜欢娱乐，喜欢被许多人围绕着。但老实说，他是单身一人。他不再有妻子了；他是在私人空间里，是在自己家里。"

孔法洛涅里表示，所有这些风波当中，最令人感到困扰的一点还不是"性爱狂欢"派对。

"最令人感到惊奇的是，拜法官所赐，在相当长的一段时间里，前往阿尔科雷的所有人的电话都被监听了，就如同黑手党成员一样受到了电子监控。被监听的通话记录达二十五万多页。这才是我们国家最严重的反常现象，不是贝卢斯科尼吃晚餐时或许有几位女孩相伴,并且做着自己想做的事情;而是如今在我们国家,检察官可以监视任何人的全部私生活,仿佛他们是不法之徒一般。"

孔法洛涅里对调查法官追逐贝卢斯科尼的方式感到十分愤怒,这表明,如果说贝卢斯科尼与女人的关系不仅限于鲁比与"性爱狂欢"派对一案,那么针对他所采取的法律行动也不仅限于一系列监听。贝卢斯科尼与米兰法官早已是势不两立。在涉足政坛之初,甚至在此之前,贝卢斯科尼受到的指控和起诉就要多于《福布斯》富豪榜或是《财富》(Fortune)五百强榜单上的任何其他亿万富翁。他是世界上被起诉次数最多的亿万富翁和前总理。说他自1994年首次担任总理以来已经花费了数亿欧元的律师费,这是非常可信的。在意大利,人们将贝卢斯科尼与检察官和法官之间旷日持久的斗争称为"法官之战"(The War of the Judges)。人们很少就贝卢斯科尼究竟是有罪还是无辜展开争论。这个问题就和宗教一样,取决于你相信什么。

这场司法大战开始于1994年11月贝卢斯科尼在那不勒斯的联合国峰会上招待世界领导人之时。《晚邮报》头版关于贝卢斯科尼正因一起腐败案件被法官调查的惊人消息是导致他那仅仅维持了六个月的政府倒台的致命一击。这还引发了一场将在未来二十年内主宰贝卢斯科尼及其国家命运的史诗般的政治斗争。这是许多起调查与诉讼中的头一次,所有这些调查与诉讼都有着同一个名字:意大利人民诉西尔维奥·贝卢斯科尼。

第九章：贿赂、腐败与黑手党

"我不知道你是否注意到了，但我现在并不是很愉快。"

贝卢斯科尼并不是一位开心的露营者，他看上去既疲惫，又紧张。他抱怨着昨夜完全没能入睡。此时接近下午三点，他在圣马蒂诺别墅花园里的柚木桌旁已经坐了将近两个小时，耐心地回答着关于他所面对的六十一起调查、起诉与审判的问题。此时，人们对于这些惊人的指控已经十分熟悉了：行贿、腐败、洗钱、非法资助政党、伪造账目、税务欺诈、干扰证人、招雏妓，甚至是涉嫌与黑手党有染。

贝卢斯科尼对于意大利司法体系的运作方式非常熟悉。他认为自己如今算得上专家了。

意大利的司法体系比美国的复杂得多。尽管没有州与联邦检察官的区分，但根据一项可以追溯至《拿破仑法典》（*Napoleonic Code*）时期的制度，司法体系中的法官分为许多类别，首先是调查法官，他们可以展开调查、发出传票、下令监听和提出问讯。同一批法官还可以像检察官一样，请求上级——相当于美国的地方检察官和州检察官——提起诉讼。大陪审团没有用武之地，一切都被几位法官掌控着，他们展开调查，并决定提起诉讼和进行审判。除了谋杀等少数重罪之外，在意大利很少使用陪审团进行审判。多数情况下，初审时由一名法官宣判被告有罪或无罪，然后在二审时由三名法官作出判决。最后，和美国一样，在意大利也有最高法院。

意大利人与司法体系打交道的方式也与美国经验截然不同。在美国，州检察官如果要对政客或是华尔街（Wall Street）的人物提起重大诉讼，通常会召开新闻发布会，将所有信息都清晰地公之于众。在意大利，尤其是在调查政客时，几乎所有信息都是通过系统性的泄密发布的，夹杂着真相与流言；证人证词和监听电话的文本早在起诉之前——常常是还在调查阶段——便登上了报纸的版面。多数政客在一审判决之后甚至根本不认为自己有罪，贝卢斯科尼同样如此。这是因为在意大利的司法体系中，只有在所有上诉都已经耗尽之后，被告才被认为是有罪的；被告常常不停地提起上诉，直至最高法院；案件经常能够拖延至十多年之久，在此期间，诉讼时效有可能会过期；贝卢斯科尼的多起案件都是如此。

此时，贝卢斯科尼正轻描淡写地谈论着对于其他任何人而言都是噩梦般的时刻。他如何能够依然带着交际高手般的笑容，做着鬼脸，偶尔发出一声叹息，表达出自己的疲惫、沮丧与不适？他如何能够面对一系列此前从来不愿意接受的问题，这些按时序排列的问题将触及最严重的指控：他和最密切的亲信及顾问与西西里黑手党有染？他如何能够回忆与意大利司法界长达二十五年的漫长斗争中最黑暗的时刻，应对随之而来的情绪压力，并几乎从不畏缩？练习。答案就是练习。这些年来，他多次练习过回答法律问题；显然，他对自己版本的这一系列事件深信不疑。

他发誓称自己毫无隐瞒，脸上带着不屑的表情，远方的小鸟正在叽叽喳喳。他看上去很不耐烦，他的面孔有时候显得冷酷，有时候又显得疲惫。他从小塑料杯里抿了一口水，梳了梳头发，调整了坐姿，准备开始对话。第一个问题被提出后，贝卢斯科尼猛然挺直了身子。他露出了那种百万美元笑容——或者，这是他的面具？他的脸颊像是被设定了默认程序，他的笑容似乎在说，所有这些刑事指控都是无稽之谈。

他有一首保留曲目，其中最关键的副歌就是这一咒语：所有针对他的刑事案件——针对他本人、他的公司、家庭、顾问、经理、律师、朋友——都是意大利司法界一小群好斗的检察官谋划已久的左派阴谋的一部分，他们的目的在于扳倒他。无疑，在贝卢斯科尼心中，他坚定地相信这是唯一的真相。在和朋友在一起的最私密场合里，他会谈起针对他的某个案件中某个检察官和某个审判长是左派活动分子，或是出于政治动机反对自己。他能够告诉你哪位总统在哪一年为哪个法庭任命了哪位法官。他会谈及上层的资深法官和政客是如何将决定起诉谁与定谁的罪的政治信号传达给法官的。他细致地研究了十来位多年来一直与自己为敌的法官，以及他们可能的政治保护人。这就是他的本领。

此时，他脸上的笑容看上去有些像塑胶黏土。当这位上了年纪的亿万富翁开始再次回忆生命中最痛苦的篇章，回忆数十年来那些似乎没完没了的起诉与审判时，这种笑容仿佛又是一种真正的应对机制。

人们一般认为贝卢斯科尼法律上的所有麻烦都始于1994年的那不勒斯联合国峰会。然而，贝卢斯科尼在椅子上向后挪了挪，露出里根式的笑容，带着古怪的自豪感宣布：早在进入政坛之前很久，他便被调查了，那是在1960年代。他似乎将与司法界的漫长斗争视为一枚荣誉勋章。

贝卢斯科尼用第三人称说道："如果你回到企业家贝卢斯科尼的那段岁月，你会发现，早在五十多年前的1960年代，司法调查就已经开始了。从1965年开始，我们就接受了许多调查。无论是早年成为米兰冉冉升起的商界新星时，还是后来成为总理后，法官对我的痴迷简直不可理喻。"

稍后在1979年，贝卢斯科尼仍是飞速蹿升的大亨，"米兰二号"花园城市项目的成功令他第一次成为亿万富翁。此时，他在米兰的几家公司被怀疑有偷漏税行为。问讯贝卢斯科尼的是意大利财政卫队（Guardia di Finanza）的警长马西莫·贝鲁蒂（Massimo Berruti）。贝鲁蒂对贝卢斯科尼的公司埃迪尔诺德的调查很快就结束了，他并未提出任何指控。不久之后，在1980年，贝鲁蒂离开了税务当局，成为了一名在贝卢斯科尼的菲宁维斯特集团工作的律师。两人的关系越来越密切，1990年代时，贝卢斯科尼终于帮助贝鲁蒂以意大利力量党候选人的身份当选了议员。

贝卢斯科尼否认曾于1979年向贝鲁蒂行贿，让他在税务检查时睁一只眼闭一只眼。他否认税务官贝鲁蒂高抬贵手与他成为自己旗下集团的一名律师之间有任何联系。没有任何联系，愤怒的贝卢斯科尼说道。

"贝鲁蒂?他前来检查税务,没有发现任何问题。就和我的公司接受过的上百次税务检查一样,没有任何问题。我了解了他,并很喜欢他。后来他从财政卫队辞职了,成了米兰的一位律师,再后来他表达了从政的愿望,我们让他成为了一名候选人。他赢得了选举,这些年来他都是位了不起的政客。"

自贝鲁蒂从税务当局辞职,到他被贝卢斯科尼雇用,相隔还不到十二个月的时间。检察官一直都认为这非常蹊跷,有待解释。现在,贝卢斯科尼想要排除任何其他解释。

"所有怀疑都与现实相去甚远。"贝卢斯科尼信心十足地表示。他回头看了看出现在远方的人影,说道:"一派胡言。"

有个人正在别墅的门廊处向外看:贝卢斯科尼的同居女友帕斯卡莱正在注视着自己的"主席"。她正在和一位朋友聊天,并用余光关注着贝卢斯科尼,时不时地将网球扔到草地上,让她的白色贵宾犬杜杜(Dudù)去追逐。

贝卢斯科尼顿了顿,又露出了微笑。当听到"黑手党"这个词时,他脸上露出了一丝不悦的神色。但他并没有回避,即使在被要求解释维托里奥·曼加诺(Vittorio Mangano)的离奇案件时,依然保持着笑容。贝卢斯科尼在1970年代雇用了这名黑手党杀手,让他担任圣马蒂诺别墅的管理员。

针对贝卢斯科尼的许多最黑暗的指控中都出现了曼加诺的名字。这里提到的案件是关于他与西西里黑手党的长期关联。

意大利法庭判定,与黑手党牵线的中间人是贝卢斯科尼的昔日同窗与得力助手德卢特里。德卢特里来自巴勒莫,与贝卢斯科尼在米兰一同学习法律期间成为了他的朋友。在1970年代,他担任了贝卢斯科尼的私人助理,随后逐步晋升到埃迪尔诺德、菲宁维斯特和梅迪亚塞特的高级职位,之后又作为意大利力量党候选人先后当选众议院和参议院议员。也许除了高中时即结下友谊的孔法洛涅里之外,没有人比德卢特里与贝卢斯科尼更加亲近了。

德卢特里刚步入政坛,与黑手党有染的指控立刻浮出了水面。调查进行过程中,巴勒莫检察官办公室开始向外泄密,意大利媒体圈里的贝卢斯科尼批评者立刻认为,德卢特里毫无疑问是贝卢斯科尼与黑手党的中间人。这引发了一系列诽谤诉讼。多数意大利人对于黑手党支持政党这种指控并不感到震惊。前总理安德烈奥蒂曾以和德卢特里相同的罪名被起诉,但由于法律上的技术问题得以脱身。

当意大利力量党在西西里的选举中取胜后,左派评论员对贝卢斯科尼的政党如何取代了此前获得岛上多数黑手党选票的天主教民主党进行了分析。德卢特里是多起黑手党调查的对象,他被指控与黑手党有染、能够搞定任何事情、获取了保护,甚至用政治回报换取选票。他否认了所有指控。

意大利最高法院最终宣判德卢特里与黑手党"勾结"的罪名成立。法庭判决表示,德卢特里曾于1974年策划了贝卢斯科尼与黑手党之间的一项协议。法庭称,协议的内容是"贝卢斯科尼付一大笔钱,换取巴勒莫黑手党提供的保护"。

德卢特里最早于1996年被指控代表贝卢斯科尼与黑手党勾结,在八年后的初审中被宣判有罪。但在意大利法律下,这并不被视为决定性的有罪判决。在被首次起诉的十四年后,他于2010年的上诉中再次被宣判有罪。但在意大利司法体系里,这同样不被视为决定性的判决。直到2014年,最高法院才最终确认德卢特里与黑手党勾结的罪名的确成立。

2014年春季,在经过了耗时十八年的审判与上诉后,德卢特里最终被宣判有罪,并被处以七年徒刑。此时他却突然消失了,后来他声称自己在贝鲁特接受心脏治疗。国际刑警组织(Interpol)发出了逮捕令,意大利要求黎巴嫩引渡德卢特里。2014年4月,德卢特里在贝鲁特的一家豪华酒店里被黎巴嫩警方逮捕。他于6月被遣返回意大利,终于开始服刑。

对于贝卢斯科尼而言,德卢特里的定罪对自己构成的最大损害在于法庭对曼加诺初到阿尔科雷之时情景的描述。当时,他还不是被定了罪的黑手党杀手——二十年之后,在1990年代他才被定罪——但曼加诺已经身背犯罪记录了。如贝卢斯科尼所说,曼加诺是德卢特里的一位来自巴勒莫的朋友,当时他正在管理一支小规模的足球队;德卢特里决定用贝卢斯科尼的金钱赞助这支球队。

最高法院的判决表示——得益于德卢特里办公室的清晰记录——1974年时,贝卢斯科尼在米兰市中心的一间办公室会见了西西里黑手党教父们的教父,斯特凡诺·邦塔特(Stefano Bontate)。德卢特里也在场,并为两人作了介绍。德卢特里否认他曾见过邦塔特这位1970年代的柯里昂教父(Don Corleone)。① 最高法院的判决表明,这场会面曾发生过,而且曼加诺正是在贝卢斯科尼与邦塔特会面之后来到了阿尔科雷;他不仅仅负责看管庄园、照看赛马和马厩,还为贝卢斯科尼一家提供保护。曼加诺常常在早上送贝卢斯科尼的孩子上学。渐渐地,他成为了贝卢斯科尼一

---

① 柯里昂教父是小说与电影《教父》中虚构的黑手党首领。

家的朋友以及被信赖的领班。

贝卢斯科尼一直否认曾与黑手党教父见过面。虽然愤怒,但他依然挤出了一丝笑容。他坚称自己生命中与黑手党只有过一次接触,尽管最高法院的判决并不这么认为。

贝卢斯科尼说道:"事实上,在1970年代我是意大利最高调的企业家。当时,黑手党经常绑架富人的孩子。有一次,一位名叫路易吉·丹杰里奥·迪圣阿加塔(Luigi d'Angerio di Sant'Agata)的亲王来别墅做客。就在结束晚宴离开之后,他险些遭到了绑架。"

此时,贝卢斯科尼压低了声音。

"一开始,我们收到了恐吓信,我们交给了警察。"贝卢斯科尼回忆道,"有人威胁要绑架我五岁的儿子,皮耶尔·西尔维奥。当时,我带着妻子和孩子迂回着穿越了好几个欧洲国家,希望摆脱追踪。我让他们在西班牙安顿了几个月。我常常在周末去看望他们,总是先飞往法兰克福(Frankfurt)或是伦敦,以免被人跟踪。过了一段时间后,我把他们带回了阿尔科雷,我们雇了许多安保人员,还购置了防弹装甲汽车。但我的妻子依然很担心,所以我们决定不再送孩子上学了,就让他们在家里读书,我们将许多教授请到阿尔科雷来。"

贝卢斯科尼扬起了眉毛,瞪大了一只眼睛,似乎要强调接下来的话。

"我的孩子在家里上学,直到高中毕业。"他带着惋惜之情说道,"他们完全错过了与同龄人交流的机会,对于所有孩子而言,这本应是非常重要的一段成长经历。"

"不，"贝卢斯科尼说道，"曼加诺不是作为与黑手党的保护协议的一部分被德卢特里带到阿尔科雷来的。即使最高法院的判决这么说，这仍然是虚假的，不是事实。"他不在乎。他记得不是那样的。那么，贝卢斯科尼究竟为什么要雇用曼加诺这样的人呢？在1970年代时他也许还不能被算作黑手党杀手，但对于消息灵通的人来说，他依然被认为与西西里著名的黑手党家族有着密切的联系。

此时，贝卢斯科尼的神情变得有些恼怒了。怒气就像皮肤上的斑点一样，从笑容下面溜了出来。他的语气是不容置疑的，虽友好但平淡。

"我们当时并不知情。"贝卢斯科尼咧嘴笑着回忆道，"雇用曼加诺时，我们没有理由怀疑他与黑手党有染。重点就在这里。买下这处房产后，我们需要找个人来管理。我们希望这个人擅长养马，因为我们马厩里有十到十二匹赛马。我们查阅了分类广告，但找不到合适的人选。然后，我的私人助理和朋友德卢特里想起在巴勒莫认识一个擅长养马的人。德卢特里之所以认识这个人，是因为他曾在自己的足球队工作过，帮助孩子们离开街头。德卢特里给他打了电话，问他有没有人选可以推荐。他说道：'好吧，如果是贝卢斯科尼的别墅需要人，那我就亲自过来吧。'整个故事就是这样。"

此时，贝卢斯科尼大笑了起来。他谈起自己的庄园经理时，语气是温暖的，充满了感情与尊重。

"他在这里住了下来，把妻子、两个孩子，甚至老母亲都接了过来。他的孩子和我孩子的岁数差不多大。"贝卢斯科尼的语气十分怀旧，"他每天都送孩子去幼儿园，完美地履行着自己的职责。

有一天,他得到了一个坏消息,有一起破产案需要他处理。他从此离开了阿尔科雷。但他仍然是德卢特里的朋友。"

贝卢斯科尼平静了下来。

"显然他受到了一些不良影响,受到了许多指控,但他一直表示在这里度过的时光是'我生命中最安宁的一段日子'。我会告诉你一切是如何结束的。他被定了罪,在狱中他患上了癌症。有人告诉我,调查法官每周都前去对他说:'如果你告诉我们贝卢斯科尼及德卢特里与黑手党的关系,那么你今天下午就可以回家了。'"

贝卢斯科尼停了下来,面色严肃,因为在他心目中,这个故事是勇气的象征。

"他总是对律师和孩子们说,在阿尔科雷度过了一生中最平静的六个月,他不能只是为了离开监狱就编造有关贝卢斯科尼的故事。你知道什么时候他们终于放他出狱了?"

贝卢斯科尼向前倾了倾:"直到他去世的前一天,他们才放他回家。"

贝卢斯科尼说出最后一个字时,语气中明显带着悲痛,这既是在对曼加诺表示赞赏,也是对这名黑手党成员在狱中身患癌症时依然受到法官的骚扰感到痛惜。贝卢斯科尼叹着气。对法庭而言,曼加诺也许是有罪的黑手党杀手和毒贩,但对于贝卢斯科尼而言,他直到最后一刻一直是一位忠诚的朋友。

贝卢斯科尼的神色显然表明,他认为曼加诺是个好人。贝卢斯科尼发誓称,自己从来不知道曼加诺可能与黑手党有关联。至于德卢特里,贝卢斯科尼发出了表示赞许的笑声,随后大笑起来,开始施展自己的魅力。

"他是你能够想象到的最出色的人物。"贝卢斯科尼说道,仿佛在谈论一位天使。

他继续滔滔不绝地讲述着德卢特里的美德。

"他受过非常好的教育,是一位藏书专家,能够背诵《神曲》(Divine Comedy)。他有个美满的家庭,有四个美丽的孩子。他是主业会(Opus Dei)的成员,是一名虔诚的天主教徒。他广受工作人员的爱戴与尊敬。我确信,他被定罪和入狱的唯一理由就是他是我的朋友。"

贝卢斯科尼依然在微笑,但显然他再次愤怒了。他捍卫了他的朋友,捍卫了他的友谊。面对下一个问题,他表现得放松多了。人们还在怀疑他财富的起源,他认为这实在是太奇怪了。几十年以来,意大利媒体以及上十位检察官一直在耳语,称贝卢斯科尼早年的房地产项目资金来自神秘的瑞士资本,金钱从著名的避税港湾卢加诺向南流动,越过阿尔卑斯山(Alps),来到米兰。媒体还曾数次大声质疑:这是黑手党的钱吗?为什么来自瑞士?谁是贝卢斯科尼的秘密资助者?

"是的,我们一开始的确受到了卢加诺信托基金的资助。因为我们拥有投资人,例如拉西尼先生,他是我父亲所在的拉西尼银行的老板。这些投资人在瑞士的账户里有合法存款。他们把钱从瑞士转了过来。可是你知道……"贝卢斯科尼停了下来,摇了摇头,"你知道,调查实在太多了。不只是法官,记者也在调查。调查非常多。但他们没有发现任何违规行为。"

贝卢斯科尼短暂地抬头看了看,似乎在确认自己表明了论点,然后又继续解释道。

"我们的账户没有任何问题,"贝卢斯科尼坚称,"当时,我们的税务律师建议在意大利设立公司,由外国资本提供资金。我们这样做是听从了他们的建议,纯粹出于税务方面的考虑。于是我遵从了投资人和税务律师的意愿,他们从临近的瑞士将资本注入过来。"

当贝卢斯科尼提及父亲昔日所在银行的雇主拉西尼时,他的语气充满了敬意。他曾是贝卢斯科尼父亲的老板。巴勒莫和米兰的检察官花了多年时间,试图证明贝卢斯科尼的生意与黑手党之间的财务联系正是通过拉西尼银行实现的。1980年代和1990年代的调查中的确浮现了一些著名的黑手党账户持有人的名字,但此时贝卢斯科尼的父亲已经退休了。

"卑鄙的一派胡言。"贝卢斯科尼不屑地说出这几个字,"绝对是我的敌人和嫉妒我的人传出的无稽之谈。"

贝卢斯科尼的敌人是由法官、检察官、调查记者组成的一支虚拟部队。他们也许必须承认自己无法证明黑手党和拉西尼银行之间有着直接联系。事实上,是一位雄心勃勃的西西里法官就黑手党与拉西尼银行之间的关系对贝卢斯科尼展开了调查,调查在一年之内便结束了。这位法官后来成为了一名极左派政客和贝卢斯科尼的主要批评者。

涉及贝卢斯科尼另一位密友的行贿和腐败案件情况就与此不同了。这位密友是他的私人律师、意大利力量党的共同创建者、该党议员以及贝卢斯科尼第一届政府的内阁成员。

律师普雷维蒂被指控向一名罗马法官行贿,令他在贝卢斯科尼与卡洛·德贝内代蒂(Carlo De Benedetti)争夺蒙达多里出版帝国一案中作出有利于前者的判决。此案事发于1995年，米兰的一位社交名媛斯特凡妮娅·阿廖斯托女伯爵（Countess Stefania Ariosto）既是贝卢斯科尼一位律师的女友，又是普雷维蒂的密友。有一天，她来到米兰检察官办公室，向检察官表示自己听到了普雷维蒂谈论向罗马法官行贿以影响蒙达多里案件一事。对普雷维蒂的调查、起诉与审判随即展开，持续时间长达十二年。终于，最高法院于2007年宣判普雷维蒂向罗马法官行贿二十万欧元罪名成立；这名罗马法官受贿罪名同样成立，并被判入狱。

贝卢斯科尼倾听着他的朋友因行贿与腐败受到的一长串判决，但丝毫没有受到惊吓。相反，他先是流露出了一丝笑意，随后露出了灿烂的笑容。他像里根一样左右摇晃着脑袋，似乎在表示反对。

"这和所有涉及意大利司法界的故事都是一样的，都是完全虚假的。"贝卢斯科尼言简意赅地说道，随后便停了下来。他知道不必再重复好斗的左派法官这一论题了。

他认为法庭上呈现的作为普雷维蒂定罪依据的证据全部都是虚假的、捏造的？全部都是？

"我不知道该选择哪个词。"贝卢斯科尼叹息着说道。此时，有那么一到两秒钟，他再次显得被激怒了，尽管他很好地掩饰了自己的情绪。"我并不厌恶这个话题。"他突然评论道，张开了双臂，似乎在表明自己没有什么可隐瞒的。"我对于自己这些年来的行为没有任何怀疑，"他的自尊心似乎受到了伤害，"我经历了六十多次审判，只有一次他们成功地定了我的罪。我们稍后再谈这一点。"

"我算了算，过去二十多年间，我经历了六十一个案子、超过三千次庭审。自从1994年我进入政坛以来，每个周六、周日，甚至周一早晨，我都在和律师一起为提供法庭文件和出席审判做准备。过去二十年间，我花在法律事务上的费用几乎达七亿美元。相信我，这可是一大笔钱！"

事实上，七亿美元律师费用听上去的确是一大笔钱。不过，贝卢斯科尼自己的律师确认了，他其实是在数十年间花费了这笔用于与个人和公司相关案件的费用。尽管如此，无论你将什么扔向贝卢斯科尼，他立刻就会予以还击。黑手党、贿赂、腐败。那么，贝卢斯科尼为老友克拉克西提供六百万欧元①资金一案又是怎么一回事呢？贝卢斯科尼最初被宣判罪名成立，而前社会党总理的政治生涯以耻辱和流亡告终。这次审判涉及由多个金融公司构成的复杂的离岸网络。贝卢斯科尼于1998年7月被判罪名成立，并被处以两年零四个月徒刑。贝卢斯科尼的罪名是通过菲宁维斯特集团向全伊比利亚公司（All Iberian）——这家离岸公司位于英法之间海峡群岛（Channel Islands）中的避税港泽西岛（Jersey）——转移资金，然后再从全伊比利亚公司将资金转移至由前总理克拉克西控制的一个瑞士离岸账户。2000年，随着七年半的诉讼时效过期，有罪判决被取消了。

这一次，得益于时间的流逝，贝卢斯科尼才免于被最终定罪。在2001年再度当选总理之后，贝卢斯科尼之所以能够从好几个案件里脱身，也是拜诉讼时效过期所赐，而不是由于案件本身的原因。总的来说，贝卢斯科尼一共被七次定罪，但只有一次是终审判决；

---

① 作者注：第三章曾提到贝卢斯科尼被指控向克拉克西的离岸账户打入了约一千一百万欧元。但在此案宣判时，第一笔五百万欧元的诉讼时效已过，因此涉案金额仅为剩下的六百万欧元。2000年时，剩下的六百万欧元的诉讼时效也过期了，于是贝卢斯科尼被宣判无罪。

由于诉讼时效过期，他总共七次从案件中脱身，或是判决被取消；他总共九次被宣判无罪；另外有三十五起案件以检察官在审判之前撤诉告终；时至今日，他依然面临着数起悬而未决的案件。

意大利的司法体系运转不畅，一个人需要经历繁冗的上诉程序、延期、首次上诉、第二次上诉以及最高法院裁定，才会获得最终判决，这一过程总共长达十到十二年之久。因此，辩护律师试图通过拖延时间令诉讼时效过期，这种做法并不罕见。向克拉克西转移资金一案就是如此。

"啊，那个案子？"贝卢斯科尼面无表情地耸了耸肩，"有罪判决只不过是初审法庭作出的……这种定罪只不过是针对我的常规政治宣传的一部分。"

菲宁维斯特集团向克拉克西转移资金——根据贝卢斯科尼的说法，并未转移资金——一案，只是一系列针对贝卢斯科尼的审判所提出的许多指控的一部分。根据涉嫌转移资金的控股公司的名字，这一系列审判被称为"全伊比利亚"案。这家公司的注册地是海峡群岛中著名的避税港泽西岛。帮助贝卢斯科尼设计出复杂的控股公司结构和离岸银行账户的人物是著名的伦敦律师戴维·麦肯齐·米尔斯（David Mackenzie Mills）。他是一名专门为意大利公司服务的企业律师，他的妻子特莎·乔韦尔（Tessa Jowell）是布莱尔内阁的一位大臣，是一位善于交际的女士。

令布莱尔圈子和伦敦上流社会的人物感到难堪的是，米尔斯被指控从贝卢斯科尼处受贿六十万美元，作伪证并否认他曾创建离岸公司网络。与此同时，贝卢斯科尼本人被指控向证人行贿。英国文化大臣乔韦尔是布莱尔的忠诚下属，前途一片光明的她当时正在负责2012年伦敦奥运会的筹备工作。当"全伊比利亚"丑闻于2006年爆发后，她与丈夫分居了。她称自己对六十万美元的款项一无所知，她将这笔钱称为贝卢斯科尼的"馈赠"。英国媒体开始全速运转，声称乔韦尔之所以与丈夫分开，只是为了政治前途做做样子。最终，英国首相布莱尔的一位发言人发表了一份声明，称布莱尔对米尔斯此时已经分居的妻子依旧"满怀信心"。时隔六年，当意大利的所有审判程序全部结束之后，米尔斯夫人终于与丈夫破镜重圆。

2009年初，米兰一家法庭判决米尔斯接受贝卢斯科尼贿赂并在1997和1998年的腐败案审判中作伪证罪名成立，并对他处以四年半有期徒刑。当时仍是内阁大臣的乔韦尔表示："尽管我们分居了，但我从未怀疑过他的清白。"2009年的晚些时候，一家上诉法院维持了有罪判决，于是米尔斯向最高法院提起上诉。诉讼时效于2010年年初过期，根据意大利法律，这意味着他的有罪判决随之失效。随后，希望在2016年竞选伦敦市长一职的乔韦尔向媒体表示，意大利法庭"宣布"她的丈夫"无罪"。

至于与米尔斯一同被起诉的贝卢斯科尼，他也不再是被告了。2008年时，他正执掌着自己的第四届政府。议会通过了一项法律，规定总理以及其他三名政府高级官员在位期间享有不受法庭审判的豁免权。一年之后，最高法院宣布这项法律违宪，但在2012年年初，诉讼时效为贝卢斯科尼解了围。那么，贝卢斯科尼是否曾向米尔斯行贿？

贝卢斯科尼微笑着，仿佛在主持奥斯卡颁奖典礼。他的眼中闪烁着欢笑，但他的笑容中透露着被动的侵略性。

"这只是一则大谎言。"他说道,"事实上,有一次米尔斯曾在审判中给出了对我们不利的证词。人们怎么能觉得菲宁维斯特集团会向一位敌对的证人付钱呢?和其他所有东西一样,这也纯粹是无稽之谈。"

想到这名英国律师,贝卢斯科尼提出了这样一种观点。

"也许在国外,这件事对我造成的损害更大,"他说道,"因为人们不知道意大利法官扮演的政治角色。在意大利,这件事根本不重要,没有任何意义。"

对贝卢斯科尼以及全意大利而言,有意义的是他的政府这些年来引入的一系列法律。这十来项法律看起来常常是为他个人面对的麻烦量身定做的,例如将伪造账目合法化、缩短诉讼时效、赋予总理诉讼豁免权、允许总理和其他高级官员因日程繁忙和身居高位不出庭等法律。意大利的贝卢斯科尼批评者将所有这些称为"诉诸人身"(ad personam)的法律——这个拉丁语词汇的意思是个人化的或量身订制的。贝卢斯科尼的批评者称,这位亿万富翁是利益冲突活生生的体现;作为总理,他的政策促进了自己的商业利益,并且过多地关注了自己面临的法律麻烦。批评者称,他更在意的不是曾向选民承诺过的里根式的大幅度减税和创造就业机会的经济改革,而是通过立法让自己逃避法律的制裁,或是保护自己的传媒帝国。

对于在二十年时间里通过的十三项此类法律,贝卢斯科尼如何解释?他不做解释。他单调地重复着同一个单词来进行反驳。

"无稽之谈。无稽之谈。完全是无稽之谈。"

贝卢斯科尼这样说时脸上带着灿烂的笑容,事实上他在尽量忍着不笑出声来。他既不屑一顾，又显得有些欢快，也许是因为此时的他是政客贝卢斯科尼，而不是被告贝卢斯科尼吧。他很乐于解释为何将伪造账目合法化。

"这是一件正确的事情，"贝卢斯科尼声称，"因为这有利于保护意大利的商业免受任何有敌意的老派检察官的攻击。"

缩短诉讼时效的法律又如何呢？这些法律曾经数次为他解围。

他说道："在意大利，案件可以没完没了地拖下去，这太荒谬了。这都是因为我们的制度里程序太过复杂。"

贝卢斯科尼顿了顿，揉了揉眼睛。他提高了音量，既是在开玩笑，又显然是因为被激怒了。他第一次抱怨了起来。

"我不知道你是否注意到了，但我现在并不是很愉快。"

随后，就如同正在进行竞选集会一样，贝卢斯科尼突然爆发了。他再次提高了音量，抑扬顿挫的语调从容不迫、节奏分明，听上去就像音乐一样。喷涌而出的意大利语像歌曲的旋律一样，表达着歉意与误解。

贝卢斯科尼说道："唔，我并不是要抱怨，或是要指责你。真的，我只是开个小小的玩笑。我只是想说，我之所以不很愉快，是因为这次对话迫使我回想起了这么多年来、这么长时间以来，为了捍卫我自己，我不得不说、不得不做的所有事情。"

贝卢斯科尼的脸色阴沉了下来，他的玩笑完全没有达到效果。此时只有一件事可做了，他露出了善意的微笑，再次表达了歉意。他看上去筋疲力尽了。他在这里已经坐了将近两个小时；工作人员正在圣马蒂诺别墅花园里的柚木桌附近专注地等待着；帕斯卡莱在距离门廊不远处的草坪上散着步，扔出东西让贵宾犬杜杜和新到访的一只个头不大的白色母贵宾犬杜迪娜（Dudina）拾回；一名神情紧张的助手匆匆走近贝卢斯科尼，递上一杯矿泉水；他抿了一口，然后将杯子递回，按了按自己的颈部。

在一系列的案件、审判、数亿元律师费、指控、起诉、"诉诸人身"的法律之后，贝卢斯科尼怎么还能指望人们会认为他是彻底清白的，只是政治迫害的受害者呢？他怎么能声称自己从来没有做错过任何事？想必他会承认些什么吧？

贝卢斯科尼微笑着，仿佛刚刚步入深夜脱口秀的节目现场。他对于问题毫不在意。他和往常一样十分镇定，事实上，他显得相当欢快。他似乎对于有发言的机会感到相当满意，他似乎准备歌唱。此时，在寂静的阿尔科雷别墅里，他讲述着经过自己提炼的历史，总结着与意大利司法界长达数十年的战争，只有偶然间飞过的燕子的吱吱声曾打断过他。他怎么能声称自己从来没有做错过任何事？

贝卢斯科尼开口了，就像在从《旧约》里引用章节一般。

贝卢斯科尼说道："事实上，所有审判都源于这一事实：意大利司法界内部有这样一个派别，他们的使命就是利用法庭和司法制度来实现社会主义，这意味着消灭任何妨碍左派夺权的人物。当我决定从政时，这些法官简直疯了。此后，他们变得愈发疯狂，竭尽所能地试图将我清除出政坛。他们尝试了许多次，许多次。"

批评者可能会认为，贝卢斯科尼对自己的宣传信以为真了。但同样显而易见的是，他相信自己所说的话。这位亿万富翁站了起来，带着厌战但依然镇静的神色。他挥手让工作人员离开，接了一通短暂的电话，前去问候了帕斯卡莱，然后急匆匆地步入别墅参加会议。此时，餐厅变成了布满Excel表格的临时数据室，十来位顾问、翻译、律师和投资银行家刚长途跋涉来到阿尔科雷，代表一位意图收购AC米兰俱乐部的神秘亚洲买家，正在此等候着他。在贝卢斯科尼的生命中，今天仅仅只是又一天而已。

第十章：利比亚事件——饕餮、豪饮与杀戮

"我不想落得萨达姆那样的下场。"

卡扎菲上校一边在沙漠中啜饮着茶水，一边向自己的朋友贝卢斯科尼敞开心扉。

这位上校身着的是他最艳丽的服饰，一件亮黄色的杰拉巴长袍（Djellaba）。在一座装有空调的巨大帐篷里，他正在用一顿典型的奢华午餐招待意大利总理贝卢斯科尼。这座帐篷是利比亚首都外围军事设施的一部分。诸如这顿午餐的沙漠里的奢华活动已经成为了卡扎菲的标志。

那是2004年2月10日，一个温暖的冬日，贝卢斯科尼成为了利比亚摆脱孤立地位以来，首位拜访卡扎菲的西方大国领导人。

卡扎菲对贝卢斯科尼说道："当看到萨达姆从地洞里爬出来的画面后，我就决心不要成为下一个此类人物。"

对于能听到他们对话的人来说，这名利比亚强人看上去十分真

诚。此前不久，意大利总理刚刚对卡扎菲于2003年12月宣布放弃恐怖主义和核武器项目表示了赞赏。贝卢斯科尼相当直率地向利比亚独裁者问道，是什么令他改变了主意。这就是答案。

两位领导人冲着镜头微笑着，但贝卢斯科尼与口若悬河的利比亚领导人相处得并不容易。每当贝卢斯科尼为墨索里尼时期意大利殖民占领利比亚的暴行表示歉意，这位上校总是会要求一定的赔偿。在卡扎菲与西方的接触中，金钱与自负同样重要。

贝卢斯科尼试图利用这个机会做成尽可能多的事情，他正试图说服利比亚领导人同意一项颇具争议的计划：在北非设立处理难民的接收中心，止住不断乘小艇登录西西里海岸的人流。他代表意大利提议在的黎波里（Tripoli）建造一所价值六千万欧元的医院。但卡扎菲心中的价码更高，他希望意大利人捐赠并修建一条长达一千七百公里的现代化高速公路，将埃及和突尼斯之间的沿海路段连接起来。他试图说服贝卢斯科尼同意这个项目，以此证明意大利对利比亚的情谊。他还发表了一番长篇大论，表示意大利可以为殖民历史赎罪，捐赠这条高速公路，并在地中海沿岸建设旅游胜地。贝卢斯科尼退缩了，修建高速公路的成本比修建医院高二十倍。卡扎菲向来擅长进行拉锯战，在这一点上，贝卢斯科尼与他可谓是棋逢对手。交际高手贝卢斯科尼施展起魅力，最终交易达成了。如同此后英国和法国将竞相追逐的无数石油与天然气生意一样，意大利和利比亚之间频繁的商业外交也是2001年至2006年这段卡扎菲从"头号公敌"变为盟友的转型过程的背景音乐的一部分。经过了数十年的敌对，利比亚与西方逐渐恢复了友好关系，在这段忙碌的时期里，合约与金钱成为帮助意大利与利比亚达成和解的货币。对于英国及其喜爱冒险、亲近华盛顿的首相布莱尔而言，一个月之后，他也访问了利比亚，而情况同样如此。

卡扎菲传递的全部都是正确的信号，而且他直接将这些信号传递给了对他最为有用的三位西方领导人：小布什、布莱尔，以及贝卢斯科尼。卡扎菲的儿子赛义夫·伊斯兰（Saif al-Islam Gaddafi）及利比亚政府官员与美国中央情报局和英国情报机构军情六处（MI6）的特工进行了数月之久的秘密会谈。卡扎菲对基地恐怖组织袭击世界贸易中心的行为表示了谴责。2003年12月，卡扎菲同意达成一项协定，令利比亚放弃所有核武器与大规模杀伤性武器项目。利比亚人是现实主义者。对西方来说，无论是就宣传而言，还是就新的商业机遇而言，这都是出乎意料的胜利。2003年圣诞节前夕，小布什和布莱尔在同一天发表了面向全国电视直播的欢欣鼓舞的讲话，宣布卡扎菲放弃了核武器项目。在布莱尔主政时，伦敦总是与华盛顿步调一致。

"对利比亚而言，这无疑是个转折点。"卡斯泰拉内塔回忆道，2004年2月那个尘土飞扬的日子里，在卡扎菲帐篷里举行的午宴上，他正坐在贝卢斯科尼身旁。这位前外交顾问还记得，当谈到萨达姆在"红色黎明"行动（Operation Red Dawn）中于提克里特（Tikrit）被捕时，利比亚领导人显得多么害怕和疲惫。此时距离2003年12月中旬萨达姆从地洞中爬出的日子仅仅过去了八周。

"卡扎菲真的不想落得萨达姆那样的下场，他对贝卢斯科尼正是这么说的。"这位前助手回忆道，"他们把我们带进了沙漠里的这座帐篷，奉上了十分可怕的肉汤。那道菜是用羊肉做的，配料是黏稠的番茄酱和各种香料。我几乎完全吃不下。贝卢斯科尼和卡扎菲坐在一起，表现得彬彬有礼。他试图在意大利和利比亚之间搭建桥梁，试图让卡扎菲变得更加温和、理性。在那顿午宴上，我们显然意识到，卡扎菲希望放下过去，向西方展现出更具合作性的态度。"

的确，得益于布莱尔和贝卢斯科尼的幕后外交努力，2004年的卡扎菲已经不再是西方面临的威胁了，他变得非常具有合作性。利比亚领导人观察到了冷战结束后历史的一道长弧。他看到了苏联的崩溃，见证了巴勒斯坦人和以色列人坐到同一张谈判桌上，注意到了伊斯兰极端主义的扩散，意识到了这种扩散对自己的生存构成的威胁。他希望避免萨达姆的命运，这是完全合情合理的。于是，如今他忙于与美国和欧洲的石油公司签订合约，从意大利的埃尼公司，到英国和荷兰共有的荷兰皇家壳牌公司（Royal Dutch Shell）以及美国的埃克森美孚公司（Exxon Mobil）。他允许美方代表前来拆除离心机以及其他核武器项目的部件，并在其监督之下将这些部件运往美国。他与西方情报机构合作，打击基地恐怖组织。最终，他甚至与美国总统奥巴马握了握手。

这位曾经被里根称为"中东疯狗"的人物转变了，被驯服了，他的敌意被消除了。这位前革命者认定，与曾经被自己妖魔化的西方展开合作才符合自己的最大利益，即使这只是为了自我保存才采取的行动。

小布什和布莱尔就与卡扎菲的会谈进行了卓有成效的合作。鉴于意大利的殖民历史，在与卡扎菲沟通时，贝卢斯科尼发挥着直接作用，而布莱尔则常常乐于担任小布什与卡扎菲的中间人。布莱尔的一大举动是为解决1988年泛美航空公司（Pan Am）客机爆炸事件创造了条件，这架客机在苏格兰小镇洛克比（Lockerbie）上空发生爆炸，导致二百七十人罹难，其中大多数是美国人。许多人认为此次空难是利比亚独裁者犯下的最为恶劣的恐怖主义行径。在布莱尔就洛克比空难原谅了卡扎菲之后，英国公司将获利颇丰。与此同时，贝卢斯科尼表示，对于帮助卡扎菲摆脱孤立地位，自己的功劳和布莱尔同样大。

"我曾对小布什说，我们正在驯化卡扎菲。"贝卢斯科尼回忆道，"我们教育了他，吸引了他，并给他设下了圈套。我们每个人各司其职。我记得自己曾努力推动双方放下意大利的殖民历史。我向卡扎菲建议道，我们应该翻开新的一页，应该忘记过去的错误。我公开向利比亚道了歉，并建议卡扎菲将纪念殖民主义受害者的公共节日'复仇日'（Day of the Vendetta）改为纪念两国友谊的节日。光是这件事就耗费了许多时间与精力。"

布莱尔正多次前往的黎波里；希拉克和萨科齐一个接一个地向卡扎菲示好，为法国公司招揽合约；与此同时，贝卢斯科尼正忙于以自己的方式影响这位反复无常的利比亚领导人。他动用了自己的个人风格、夸张的手势、设身处地的情感，以及推销员式的欢快感觉和交际能力。这就是贝卢斯科尼的风格。

"让卡扎菲变得更加理性，关键在于成为他的朋友。"贝卢斯科尼以怀旧的语气说道，"每次我前去利比亚拜访他，他的慷慨馈赠总是令我不好意思。有一次，他送给了我整整一家骆驼作为礼物：爸爸、妈妈，还有一匹小骆驼。他对我总是非常慷慨，我们经常交换礼物，他的礼物看上去十分昂贵。这些年来，我与卡扎菲建立起了十分亲密的关系，我成功地改变了他的某些看法——不是所有看法，因为他是个无法预测的家伙。但我认为，经过多年的努力，我们成功地把他拉到了自己这一边。"

在制裁被解除、小布什政府将利比亚从资助恐怖主义的国家名单中划去之后，石油巨头又回到了利比亚。2008年夏天，在卡扎菲于的黎波里举办的另一场奢华的峰会上，贝卢斯科尼做出了一项重大举动。他宣布计划于未来二十年间为殖民时期对利比亚犯下的罪行和造成的伤害赔付五十亿欧元。作为回报，如今奉行实用主义的卡扎菲向贝卢斯科尼承诺，将制止数万移民从利比亚涌入意大利，他还承诺将提供更多石油。在接下来的两年间，从利比亚横渡地中海的移民数量大幅减少了。贝卢斯科尼的举动收到了效果。

在获得了五十亿欧元的保证之后，"友谊日"（Day of Friendship）终于成为了现实。在欧洲的其他地方，大门也敞开了。很快，卡扎菲就将作为欧盟委员会（European Commission）主席若泽·曼努埃尔·巴罗佐（José Manuel Barroso）的客人现身布鲁塞尔。一年之后的2009年6月，卡扎菲首次对意大利进行国事访问。当然，他坚持要把自己的大帐篷带到罗马，这座帐篷适时地在多里亚·潘菲利别墅广阔的花园里搭建了起来。罗马人观察交通状况已有两千多年时间了，但他们还从来没有见过像这段日子一样拥堵的交通。那段时间拍摄的官方照片已经褪色了，但微笑的卡扎菲与快活的贝卢斯科尼的形象依旧清晰可见。就如同此前与小布什、稍后与好友普京的关系一样，贝卢斯科尼与卡扎菲也产生了共鸣，他们之间发生了良好的化学反应。两人都是不可预测的，对自己内心深处的本能都深信不疑。布莱尔及萨科齐与卡扎菲谈论的可能全都是公事，就被利比亚炸毁的航班接受赔偿，以及为英国和法国的公司争取合约。贝卢斯科尼关注的同样是重大的经济利益：意大利能源进口量的超过百分之二十是由利比亚供应的。卡扎菲成为裕信银行（UniCredit）这家意大利顶级银行的大股东，他甚至还成了著名的尤文图斯俱乐部的共同所有者。卡扎菲向意大利公司投资了数十亿美元，他拥有意大利武器制造商机械工业投资公司（Finmeccanica）的股权，甚至还成为了意大利国有能源集团埃尼公司的股东——在卡扎菲统治的四十多年时间里，这家公司是利比亚最大的石油生产伙伴。贝卢斯科尼当然是要保护意大利的经济利益，不过更为关键的是两人之间的私人关系。和贝卢斯科尼在一起，生意当然是少不了的，但此外还有心灵上的交流，并能感受到巨大的个人魅力。长期统治利比亚的这位领导人感到自己与贝卢斯科尼志趣相投。

在访问罗马的数星期之后，卡扎菲将在意大利的土地上迎来自己最重要的时刻。2009年7月9日晚，转型后的、只是稍微有点古怪的前"中东疯狗"将以客人的身份出席在意大利南部小镇拉奎拉（L'Aquila）举办的八国集团领导人峰会晚宴。意大利是该年度八国集团领导人峰会的东道主，上校的名字在客人名单上。

当晚，贝卢斯科尼在座位安排上小题大做，快把外交礼宾官员逼疯了，最终坚持要让美国总统坐在自己右边，卡扎菲坐在自己左边。

"我希望他们坐到一起，或者至少靠近一些，这样他们就能会谈了。"贝卢斯科尼说道。这再次表明，在国际政治中，他是多么看重人与人之间的化学反应。

晚宴之前，白宫助理们曾要求贝卢斯科尼的团队不要将奥巴马与卡扎菲的座位安排到一起，并坚决不希望在拍摄峰会领导人官方合照时让卡扎菲靠近奥巴马。然而，晚宴刚一结束，贝卢斯科尼就跳了起来，抓住这两人的手，把他们拖到一起，迫使他们握了握手并交谈起来。白宫助理们向后退了退，意大利助理们也尴尬了。然而，在贝卢斯科尼的撮合下，在峰会晚宴上卡扎菲终于与有些难堪的奥巴马历史性地握了握手。在美国公众眼中，多年来这位利比亚独裁者一直是个反社会者和恐怖分子，此刻他实现了自己的救赎。

当晚在拉奎拉，新任法国总统也出席了八国集团领导人峰会晚宴，当时他与卡扎菲的关系非常好。

萨科齐这位咄咄逼人的法国政客来自巴黎郊区，在精神导师夏尔·帕斯夸（Charles Pasqua）的密切关注下，他在政坛的地位逐步提升。帕斯夸是一名右翼政客，多起腐败案指控葬送了他的政治生涯。萨科齐是一位拿破仑式的人物，机智灵敏、脾气暴躁，当时的《国际先驱论坛报》（International Herald Tribune）编辑部为他取了个不太友好的绰号：Sharky。① 在担任中右派政府的财政部长和内政部长时，他的活力与自负便出了名。他是位善变和不可预测的人物，不畏争议，似乎也不太在意礼节。不过，他很在意奢华的生活，他热衷于亲近巴黎的精英，与富翁和名人同乘游艇。他曾邀请亿万富翁贝尔纳·阿尔诺（Bernard Arnault）和马丁·布伊格（Martin Bouygues）担任自己第二次婚礼的证婚人。

萨科齐的第二任妻子塞西莉亚（Cecilia）是一名政治活动人士，她同样具有成为总统的雄心壮志，他们缔结了类似于克林顿夫妇的政治婚姻。在萨科齐担任财政部长时，她曾担任他的义务

---

① Sharky与萨科齐的姓氏（Sarkozy）谐音，意为鲨鱼般的、凶恶、具有侵略性的人物。

顾问；她还曾主管萨科齐在执政党人民运动联盟（Union for a Popular Movement）的私人办公室。他们是一对政治权力夫妻，法国批评人士认为两人都是世故和不达目的不罢休的，萨科齐尤其如此。据塞西莉亚表示，尽管她为了另一个男人离开了萨科齐，并于2005年搬到了纽约，但当萨科齐开始竞选总统并最终于2007年5月获胜时，她又回到了巴黎，陪伴在他身旁。五个月之后的2007年10月，塞西莉亚再次抛弃了他，爱丽舍宫（Élysée Palace）的总统发言人宣布了两人分居的消息。几天之后的11月，有人发现萨科齐在巴黎的一场晚宴上与一位光彩照人的意大利歌手和前模特卡拉·布鲁尼（Carla Bruni）谈情说爱。新年之后，这两人完婚了。

塞西莉亚后来在自传中写道，在就任总统之后，总统宫里的萨科齐变得"焦虑不安"，容易"大发雷霆"。她似乎很乐于见到布鲁尼去应对新总统的情绪起伏。

没有人会怀疑萨科齐是一位不害羞的自我推销者，他极其喜欢身处聚光灯下。萨科齐的批评者认为，他过于热爱聚光灯了，以至于忽略了手头的事务。对于和卡扎菲打交道，新任法国总统似乎没有任何问题，甚至可以说情况正好相反。贝卢斯科尼和布莱尔也许已经进行了多年努力，不过此时萨科齐同样急于与利比亚独裁者建立正式联系。私底下，他认识卡扎菲已有许多年，在内政部长任上他曾多次前往的黎波里与他会面。如今他成为了法国总统，并不令人感到意外的是，在2007年12月，就任总统还不到六个月时间并且正与布鲁尼展开一段新恋情的萨科齐将卡扎菲请到了巴黎，为他奉上了法兰西共和国可以授予的一切荣耀。法国媒体不知该顾及哪边了：一方面，嗜血的利比亚独裁者把帐篷搭到了爱丽舍宫的对面；另一方面，全巴黎都在谈论萨科齐与布鲁尼的"风流韵事"。

萨科齐摆脱了那些八卦传播者，张开双臂欢迎卡扎菲来到巴黎，这次为期五天的国事访问极为奢侈且极具争议。卡扎菲身着贝都因（Bedouin）长袍，轻快地进了城，伴随着他的是四百名仆人、五架飞机、一匹骆驼，以及三十名女保镖。随后，他的可供暖帐篷在爱丽舍宫对面富丽堂皇的马里尼宾馆（Hôtel de Marigny）里搭建了起来。与此同时，法国总统渴望向利比亚出售大量法国商品，他最终宣布为法国公司揽到了价值一百亿欧元的新合约，并达成了在利比亚"和平开发核能"的协定。

在为卡扎菲铺上红地毯后，萨科齐受到了包括来自自己阵营的许多批评。他的外交与人权国务秘书表示，卡扎菲"必须明白，我们国家不是供领导人——无论他是不是恐怖分子——擦去自己犯下的血腥罪行的擦鞋垫"。

事实上卡扎菲从法国买走的商品并不是特别多，然而，接下来的好几年时间里，萨科齐依旧在向卡扎菲示好。他认为卡扎菲与埃及的穆巴拉克以及阿拉伯世界的其他威权领导人一样重要，有些时候在政治上这些人物会令人难堪，但尽管如此，依然可以依靠他们为法国签下武器与石油交易以及价值数十亿美元的各种合约。

在这段时间里，达索集团（Dassault Group）和道达尔公司（Total）等法国武器制造商和能源公司正在就利比亚的商业机会与意大利的机械工业投资公司和埃尼公司等展开竞争。偶尔，法国人和意大利人都会败给普京的俄罗斯，这个在苏联昔日的美好时光里便受到卡扎菲青睐的国度。

2011年初爆发的阿拉伯之春改变了一切。动荡始于突尼斯，随后，"脸书一代"破门而入，社交媒体首次成为了政治革命的工具，辅助着开罗（Cairo）解放广场（Tahrir Square）上更为传统的伤痕累累的示威与抗议活动。愤怒的抗议风暴推翻了穆巴拉克。忽然之间，一股暴力的旋风席卷了中东的沙漠，这股震惊全球的沙尘暴起初戴着追求民主的面具，随后却导致了无政府与碎片化的局面，引发了部落与族群战争，许多地方沦为失败国家与半主权国家，叛军组织与恐怖分子互相争斗，试图推翻独裁者。阿拉伯之春始于希望与纯真，却一发而不可收拾，变得无比有害与邪恶，催生了宛如中世纪哈里发崇拜者的组织，这可谓人类历史上最野蛮的团体之一，甚至比本·拉登（Osama bin Laden）本人更加邪恶。

萨科齐对阿拉伯之春的应对很缓慢。他的突尼斯政策十分笨拙。就在突尼斯总统本·阿里（Zine El Abidine Ben Ali）倒台前几天，他向这名独裁者伸出了援手。萨科齐对穆巴拉克的态度是模糊不清的。他既不太热衷于小布什政府在中东地区推行民主的想法，也不是特别支持奥巴马。内部分歧似乎使得奥巴马的中东政策机器停止了运转：一边是白宫里热情的理想主义者，另一边是希拉里犹豫且善变的政策眼光。萨科齐迟迟未能就阿拉伯之春表明清晰且一贯的立场。他的民调结果极其糟糕，支持率仅为百分之二十九。2012年4月的总统大选已迫在眉睫，他的外交政策受到了严厉批评。数位法国外交官在《世界报》上发表了文章，称萨科齐的外交政策是"不专业的，临时拼凑的，心血来潮的"。萨科齐急需一场胜利。

穆巴拉克倒台之后，萨科齐随即见风使舵。到2月底时，他已经成为了包括突尼斯和利比亚等地在内民众起义的积极支持者。忽然之间，过去三年一直试图说服卡扎菲签下合约的法国总统，如今开始谈论推翻卡扎菲了。在2011年2月底的那几天，萨科齐暴躁地在欧盟峰会上大谈对利比亚实施经济制裁的必要性，将利比亚起义当成了自己的当务之急，并于2月25日郑重宣布："卡扎菲必须下台。"

显然，此时萨科齐对向卡扎菲出售"台风"战斗机（Rafale）或"幻影"战斗机（Mirage）不再感兴趣了。他更感兴趣的是用这些战斗机向卡扎菲投掷炸弹。

在世人难以置信的眼光中，阿拉伯之春抗议迅速蔓延到了利比亚。卡扎菲命令安全部队向班加西（Benghazi）的示威者开枪，民众反抗迅速升级成了武装冲突，当地的部落民兵、真诚的亲民主叛军以及五花八门的伊斯兰极端主义者均加入其中。卡扎菲下令对叛军进行空袭，这令包括贝卢斯科尼在内的他的捍卫者都感到无比尴尬。卡扎菲还发誓要战斗到最后一滴血，要在利比亚挨家挨户地清理叛军，要像杀"老鼠"一样杀死抗议者，但此时形势已经开始向着西方在利比亚采取军事行动的方向逆转了。萨科齐开始带头呼吁在利比亚设立禁飞区，避免卡扎菲轰炸本国人民。

3月10日，萨科齐会见了反对派领袖，并立刻承认他们建立的全国过渡委员会（National Transitional Council）是利比亚的合法政府。次日，他再次在欧盟峰会上挺身而出，与新上任的英国首相卡梅伦一道呼吁在利比亚采取军事行动，并设立禁飞区。

此时，利比亚已陷入了全面内战。希拉里展开了为期一周的穿梭外交，于3月14日飞往巴黎，出席八国集团外长会议，并开诚布公地与萨科齐进行了会谈。阿拉伯国家联盟（Arab League）也开始呼吁设立禁飞区，受到这一进展的鼓舞，法国总统竭尽全力地游说希拉里。他请求华盛顿支持对利比亚进行军事干涉，阻止卡扎菲向反对派的大本营班加西进军。但希拉里并未被说服，长达十余年的伊拉克战争与阿富汗战争造成的创伤暂时麻痹了美国的外交政策。然而，她很快就将变成鹰派分子，无视五角大楼（Pentagon）与中央情报局的强烈反对，还有他们提出的军事干涉利比亚将成为一场灾难的警告。

希拉里回忆道，在巴黎时，"热衷于身处行动中心"的萨科齐"滔滔不绝地谈论着军事干涉"，他似乎认为利比亚的混乱局势正是"加入支持阿拉伯之春行列的机会"。

一天之后的3月15日，联合国安理会开始审查一项决议，该决议授权设立禁飞区及使用"一切必要手段"保护平民免受愈发疯狂的卡扎菲伤害。美国国务卿飞到了开罗，展现与解放广场上抗议者的团结一致，同时抽出时间轻微地敲打了占据重要战略位置的海湾国家巴林（Bahrain）的统治者，他也正在动用武力镇压抗议活动。在巴黎，萨科齐继续咆哮着；有些犹豫的卡梅伦则从伦敦发出了恰到好处的表示同情的声音；而在罗马，贝卢斯科尼则十分担心。他不愿意支持军事干涉利比亚，他不相信除了保住自己的朋友卡扎菲的权力，还有其他可行的替代方案。

3月17日，联合国安理会为设立禁飞区开了绿灯，并给予了萨科齐、卡梅伦，甚至是并不情愿的奥巴马政府足够的政治掩护，令他们能够继续推进军事打击卡扎菲的计划。

萨科齐再次祭出了热切的战争话语，不过这一次，卡扎菲家族对此做出了回应。

此前卡扎菲的儿子赛义夫·伊斯兰（Saif al-Islam Gaddafi）已经威胁道，如果法国继续承认反对派政府，并争取设置禁飞区，他就将披露一个"会造成严重后果的秘密"；赛义夫·伊斯兰称，这则消息将令萨科齐下台。这看上去就像是狂怒之下绝望的举动。如今，他要兑现自己的威胁了。

在3月16日接受欧洲新闻台（Euronews）采访时，卡扎菲的儿子称，利比亚曾资助过萨科齐2007年的总统竞选，现在他想把这笔钱要回来。

赛义夫·伊斯兰说道："萨科齐必须把利比亚资助他进行竞选的这笔钱还回来。我们资助了他，我们掌握着所有细节，也准备披露一切。我们希望这个小丑做的第一件事就是把钱还给利比亚人民。我们曾援助他，他本该帮助利比亚人民，但他使我们感到失望了。把钱还给我们。我们掌握着转账交易的所有银行细节和文件，我们很快就将把一切公之于众。"

这次"披露"看上去就和这场利比亚噩梦的其他方面一样离奇。萨科齐立即派一名发言人否认了此事，然而，赛义夫·伊斯兰在电视上的声明在法国引发了一场漫长的政治与司法噩梦。一位利比亚前总理对赛义夫·伊斯兰的说法表示了支持。法国检察官针对此事立了案。法国媒体公布了据说记载着秘密协定的文件。萨科齐表示这全都是伪造的，他否认一切。然而，2012年4月，在他有气无力地竞选连任时，这些指控再次缠住了他。他被指控收了卡扎菲家族多达五千万欧元的一大笔钱。

在2011年3月，萨科齐想让全世界知道自己一心要推翻卡扎菲。他将表现得如同一位全球领袖，他将通过主持一场新的军事会议来打造属于自己的法兰西式荣耀时刻。3月19日星期六的午后，这场关于利比亚问题的国际峰会让大家全都聚集到了爱丽舍宫。客人名单上有十来位世界领导人和欧洲官员，包括德国总理默克尔、英国首相卡梅伦、意大利总理贝卢斯科尼、西班牙首相萨帕特罗（José Luis Rodríguez Zapatero）、阿盟秘书长穆萨（Amr Moussa）、联合国秘书长潘基文（Ban Ki-moon）、卡塔尔首相哈马德（Sheikh Hamad bin Jassim bin Jaber al-Thani），以及阿联酋外长阿卜杜拉（Sheikh Abdullah bin Zayed al Nahyan）。

在欢迎宾客之前，萨科齐与卡梅伦及希拉里私下召开了迷你峰会。奥巴马认为更应该继续进行对巴西的国事访问，因此由希拉里代表美国来到了巴黎。无论如何，她在几天之前改变了主意，全力推动由法国和英国牵头、军事干涉利比亚的计划。奥巴马似乎退位了，CNN的工作人员开玩笑地把希拉里称为"代理总统"。美国的政策是让其他国家牵头，自己则提供支持。华盛顿念叨的咒语是"无地面部队！"，然而对于欧洲领导人而言，这听上去更像是"无明显的领导力"。

对于贝卢斯科尼来说，要抛弃卡扎菲就不像萨科齐那么容易了。贝卢斯科尼对利比亚领导人的投入比萨科齐多得多。他不仅需要保护石油利益，他还比萨科齐更了解利比亚，他坚信在利比亚发动战争的想法纯粹是愚蠢的。

根据贝卢斯科尼现在的说法，是意大利总统乔治·纳波利塔诺（Giorgio Napolitano）强迫他这么做的，这位世故的前意大利共产党人掌握着控制武装力量的宪法权力。贝卢斯科尼表示，纳波利塔诺迫使他为军事干涉利比亚的计划提供军事基地,并采取配合行动。

3月17日晚,贝卢斯科尼在罗马歌剧院(Rome Opera House)欣赏歌剧《纳布科》(*Nabucco*),同时在场的还有纳波利塔诺和少数几位高级助理。

"当时我们在歌剧院,联合国安理会刚刚批准了禁飞区决议。"贝卢斯科尼回忆道,"在幕间休息时,我和纳波利塔诺总统讨论了利比亚问题。他已下定决心要支持发起进攻。他正忙于会见国防部长,并推动议会的国防委员会讨论并批准支持采取军事行动的决议。我记得当晚与纳波利塔诺的讨论非常艰难。他坚持认为我们必须'与其他欧洲国家保持一致'。在这次会谈之后,甚至在参加巴黎峰会之前,我郑重地考虑过辞去总理一职。我来告诉你为什么。"

贝卢斯科尼身子前倾,说话声越来越大。他开始用拳头猛敲桌面,表示强调。

"我成为了卡扎菲的朋友,我非常享受和他的亲密关系,我们一起做了许多事,取得了许多成就。我们动用了六千名利比亚士兵阻止移民离开非洲海岸。我觉得在这个时候推翻卡扎菲,既是不合逻辑的,又是非常危险的,因为这个国家的一百零五个部落即将分崩离析。我感到与卡扎菲的友谊制约了我,毕竟,我成功地把他从敌人转变成了朋友。因此,我坚决反对发起进攻。最终,我前往巴黎时受到了纳波利塔诺以及议会国防委员会联合投票结果的束缚。我决心尽可能减少意大利的参与程度,只提供军事基地,不进行武装干涉,不参与轰炸。"

怀着这样的心情，贝卢斯科尼于3月19日中午十二点过后钻入了银色奥迪A8防弹轿车，前往罗马郊外的罗马钱皮诺（Rome Ciampino Airport）军事机场。他与助理一道登上了政府的空客专机，飞往巴黎。当天他的心情非常糟糕，他不断地对助理表示，整件事是严重的错误，是危险的冒险，并没有关于如何维持后卡扎菲时代利比亚统一的计划。

着陆之后，贝卢斯科尼一行立刻奔向爱丽舍宫，那里已经挤满了各国领导人，他们在爱丽舍宫二层紧邻庆典厅（Salle des Fêtes）的前厅里聊着天，享用着开胃小吃。

一位助理回忆道："我们刚抵达爱丽舍宫，立刻发现法国方面已经告知部分领导人情况了，而且萨科齐已经与希拉里及卡梅伦召开了小范围的会议。贝卢斯科尼意识到将要发生的事情早已被安排好了，而他则被排除在这个过程之外。"

贝卢斯科尼听到这些消息后，立刻走到正在咀嚼饼干的默克尔身边。

"安格拉，这里发生了什么？"贝卢斯科尼问道，德国总理往后退了一小步。

"这是场闹剧。我们被召集到巴黎，但所有事情已经被定好了。"根据见证了这场对话的人士表示，默克尔耸了耸肩，只做出了很简短的回应，她的反应很冷淡。贝卢斯科尼意识到，他已经无能为力了。

相较之下，西班牙首相萨帕特罗还记得，在那个周六的午后，当他抵达爱丽舍宫之后立刻被告知了情况。

"在我抵达会场后，萨科齐的助理已经告诉了我的助理，一切都已准备就绪，法国的战机不是已经起飞了，就是正要起飞。"萨帕特罗回忆道。

在贝卢斯科尼与其他人聊天时，萨科齐也结束了与卡梅伦及希拉里的峰会之前的小型峰会。他告诉他们，"台风"战斗机已经飞往利比亚。当晚，英国和美国飞机也将先后出动，但法国人早已飞在了前面；甚至在这场本应讨论如何协调行动的峰会开始之前，他们就做好了进攻的准备。萨科齐派出了由二十五架飞机构成的分队，其中包括了截击机、侦察机，以及其他准备进行空对地打击的飞机。他们奉命对正沿着海岸公路从的黎波里前往班加西的坦克纵队进行打击。

在萨科齐披露了情况之后，在场的领导人一片惊愕，贝卢斯科尼更是神情愤怒。希拉里这样描述道："当大部分领导人发现法国已经提前行动之后，不禁一片哗然。"

一位出席了这场会议的欧洲官员还记得，在恢弘的庆典厅里，三十位世界领导人及官员围坐在一张超大的桌子旁，萨科齐看上去十分匆忙。

"萨科齐立刻表示，卡扎菲正在接近班加西，我们必须阻止他，否则就会发生一场大屠杀。"这名参会者回忆道，"随后，萨科齐宣布，他的飞机已经发动了。我永远不会忘记萨科齐的话：'我的飞机已经发动了，所以我建议这场会开得快一点。'"

萨科齐的发言结束后，传统的圆桌环节开始了：这是一项外交仪式，每位领导人将依次发表简短的声明。

"这是一场非常庄重的会议，"萨帕特罗回忆道，"发言经过了精心准备。会议的目的在于展现与阿拉伯国家的团结一致；在于表明卡扎菲的垮台已经开始，欧洲将全力支持阿拉伯之春。然而，当会议召开时，大多数内容早已被准备好了。"

萨帕特罗回忆起了被希拉里称为"一片哗然"的时刻，他记得贝卢斯科尼对萨科齐感到非常愤怒。

萨帕特罗说道："贝卢斯科尼气坏了。事实上贝卢斯科尼的处境很艰难。因为他虽然对卡扎菲镇压反对派表示了谴责，但他并不赞成推翻卡扎菲政权。"

谈及"一片哗然"，萨帕特罗表示，对萨科齐与贝卢斯科尼之间的激烈冲突感到吃惊的只有美国国务卿。"我一点也不吃惊。贝卢斯科尼和萨科齐表达自己的意见时都十分直率，他们都很冲动。我在其他欧洲峰会上见过类似场景，但希拉里并不了解欧洲的会场。"

在得知萨科齐已经发动了第一波进攻之后，贝卢斯科尼环视着爱丽舍宫会议厅，其他人要么支持军事干涉，要么并不真心反对。他陷入了孤立的境地。

"我们在巴黎参加这场重要的峰会，试图决定关于利比亚问题的共同立场，然后我们得知萨科齐已经派出了战机。"贝卢斯科尼说道。

贝卢斯科尼谈起这一痛苦的时刻时，也许是下意识地握紧了拳头。

希拉里试图进行调解，但为时已晚。贝卢斯科尼极为愤怒，他向希拉里及其他与会者表示，卡扎菲也许是个独裁者，但他也是唯一能够维持利比亚统一的人物。不过，贝卢斯科尼随后承诺意大利会尽分内之职。

"我完全不赞同萨科齐。"贝卢斯科尼回忆道，这一次他脸上没有笑容。

数年之后，贝卢斯科尼称萨科齐操之过急地承认了反对派政府，他力主打击卡扎菲"是为了追求法国的商业利益，因为他嫉妒我与卡扎菲的关系，并且意识到永远无力和我竞争新的油气合约"。

当被问及如何总结萨科齐力主推翻卡扎菲造成的后果时，直到今天贝卢斯科尼依然认为这是个错误，在强人卡扎菲领导下利比亚会更加稳定，整件事情以惨败收场，带来的只有杀戮与苦难，而且为基地恐怖组织、"伊斯兰国"和利比亚其他恐怖组织的横行铺平了道路。

贝卢斯科尼并不愿意谈论萨科齐与卡扎菲纠结的关系中最具争议的传言。据称，在利比亚独裁者的最后时刻，他的生命掌握在一位持有杀人许可证的法国特工手中。至少法国媒体后来流传的说法是，卡扎菲之死是由类似于中央情报局的法国情报机构策划的，这个机构的终极指挥官正是法国总统。

2011年10月20日，卡扎菲血迹斑斑、恐慌不已的形象从他的家乡苏尔特传向了全世界。在遭到战斗机低空轰炸后，卡扎菲躲进了一个涵洞，直到黎明时分被人拖出。

"我不想落得萨达姆那样的下场。"七年多以前，卡扎菲对贝卢斯科尼说道。

那天早上拍摄的业余视频显示，神志不清、伤痕累累的卡扎菲被拖到了一辆汽车的车盖处，并被拽着头发推倒在地。"别让他死了！别让他死了！"有人大叫道。然后，卡扎菲从画面中消失了，枪声随即响起。

在巴黎，当天萨科齐因卡扎菲之死而欢呼雀跃。贝卢斯科尼则表示，那天他失去了一位朋友；并争辩道，卡扎菲也许是个独裁者，但被驯服的他还是要优于利比亚如今陷入的部落民兵组织和基地组织以及"伊斯兰国"等恐怖组织横行的混乱的无政府局面。

希拉里对卡扎菲之死的反应成为了争议的话题。当天，她正在喀布尔（Kabul）准备接受CBS新闻台（CBS News）的采访。助理递给她一部黑莓手机（BlackBerry），告诉她卡扎菲死亡的消息。

"我们来，我们见，他死。"[①]读完这则消息后，她对惊呆了的电视记者打趣道，然后前仰后合地大笑起来。

萨科齐再三否认自己曾下令杀死卡扎菲，很快这个话题就被人淡忘了。然而2012年3月，在他最终输给了社会党人奥朗德（François Hollande）的那次总统选举之前的数周，有人再次声称萨科齐上次竞选总统时曾秘密收取了卡扎菲的现金。相关文件在网上被公布，并被交给了法国法官。这些文件意在表明，利比亚通过巴拿马（Panama）和瑞士的银行账户，将洗过的五千万欧元注入了萨科齐的竞选机构。尽管萨科齐再三否认，但未来数年里这些指控将挥之不去，一直纠缠着他。对他在巴黎的政敌而言，直至今日，卡扎菲的幽灵还在困扰着萨科齐。

萨科齐和贝卢斯科尼的敌对关系也丝毫没有结束的迹象。两人相互厌恶，几乎到了憎恨的程度。数周之内，他们在另一场欧洲峰会上就另一个话题再次发生了冲突。在2011年的六场峰会上，类似的情况一再出现。据意图明确的同僚表示，最终在当年秋天，萨科齐和几位欧洲官员一道，试图把白宫拖入推翻贝卢斯科尼的计划之中。

[①] 希拉里是在戏仿凯撒的名言："我来，我见，我征服。"（Veni, vidi, vici.）

法国特工奉萨科齐之命杀死卡扎菲,这也许只是个阴谋论故事。但推翻贝卢斯科尼的阴谋却是真实存在的,尽管十分离奇。这是一起老派的国际密谋。

第十一章：国际密谋

"萨科齐？他对我的敌意令人难以置信。"

在别墅里紧挨着餐厅的客厅里，贝卢斯科尼正坐在他最喜欢的那张沙发上。他摇着头，脸上显然带着厌恶的神情。他正在回忆2011年秋天辞职之前，在总理任上度过的最后几个月时光。欧洲金融危机的动荡岁月里，布鲁塞尔的空气中弥漫着政治大戏的所有元素——指责、攻讦、背叛和变节。

"我永远不会忘记萨科齐对我做了什么。"贝卢斯科尼阴沉着脸说道，"那是10月底，我们在布鲁塞尔召开欧元区危机峰会。在会议正式开始前，我们都待在前厅里。萨科齐起身正要离开。虽然我们有许多分歧，但我还是走过去问候他，友好地说道：'再见，尼古拉！'我伸出了手，他注视着我，拒绝和我握手。还不止这样！他居然还把我的手推开了，他把我的胳臂推开了。"

贝卢斯科尼做出推开的动作，脸上露出了难以置信与轻蔑的表情。这时他发作了。

他愤怒地表示:"我对自己说道:'真是个混蛋!真是太傲慢了!'没人曾这样对待我,萨科齐是唯一一个把我的手推开,拒绝和我握手的人。"

"就好像这还不够似的,"他继续说道,"几个小时后,一位助理告诉我,萨科齐在峰会上四处对其他领导人说,他永远不会再握贝卢斯科尼的手了。这简直是疯了。我不确定他是不是在四处说这句话,但我永远不会忘记那个画面:我向他走去,准备和他握手,他却转身离开了。"

说贝卢斯科尼和萨科齐的关系算不上很好,这简直是在轻描淡写。自从萨科齐操之过急地轰炸利比亚,在巴黎掀起轩然大波后,这两人之间的关系就是剑拔弩张的。

六个月前的2011年4月,距离当着希拉里面的那场怨气十足的交谈仅仅一个月,萨科齐和贝卢斯科尼再次在罗马的法意双边峰会上见面了。这场会议进行得并不顺利。事实上,总体而言,两个人当时过得都不太顺利。萨科齐在法国的民调结果创下了新低,他自负的铤而走险政策和身为利比亚战争领导人的角色并不受法国公众的欢迎。和贝卢斯科尼一样,他也面临着多起司法调查,法官正在追究一项非常难堪的指控:欧莱雅(L'Oréal)继承人、法国女首富莉莉亚娜·贝当古(Liliane Bettencourt)的密使将塞满现金的信封交给了萨科齐的竞选官员。此前,卡扎菲的儿子曾声称利比亚资助了萨科齐2007年的竞选活动,在此之后发生的贝当古事件对萨科齐的竞选产生了不利影响。

当然,贝卢斯科尼也有自己的麻烦。他刚刚躲过了政府倒台的命运，并且与一位重要的政治盟友发生了公开冲突：这位前新法西斯政客如今成了众议院议长。雪上加霜的是，他正因涉嫌与雏妓发生性关系遭到调查，并因"性爱狂欢"丑闻遭到全球媒体的奚落。从《纽约时报》到法国《世界报》，各大报纸头版充满了关于"偷心者鲁比"和传说中贝卢斯科尼设在阿尔科雷的后宫的故事。这位身家亿万的传媒大亨愤怒极了，他通过电视向惊讶的意大利公众表示："我从未花钱与女人发生性关系。"这听上去非常像意大利风格的克林顿。①

由于在卡扎菲问题上的分歧，贝卢斯科尼和萨科齐对彼此依然十分生气。萨科齐还有其他问题。4月26日，他冲入了罗马峰会会场。据在场的意大利官员表示，他几乎立刻开始抨击贝卢斯科尼，声音越来越大，甚至叫喊了起来，大声抱怨着意大利媒体发表的关于自己的负面文章，特别的是，贝卢斯科尼旗下一本杂志在封面上将他描绘成了征服利比亚的拿破仑。萨科齐可不是善于保持冷静的人物。

贝卢斯科尼则向萨科齐抱怨道，上千名利比亚移民穿越地中海，登上了意大利海岸，许多人在途中死去了。萨科齐希望贝卢斯科尼加大对利比亚联合军事行动的支持力度，他希望意大利飞机参与轰炸。贝卢斯科尼依旧认为向卡扎菲发动战争是一大错误，只会导致利比亚的混乱和不稳定，并增强圣战分子的势力。他最终还是同意了参与北约对利比亚的轰炸，但作为交换条件，萨科齐需要在移民危机上给予合作。

在另一条阵线上，贝卢斯科尼希望萨科齐支持由一位意大利人

---

① 莱温斯基性丑闻事件中，克林顿曾表示："我从未与莱温斯基发生过性关系。"

出任欧洲央行（European Central Bank）行长，他提出的人选是广受尊敬的马里奥·德拉吉（Mario Draghi）。萨科齐向贝卢斯科尼表示，只有欧洲央行里的另一名意大利理事先辞职，让位于法国人，他才会支持德拉吉。毕竟，将被德拉吉取代的时任欧洲央行行长让-克洛德·特里谢（Jean-Claude Trichet）正是法兰西银行（Bank of France）前行长。欧洲央行里的另一名意大利理事名叫洛伦佐·比尼·斯马吉（Lorenzo Bini Smaghi）。贝卢斯科尼承诺会让比尼·斯马吉辞职，但没想到自己无力兑现这一诺言。

与此同时，在峰会上贝卢斯科尼试图用自己标志性的风格与萨科齐建立私人关系，向他讲述了一则下流的轶事，这则轶事综合了卡扎菲这一敏感的话题以及贝卢斯科尼对法庭和媒体上针对自己的性丑闻指控的看法：这则轶事就是传说中"性爱狂欢"一词的利比亚起源。①和往常一样，他开怀大笑起来；但萨科齐却显得很尴尬。据说，当贝卢斯科尼讲述这则故事时，萨科齐的财政部长、对他十分忠诚的克里斯蒂娜·拉加德（Christine Lagarde）背过了身子，移开了目光。

两周之后，法国和意大利显然又有了新麻烦：比尼·斯马吉拒绝辞职。任命德拉吉为欧洲央行行长这个主意受到了欧洲和华尔街所有人的欢迎。但另一位来自意大利的欧洲央行理事、冷漠的贵族比尼·斯马吉突然宣布自己无意离开。媒体猜测他希望谋得一份安慰奖，也许是德拉吉将空出的意大利银行（Bank of Italy）行长这份美差。由于比尼·斯马吉坚守阵地，萨科齐再次对贝卢斯科尼感到怒不可遏。

---

① 完整的故事见第八章。

萨科齐将一头银发的拉加德派上了战场，法国希望得到属于自己的席位。

拉加德向媒体透露了贝卢斯科尼解决比尼·斯马吉问题的承诺，引用了他几周之前在罗马峰会上的言论。拉加德表示："当时我们提到了法国人加入理事会的问题，他可能会取代一名意大利人。一个国家拥有两个席位是不合理的。"

以免有人没领会含义，拉加德继续说道："合理的做法是，理事会里两位意大利人中的一位——不是即将担任新行长的那位——优雅地离开。"

贝卢斯科尼发现，尽管受到了警告，但固执的比尼·斯马吉仍拒绝辞职，直到又过了几个月，当德拉吉来到欧洲央行之后。比尼·斯马吉为自己辩护称，他之所以不辞职，是想坚守原则。"如果仅仅因为意大利总理要求他辞职，意大利理事便辞职了，那么这意味着意大利的央行银行家不是独立的。"比尼·斯马吉后来宣称。

在贝卢斯科尼的记忆里，事情有所出入。

"比尼·斯马吉前来看望我。"贝卢斯科尼说道，"他四处表示自己的职位是独立的，他不会被迫辞职。但来到我的办公室后，他说只有我任命他为意大利银行行长，他才会同意离开欧洲央行。我当即决定不这么做，因为向敲诈屈服是错误的。我对他说：'你意识到自己正在破坏意大利和法国的友谊吗？冷静点，我们会找到一个让你满意的解决方案。'不。比尼·斯马吉表现得很不得体。"贝卢斯科尼又摇了摇头说："至于萨科齐对整件事的反应，至少可以说是非常过分的。"

欧洲央行人选引发的冲突只是当年5月扰乱全球金融市场的诸多因素中的一个。美国的信用评级即将被首次下调；法国经济步履维艰；希腊债务危机更加恶化，关于雅典被迫离开欧元区的议论甚嚣尘上；意大利同样负债累累；出于对希腊危机可能扩散并引发多米诺骨牌效应的恐惧，人们开始谈论下调意大利的债务评级。欧洲已是山雨欲来风满楼。一场史无前例的暴风雨即将席卷全球金融市场。

与此同时，在意大利，"性爱狂欢"调查爆出了越来越多耸人听闻的细节。不仅仅是媒体，就连大半个欧洲政坛都在嘲笑贝卢斯科尼。他在公共场合开关于"性爱狂欢"的性别主义笑话更是于事无补。

在贝卢斯科尼面对丑闻的同时，萨科齐和拉加德也受到了指控。

5月11日，巴黎的调查法官在塔皮耶（Bernard Tapie）事件中点了拉加德的名。这是一起典型的结合了金钱与政治的法式丑闻，涉及里昂信贷（Credit Lyonnais）等银行、亲近萨科齐的政客、非法竞选献金嫌疑，以及贝尔纳·塔皮耶出售阿迪达斯集团（Adidas）一事。塔皮耶是一名亿万富翁，也是萨科齐2007年竞选总统时的资助人。拉加德受到的指控是，身为内阁部长时，她曾进行不当干预，命令一个特别审判团在某桩案件中将2.85亿欧元判给塔皮耶。

在巴黎，公诉人建议对拉加德扮演的角色进行充分的司法调查，表示"有多个理由质疑该判决是否合乎规定，甚至是否合乎法律"，这有可能构成了"对职权的滥用"。

拉加德驳斥了这起调查,她对《费加罗报》(Le Figaro)表示:"这是在企图污蔑我。"她说自己对于此事"和往常一样冷静",并补充道,她拥有"政府的彻底支持"。

"政府的彻底支持"只可能有一个意思,那就是萨科齐。一位前反腐败调查法官称,在塔皮耶事件中,拉加德直接收到了爱丽舍宫的指示。其他政客则质问了萨科齐与塔皮耶的友谊。

1970年代传奇的反叛者丹尼尔·科恩–本迪特(Daniel Cohn-Bendit)如今是一名绿党(Green Party)议员,他对法国电视台表示:"据我所知,拉加德的决定是受萨科齐推动的。正在讨论中的是萨科齐的责任以及他与塔皮耶的友谊。"

在2011年5月,令萨科齐感到头疼的不只是拉加德事件。他还一门心思惦记着在即将到来的总统选举之前重振自己的民调结果。幸运的是,当年法国将主办两场盛大的全球峰会:八国集团领导人峰会和二十国集团领导人峰会(G-20 Summit)。这可谓天赐良机,令他能够展现作为总统的影响力。他决心充分利用这次在世界舞台上的演出机会。八国集团领导人峰会将于5月底在雅致的海滨度假胜地多维尔(Deauville)举办。萨科齐还制订了于晚些时候在迷人的戛纳(Cannes)举办一场光彩夺目的二十国集团领导人峰会的计划。这场峰会将在每年一度承办戛纳电影节的同一座宫殿里举办。他拥有宏大的计划与眼光。

在3月因利比亚、4月因欧洲央行两度发生龃龉后,多维尔峰会原本可以为意大利和法国领导人提供和解的机会,但现实并非如此。关于萨科齐咄咄逼人地领导利比亚战争,他们依然存在分歧;法国要求获得欧洲央行理事席位的问题也愈发恶化。这些情绪大多隐藏在了镜头之后，在新闻发布会上，人们通常会看到微笑的贝卢斯科尼站在萨科齐身旁，说着客套话。然而，有些情绪是藏不住的。

布鲁尼以冷脸相待

在八国集团领导人峰会开幕的那个夜晚，前超级模特布鲁尼和丈夫萨科齐正在多维尔时尚的居鲁士屏障（Le Ciro's Barriere）餐厅欢迎宾客享用工作晚宴。萨科齐这位曾当过模特、演员、歌手的妻子担任法国第一夫人这一角色已有三年时间，不过法国公众对她讽刺多于赞扬。她显然和萨科齐一样喜欢身处聚光灯下。她刚刚闪电般地造访了戛纳电影节，出席了伍迪·艾伦（Woody Allen）新片《午夜巴黎》（*Midnight in Paris*）的首映式。法国第一夫人在这部电影里客串亮相。她还准备发行新专辑，其中包括一首献给萨科齐的情歌，但这首歌并没有打动法国人民。此外，她还怀孕了。尽管她宣布怀上了萨科齐的孩子时还故作羞涩，但当优雅的第一夫人在萨科齐身旁欢迎宾客时，在宽松的黑色定制礼服之下，她那隆起的小腹已经十分明显。

最早一批抵达饭店的客人里包括奥巴马。布鲁尼热情地亲吻了美国总统的脸颊，并紧紧拥抱了他，萨科齐则满面笑容。卡梅伦的两边脸颊都被轻轻吻了一下，默克尔以及俄罗斯总统梅德韦杰夫获得了同样的礼遇。随后，每位领导人都受到了热情的问候——除了贝卢斯科尼。当晚的照片上，布鲁尼脸上带着礼貌的微笑，身旁的萨科齐看上去则很不自在。她与贝卢斯科尼握了握手，仅此而已。事实上，她似乎在自己周围筑起了一堵想象中的墙壁，建起了虚拟的反贝卢斯科尼的气场。当她问候贝卢斯科尼时,依旧与这位意大利亿万富翁总理保持着距离。

事实上,布鲁尼不喜欢贝卢斯科尼已有很长时间了。她搬进爱丽舍宫还不到一年,便首次公开抨击了贝卢斯科尼。那是在2008年11月,当时奥巴马刚刚当选美国总统。贝卢斯科尼再次失态了,这一次令美国人非常不快,因为他的话构成了对奥巴马的种族主义污蔑。贝卢斯科尼在莫斯科的一场新闻发布会上说道:"新任美国总统年轻、英俊,总是晒得很黑。"面对着如潮的批评,贝卢斯科尼称"那是崇高的赞美",表示自己只是在展现幽默感。有理由相信他的辩解是真诚的,他也许觉得自己真的很有趣,但其他人都不这么认为。

身为法国第一夫人,布鲁尼本不应该对欧洲其他领导人进行人身攻击。但她将外交礼节抛到脑后,非常严厉地批评了贝卢斯科尼。她对法国媒体表示:"贝卢斯科尼开玩笑说奥巴马'总是晒得很黑',这让我觉得很不舒服。"来自意大利北方一个富裕家庭的布鲁尼补充道,她很高兴成为法国公民,自己已经不再是意大利人了。包括贝卢斯科尼的反对者在内,意大利人感到被冒犯了。一位意大利前总统宣布,他很高兴布鲁尼不再是意大利公民了,并表示"法国应该留住她"。意大利媒体立即大做文章,详细讲述了布鲁尼支持一名意大利红色旅恐怖分子这件广为人知的事情。尽管因多起杀人罪名在意大利遭到通缉,但多年来法国一直为他提供着避难所。

几个月后,布鲁尼成了贝卢斯科尼又一次失态的主角。那是在2009年初的一场峰会上,贝卢斯科尼向萨科齐耳语道,自己"给了"

他这位生于意大利的妻子。这原本是拿萨科齐夫人生于意大利一事开玩笑,但并不让人感到有趣。在新闻发布会上,萨科齐明显感到不悦。法国媒体觉察到这次失礼后,为贝卢斯科尼冠以了"奥斯卡粗俗奖得主"的名号。

有了这样的历史,当贝卢斯科尼来到多维尔的饭店时,布鲁尼拒绝亲吻他的脸颊,就不令人感到吃惊了。法国第一夫人显然十分反感贝卢斯科尼,这在短期之内是不会改变的。这种情绪可能也是相互的。

贝卢斯科尼感觉到还存在着其他问题。"出于各种原因,萨科齐对我的敌意令人难以置信。"他说道,"原因之一在于,他真的非常痴迷于财富,非常嫉妒那些有钱人。他很嫉妒我,因为我有钱,而他没有。"

贝卢斯科尼回忆起了萨科齐与布鲁尼婚后不久与他的一次会面。

"萨科齐对我说:'看到没,西尔维奥,现在我像你一样是个富有的人了!'"

贝卢斯科尼说完大笑起来。

对奥巴马滔滔不绝

在多维尔八国集团领导人峰会上,贝卢斯科尼既没有赢得外交奖项,也没有赢得风尚奖。对于奥巴马而言,八国集团领导人峰会上的贝卢斯科尼似乎是个谜。他的滑稽行为让美国总统感到困惑,甚至是吃惊。

在峰会的首场工作会议上,所有领导人都已在桌旁就坐,准备开会。摄影师和摄像人员还在房间里。奥巴马茫然地看到贝卢斯科尼向一位意大利电视摄像人员耳语了几句，然后悄悄走近自己，还把一只手搭在了自己的肩膀上，问了声好。"你好吗？"奥巴马礼貌地回应道。"很好，谢谢。"贝卢斯科尼说道，然后开始向困惑不已的奥巴马滔滔不绝地谈起了意大利的检察官。美国总统站起身来面对着贝卢斯科尼，一位翻译被带了过来，因为贝卢斯科尼开始口若悬河了。整整两分钟时间里，默克尔与萨科齐从桌子另一端惊诧地盯着贝卢斯科尼，他却向奥巴马抱怨着意大利"左派法官的专政"，解释自己为何想要改革本国的司法体系。奥巴马礼貌地倾听着，但在桌子的另一端，默克尔不耐烦地生气了，萨科齐则眉头紧锁。有什么事情如此重要，以至于贝卢斯科尼不顾礼节，非要与美国总统展开这段迷你双边对话？萨科齐终于宣布开会了，贝卢斯科尼结束了长篇大论。

忠实的拉加德陪伴在萨科齐身边。她依然是法国财政部长，不过就在一天前，在萨科齐的支持下，她宣布有意接任国际货币基金组织（International Monetary Fund）总裁一职。此前，另一名法国政客、性欲过于旺盛的前总裁多米尼克·施特劳斯-卡恩（Dominique Strauss-Kahn）在于纽约被捕后不久宣布辞职。施特劳斯-卡恩是一名社会党人，当时他是萨科齐竞选法国总统唯一的有力挑战者。他的民调结果甚至还要优于萨科齐，然而，如今他遭遇了莎士比亚戏剧式的倒台。就在两个星期前，在肯尼迪国际机场（John F. Kennedy International Airport），他被从一班即将飞往巴黎的飞机里带出。他被指控将一名女服务员带回自己的酒店房间，并试图实施强奸。阴谋论者称，萨科齐为这位根据姓名首字母缩写被称为DSK的政治对手设下了圈套。不过,就像卡扎菲曾资助萨科齐的总统竞选这一指控一样,该传言也未被证实。

拉加德接管国际货币基金组织

尽管拉加德自己也面临着法律麻烦,但国际社会认为她是接替施特劳斯-卡恩担任国际货币基金组织总裁的完美人选。她满足所有条件。她广受尊重,是一位通晓多国语言的法国女性主义者、前花样游泳冠军、出色的律师,以及打破了"玻璃天花板"(Glass ceiling)的人物,她在乔治敦(Georgetown)和公园大道(Park Avenue)的沙龙里就如同在巴黎的家中一样如鱼得水。她曾在美国工作和生活过,华盛顿想不出比她更容易打交道的国际货币基金组织总裁人选了。她甚至与美国国务卿希拉里也有着良好的交情。在CNN记者克丽丝琴·阿曼普尔(Christiane Amanpour)多次进行的易于回答的采访中,她也表现得富有魅力、卓尔不凡。

就才华和经验来说,拉加德是接替施特劳斯-卡恩的出色人选。在法国,她就任国际货币基金组织总裁一职是萨科齐在政治上的一大胜利。他的对手、社会党人施特劳斯-卡恩已经出局,他的得力助手、前财政部长如今执掌着国际货币基金组织。在这一年中,法国还担任着八国集团和二十国集团的轮值主席,这让萨科齐感觉良好;也许他能发觉自己的真正潜力,并能成为欧洲真正的领袖。正如希拉里指出的,他渴望"处于行动中心"。这一年里见过萨科齐的所有人都认为,他显然想要凭借一己之力缓解市场投机行为,保持住法国的3A信用评级,解决希腊债务危机,拯救欧元,领导利比亚战争，推动阿拉伯之春，并于2012年连任法国总统。据一位在这一年中见过萨科齐十多次的欧洲国家前总理（首相）表示，萨科齐"沉醉于雄心与权力，并将自己视为节目里的绝对巨星"。他表示，在这一年的大部分时间里，萨科齐都在全速运转："他压倒一切、恃强凌弱、霸道横行。"

6月，欧元区危机威胁到了欧洲金融体系的稳定乃至全球经济。白宫担心欧洲的单一货币欧元会崩溃。欧洲的机构以及国际货币基金组织为希腊准备了新的约为一千一百亿至一千二百亿欧元的纾困方案。葡萄牙刚同意接受七百八十亿欧元的纾困方案。爱尔兰接受了类似的救助。《金融时报》提出了一个新的流行词汇"笨猪四国"（PIGS），用以描述四个债务危机最为严重、吸引市场投机者前往的国家。这很快变成了"笨猪五国"（PIIGS）：葡萄牙、爱尔兰、意大利、希腊和西班牙全都面临着风险。在6月底的另一场欧洲峰会上，由于贝卢斯科尼依然无法兑现让比尼·斯马吉从欧洲央行辞职的诺言，他和萨科齐再次发生了不快。不过，德拉吉还是正式被任命为新任欧洲央行行长了。与此同时，在华盛顿，拉加德也被任命为国际货币基金组织新任总裁。萨科齐立即宣布，"这是法国的胜利"。

拉加德从施特劳斯-卡恩处接手的国际货币基金组织正在饱受危机之苦的欧洲宣讲着紧缩政策这一福音。当年6月，希腊被要求实施新的紧缩措施，否则就无法获得进一步的援助贷款。投机者开始谈论危机蔓延的风险，并且开始抛售意大利债券。这导致债券收益率激增，贝卢斯科尼政府的借贷成本也随之水涨船高。

贝卢斯科尼面对着一个充满敌意的联盟，以及受到内部分裂削弱的政府；他与财政部长关系不佳；反对党每天都对他施以重拳；他还因"性爱狂欢"丑闻面临越来越多的指控。但他依然是总理，是合法选举产生的政府首脑。他被削弱了，但仍然在位。

罗马阴谋

认为在2011年年中就出现了意图推翻贝卢斯科尼的国际密谋，未免为时过早。这一密谋要在夏季过后才浮出水面。然而，毫无疑问的是，意大利国内各方强大的势力已经在为寻找替代贝卢斯科尼的人选做准备了。2011年6月这个关键的月份里，在米兰和罗马发生的一系列事件将改变意大利的历史进程，并将该国宪法推到崩溃边缘。意大利总统纳波利塔诺开始秘密接触一位人物，日后他将任命此人取代贝卢斯科尼。这位随和的学者及欧盟前事务专员名叫马里奥·蒙蒂（Mario Monti）。

蒙蒂是最为典型的技术官僚。这位雄心勃勃的经济学家从都灵一所地方大学起步，成为久负盛名的米兰博科尼大学（Bocconi University）商学院的主管。起初，蒙蒂只是米兰上流社会的一名初来乍到者。成为米兰世家的一员似乎对蒙蒂以及他那同样雄心勃勃的妻子具有巨大的吸引力。很快，他就获得了菲亚特和意大利商业银行（Banca Commerciale Italiana）等著名公司和银行的董事职位。1994年时，贝卢斯科尼提名他进入欧盟委员会，在担任欧盟竞争事务专员期间，他赢得了"超级马里奥"（Super Mario）的名号，他还扳倒了微软公司（Microsoft），让比尔·盖茨（Bill Gates）因在欧洲的垄断行为支付了五亿欧元罚款。

2011年时,蒙蒂已经回到了博科尼大学,担任商学院院长。这时,纳波利塔诺首次接触了他,询问在必要时他是否有时间并有意愿取代贝卢斯科尼。蒙蒂对此激动不已,他四处向最重要的朋友吐露自己的秘密,这其中就包括了好利获得公司前老板、贝卢斯科尼的宿敌卡洛·德贝内代蒂,以及前总理、贝卢斯科尼的最大政敌普罗迪。两人都表示,在这一年的夏天蒙蒂曾向自己征求过建议;两人还表示,自己告诉蒙蒂的正是他显然希望听到的:如果总统希望他担任总理一职的话,他除了接受,别无选择,而且越快接受越好。

长时间以来,蒙蒂本人都不愿意谈论整件事情。然而,当他终于开口后,立刻在议会里掀起了轩然大波,甚至有人呼吁弹劾纳波利塔诺。这位已年过八旬的前意大利共产党人被指控滥用宪法权力:宪法只允许他在政府垮台时或是在议会里失去多数席位后任命新总理,而并未提及在贝卢斯科尼依然是经民主选举产生的合法政府首脑时秘密地将总理职位授予一名未经选举的公民这一做法。

当时,贝卢斯科尼和意大利公众对此事一无所知。贝卢斯科尼同样不知道纳波利塔诺还与意大利主要银行的行长一道,制订了后贝卢斯科尼政府的全面经济政策。在长达数月的时间里,前麦肯锡公司(McKinsey & Company)咨询师、正在米兰管理意大利联合银行(Banca Intesa)的科拉多·帕塞拉(Corrado Passera),先后起草了四稿文件,其中包含了针对意大利经济的范围广阔的"休克疗法"。

蒙蒂最终承认了秘密会谈的存在。他承认2011年6月时纳波利塔诺曾找过自己,并试探了自己的口风。他还承认自己非常清楚帕塞拉起草的文件，并且在当年与纳波利塔诺讨论过经济计划草案。但在那个酷热的夏天，贝卢斯科尼以及大部分人对此均一无所知。人们知道的是，金融市场对于意大利是否能够抵御欧元危机正逐渐失去信心，而且他们还担心希腊债务危机会蔓延开来，全球市场因此已经开始动荡不已。

投机者的攻击

到了7月末，在另一场欧洲危机峰会就希腊救助计划达成协定之后，人们发现德意志银行（Deutsche Bank）大幅减持了百分之八十八的意大利债券，从八十亿欧元减少至不到十亿欧元。在很多人看来，这相当于对贝卢斯科尼政府投了不信任票。事实上，这家德国银行业巨头正在摆脱包括爱尔兰以及其他负债累累的南欧国家在内的所有"笨猪五国"的风险。

8月初，金融市场上已是风雨大作。随着对冲基金和其他投机者开始关注意大利的两万亿欧元债务，意大利债券的利差开始飞涨；他们发现了做空的机会，也就是说在意大利债务上投机。忽然之间，就连每天读报的人都了解了这种衡量意大利、西班牙和希腊风险程度的新指标：德国长期国债利息与其他国家债券利息之差。2011年6月时，意大利债券的利息比德国要高一点五个百分点，即利差为一百五十点。到了8月初，意大利债券的利差涨到了超过五百点（五个百分点），为整个欧元区敲响了警钟。

欧洲央行开始购买意大利和西班牙的长期国债，试图阻止这些债券被抛售，并表明这些国家不会被逐出金融市场。正是在此时，欧洲央行开始将债券购买力当做针对贝卢斯科尼政府的一项武器。

在市场一片混乱时，纳波利塔诺继续秘密地与蒙蒂展开会谈。两人的谈话范围越来越广，涉及了可能的经济政策，例如帕塞拉在秘密文件中提出并经过纳波利塔诺和蒙蒂审阅的那些政策。随后在8月5日，贝卢斯科尼再次受到了羞辱，欧洲央行行长特里谢向贝卢斯科尼和西班牙首相萨帕特罗发出了机密信件。此时仍担任意大利银行行长、已经被指定为下任欧洲央行行长的德拉吉联合签署了发给贝卢斯科尼的信件。信件非常严厉，列出了要求意大利立即执行的一长串经济政策和改革方案，其中大部分都是一字不差地照搬自贝卢斯科尼已经宣布过的内容，这令贝卢斯科尼怀疑这封信的秘密作者其实是自己在罗马的政敌，他怀疑此人是自己的财政部长朱利奥·特雷蒙蒂（Giulio Tremonti）。后来，贝卢斯科尼向朋友表示，他认为这封信是由纳波利塔诺本人策划的。

向贝卢斯科尼提出的要求包括在二十四个月内实现预算平衡。没有哪个正常人会认为这是有可能实现的。

这封信的语气不同寻常地严厉，甚至为贝卢斯科尼在议会里通过新的经济法律定下了9月底这一最后期限。在信的结尾处，特里谢和德拉吉威胁道："我们相信政府会采取一切适当的行动。"

尽管这封信没有明说，但欧洲央行显然是在告诉贝卢斯科尼，如果他希望欧洲央行通过购买意大利债券来施以援手的话，那么最好服从命令。

在马德里，萨帕特罗则对此绝口不提，直到多年之后才披露了这封信。而在罗马，还不到二十四个小时，这封信就被泄露给了媒体。

贝卢斯科尼称这封信是政变的开始。显然，现任和候任欧洲央行行长实际上是在命令意大利总理接受一项详尽的经济政策议程。传递的信息非常明确：照我们说的做，否则欧洲央行将停止购买意大利长期国债，这样一来你们的借贷成本将猛增。这就是欧元区危机令人猝不及防地爆发后展现出来的兽性。股票市场暴跌，欧元区一片混乱。然而，尽管市场出现了恐慌，欧洲各国领导人似乎并未感到事态紧急。吝啬的柏林对设立大规模纾困基金的呼吁充耳不闻。默克尔是鹰派的头号人物，她坚决反对增加欧洲的应急措施。萨科齐试图说服她动用欧洲央行资金来应对全面爆发的欧元区主权债务危机，然而默克尔对此无动于衷。白宫也介入了，他们担心欧洲应对不力。问题在于欧洲领导人以为自己拥有的资金足以应对希腊危机，然而局势却越来越糟。他们召开了无数次会议，但传递出的唯一信息就是默克尔关于紧缩政策的布道。对于希腊问题，他们制订了片面解决方案，然而事实依然是：希腊实际上已经破产，而欧洲不愿意正式承认这一点从而注销数千亿美元的希腊债务。默克尔想要保护作为希腊主要债权人的德国银行，拯救欧元，并且给希腊一个教训。欧洲的资金也许足以救助希腊或是更小的国家，如葡萄牙和爱尔兰；然而，如果意大利或西班牙出现问题，就没有安全保障了。默克尔的强硬和萨科齐令人困惑的"走着瞧"政策，实际上令仍处于金融危机中的欧元区陷入了瘫痪。这只是后续事件的开端，这一早期信号将表明，欧洲的单一货币欧元并没有为南欧较弱的经济体发挥良好的作用。

这个夏天，在欧元区危机恶化的同时，欧盟委员会主席、快活的葡萄牙前总理巴罗佐公开表示了对欧洲领导人未能阻止主权债务危机扩散的担忧。这份声明于事无补,但反映了许多人对于默克尔强硬的紧缩立场的沮丧之情。萨科齐因本国经济的衰退面临着许多问题,但他在任何时候都乐于和默克尔结成搭档;毕竟,他是这对伙伴关系里的另一位主角。默克尔对紧缩政策的捍卫,以及她对待希腊时如同教师一般的严厉立场最终只会令欧元区危机更加严重,导致欧洲在未来多年面临不确定的命运,陷入由日益恶化的希腊问题引发的深刻的政治分歧。

默克尔与萨科齐踉跄而行

8月16日,默克尔和萨科齐在巴黎再次召开了欧元危机会议。此次会议只有两人参加,他们在爱丽舍宫进行了两个小时的对话。全球金融市场屏住了呼吸,希望默克尔和萨科齐最终能够同意:要想拯救欧元区,更大规模的纾困基金是必要的。这一愿望落空了。

默克尔对于严格的财政纪律有着普鲁士式的信念,她拒绝扩大纾困基金的规模。当默克尔和萨科齐结束会谈后,交易者的反应十分愤怒,市场再度下跌。他们表示自己有着"捍卫欧元的绝对意愿",但拒绝用充足的财政资源支持这一摇摇欲坠的货币。

面对这场风暴,欧洲领导力的失败体现得再明显不过了。

默克尔和萨科齐没有采取具体行动,而是提出了令欧元区国家实现更紧密一体化的宏伟计划,并提议设立一个新的负责经济事务的欧洲政府。他们再一次宣讲了紧缩措施的必要性,并警告将不再容忍违背欧元区规则和偏离财政目标的行为。他们宣讲的是严厉的爱。或许他们最大胆的举动是要求十七个欧元区国家都在宪法中迅速加入平衡预算的修正案。他们宣称,这将是新"金科玉律"的一部分,将令欧洲更加紧密。

贝卢斯科尼艰难地提出了紧缩措施,并承诺将遵守这一金科玉律。他的联合政府非常难以驾驭。与此同时,在罗马另一端的奎里纳尔宫(Quirinal Palace),纳波利塔诺继续与蒙蒂和帕塞拉进行着秘密会谈。

在9月中旬之前,意大利和西班牙都以创纪录的速度通过了平衡预算的宪法修正案。不过具体的意大利语措辞还是留下了一定的解释空间——这算得上最优秀的意大利传统。

贝卢斯科尼的紧缩措施引发了罗马街头的大规模抗议。希腊的局势正在恶化,意大利债券再次遭到了攻击。在这个月的月中,当意大利的信用评级被下调后,投机者再次出手了。国际货币基金组织宣布,全球经济增长急剧放缓,进入了"危险的新阶段"。欧洲应对危机的措施被认为是软弱的,这是导致市场持续动荡的主要原因。

人们认为默克尔和萨科齐行动迟缓,未能采取勇敢的行动。

国际货币基金组织首席经济学家奥利维耶·布朗夏尔(Olivier Blanchard)发表的公开声明越来越令人绝望,他说道:"人们普遍认为决策者行动过于迟缓。欧洲必须联合起来采取一致行动。"

很快,美国财政部长蒂莫西·盖特纳(Timothy Geithner)也发出了呼吁默克尔和萨科齐迅速采取行动的声音,要求他们证明自己握有应对欧元危机的对策。他呼吁欧洲建立纾困基金"防火墙",并警告他们不要"等到危机更加严重时"再采取行动。白宫很快表明奥巴马也支持建立"防火墙",但默克尔并不愿意倾听这些建议。

默克尔不但没能带领欧洲走出这场风暴，反而似乎撞上了固执的紧缩政策和财政纪律这块礁石。另外，萨科齐仍然试图证明自己是欧洲的领袖，或者至少是共同领袖之一。他与默克尔之间存在着分歧，他很厌恶默克尔几乎总是在争论中胜出这一事实。萨科齐不能容忍自己仅仅是默克尔的次级伙伴，但至少身处聚光灯之下足以让他感到高兴。对萨科齐而言，至关重要的是受到人们的关注，与德国总理一同身处镜头之中。对默克尔而言，这位奉行实用主义、心直口快的德国领导人可能偶尔会被萨科齐屡屡喧宾夺主的举动惹怒，但她至少能够与萨科齐合作。

她与贝卢斯科尼的关系就不是这样了。

默克尔生气了

"我想，我和默克尔之间的所有麻烦都始于媒体发表的那段据说出自我口的言论：我被指控将默克尔称为'令人讨厌的胖子'。"

贝卢斯科尼谈起那年秋天欧元危机期间他与德国总理的关系遇到的问题时，几乎没有流露出一丝情绪。当默克尔和萨科齐像蝙蝠侠和罗宾（Batman and Robin）那样来往于欧洲各国首都之间时，一家意大利报纸发表了一段据说是监听得来的对话。对话发生在贝卢斯科尼与一名正因涉嫌为"性爱狂欢"派对召妓而接受调查的男人之间。对话中，贝卢斯科尼用下流的词汇称呼默克尔。德国媒体很快做出了回应，《明镜》周刊称贝卢斯科尼"既下流，又粗野"。

贝卢斯科尼立即进行了否认，但伤害已经造成。这年冬天默克尔将要寄出的圣诞贺卡少了一张。

"我们之间还有其他分歧，但通常情况下我们相处得不错。"贝卢斯科尼微笑着回忆道，"我想，这段引语真的让她生气了。但我从来没说过这段话，这完全是意大利报纸编造出来的，有人想要伤害我，引发我与默克尔的冲突。"

这段声名狼藉的引语也许是媒体编造出来的，但它引发了欧洲其他国家排山倒海般的嘲笑与奚落。多年以来，贝卢斯科尼发表过太多惊人的荒唐言论，以至于这一次连其他领导人都相信这段话是真的。后来，贝卢斯科尼向朋友谈起了在这段关于默克尔的言论流传开来数周之后发生的一则插曲，这件事发生在10月初一位朋友的生日聚会上。当贝卢斯科尼走进房间时，德国前总理施罗德已经到场了。他手中握着酒杯，冲着迎面走来的贝卢斯科尼喊道："西尔维奥！"贝卢斯科尼同样喊道："我从来没说过那段话！"施罗德回复道："你做得很好，说得太对了。"

如今，贝卢斯科尼承认此事造成了伤害。

"我想她非常生我的气。"贝卢斯科尼说道，"她真的被冒犯了。"

默克尔的肢体语言和言论显然表明，她对于贝卢斯科尼并不感到高兴。她和萨科齐承受着巨大的压力，试图找到解决欧元危机的方案。到10月底时，欧元危机进入了最危险的阶段，欧洲官员已经开始公开表示害怕意大利步希腊的后尘，同样陷入债务危机。忽然之间，意大利高达两万亿美元的巨额债务成为无情的市场投机者关注的焦点，也成了萨科齐和默克尔用来打击贝卢斯科尼的大棒。

10月23日，在布鲁塞尔的峰会上，萨科齐和默克尔让贝卢斯科尼再次蒙受了羞辱。峰会之前，默克尔在柏林发表了演说，她专门提到了意大利沉重的债务负担，并表示投资者要求贝卢斯科尼政府为债务提供更高的收益率并没有什么不对。对金融市场而言，这番言论不啻于火上浇油。萨科齐也继续施加压力，要求知道为何贝卢斯科尼还未迫使比尼·斯马吉辞职，为法国人进入欧洲央行理事会让路。"我能做些什么？把他杀了？"据说贝卢斯科尼这样回复道。

此时，默克尔和萨科齐都把贝卢斯科尼视为整个欧元区的累赘。在那个漫长的周日，他们在布鲁塞尔狠狠地训斥了贝卢斯科尼，在场的人士称这段对话为长时间的斥责。他们要求贝卢斯科尼继续推动经济改革，并设法减轻意大利的债务；他们要求贝卢斯科尼在出席周三的危机峰会时准备好削减开支和实施改革的计划；他们鞭打着贝卢斯科尼，然而，这场剑拔弩张的峰会并未就如何解决日益加深的债务危机以及恢复市场的信心达成更为广泛的协议。市场再次选择用行动来表示不满，华盛顿再次指责欧洲未能提出足以结束这场危机的令人信服的方案。

如今，贝卢斯科尼表示自己不记得在10月23日的布鲁塞尔峰会上受到过默克尔和萨科齐的严厉责备，尽管媒体声称他受到了训斥。但他还记得当天自己在新闻发布会上表示，"欧盟中没有人有权利任命自己为事务专员，并对其他政府指手画脚"。然而，法国和德国领导人对他的羞辱还在继续，这一次是在电视直播中。

假笑

那天下午，在要求贝卢斯科尼把本国的情况整顿好之后，萨科齐和默克尔联合召开了新闻发布会,在全世界面前抨击并嘲笑了贝卢斯科尼。一位法国记者向默克尔和萨科齐问道,他们是否相信贝卢斯科尼将实施承诺过的经济改革;萨科齐和默克尔的回应是令人尴尬的沉默。萨科齐看了看默克尔,两人先是露出了会心的微笑,随后变成了不怀好意的假笑。再然后,德国总理笑出了声,法国总统则心照不宣地摇了摇头。当新闻发布会结束后,两人准备离场时,默克尔对萨科齐说的话无意中传了出来。德国总理挖苦道:"我们从没有像刚才这段哑剧那样有效率。"

对于贝卢斯科尼而言,萨科齐和默克尔的假笑是灾难性的。他现在成了欧洲领导人的官方笑料,受到了萨科齐和默克尔的公然羞辱,而这段令人难堪的视频还将被一次次反复播放。

贝卢斯科尼表示,布鲁塞尔的峰会如同一场噩梦。

"新闻发布会上的假笑和萨科齐拒绝与我握手发生在同一天。他真的非常生我的气。"贝卢斯科尼回忆道,他身子前倾,吐露了另一段记忆,"默克尔的新闻发布会结束后,当晚我们又相遇了。实际上,她向我道了歉:'我很抱歉。我想,这事发生之后,你不会再想和我说话了。'我告诉她不必担心,我想表现出善意:'瞧,我正在和你说话呢,就是现在。'就是这样,我记得非常清楚。"

尽管如此,当贝卢斯科尼回想起曾与默克尔一同度过的截然不同的时光时,他的脸上还是露出了伤感的神色。

他说道:"我总是向默克尔赠送很多礼物。每当我前往德国,我总是会为她带去昂贵的项链和手镯。我送给她的东西都不便宜,而且买礼物花的都是我自己的钱。她总是非常开心地接受我的所有礼物。"

尽管如此，贝卢斯科尼知道在2011年10月底这段关键的日子里，默克尔和纳波利塔诺保持着联系。"纳波利塔诺定期和默克尔通话。"当他提到意大利总统的名字时，脸上露出了一丝痛苦的神情。

事实上，怀疑默克尔也许曾密谋推翻自己的不只贝卢斯科尼一人。

"在那个秋天，默克尔和纳波利塔诺经常通话，但我并不知道他们谈话的细节。"巴罗佐说道。当时担任欧盟委员会主席的他曾参加了每一次欧盟峰会。

据《华尔街日报》（Wall Street Journal）报道，默克尔于10月20日夜里给纳波利塔诺打了一通格外重要的电话。她对欧元区危机以及贝卢斯科尼管理意大利经济并兑现改革承诺的能力表示了担忧。纳波利塔诺代表意大利让默克尔放心。德国总理提前就意大利总统为推动改革作出的努力向他表示了感谢。后来，纳波利塔诺的团队否认他曾与默克尔讨论过替换贝卢斯科尼一事，但并未否认两人曾进行过此次对话。

贝卢斯科尼的世界正在慢慢地崩塌，他穿梭于各个峰会之间，就像一名被打得东倒西歪的拳击手一样舔舐着自己的伤口。此时，华盛顿越来越害怕欧元危机会导致更加严重的经济动荡，令欧洲陷入萧条，这会损害美国的出口以及全球整体经济。而且，此时已是2012年前夕，这一年奥巴马想要实现连任。

此时，奥巴马政府关注欧元危机已有数月时间，白宫和财政部的许多人都对自己的所见所闻感到惊愕不已。财政部长盖特纳是"防火墙"最积极的倡导者，欧洲可以通过设立规模达一万亿至两万亿美元的纾困基金来保护自己及单一货币。在2011年秋天，他一直与国际货币基金组织总裁拉加德、欧盟委员会、其他欧洲大国的财政部长，以及大多数欧洲领导人保持着密切联系。据说，默克尔本人对盖特纳从来都不是特别有好感。盖特纳建议让欧洲央行印钞票，并让欧洲各国政府出巨资设立紧急纾困基金，用这一足够强大的防火墙保护欧洲经济；但默克尔并不赞成这些建议。

阴谋

默克尔不喜欢盖特纳，但这并不妨碍某些非常怪异的事情在2011年秋天发生，这些事情看上去更像是惊悚片，而不是乏味的美欧政治或经济关系。法国和德国向盖特纳及白宫提出了一项格外具有煽动性的建议。这件事开始于将在11月初于戛纳举行的二十国集团领导人峰会召开之前。盖特纳后来向帮助自己准备回忆录的团队表示："萨科齐将在法国举办一场二十国集团领导人峰会。对于我们以及总统而言，这都是一件极其有趣，极其引人入胜的事情。"

"在此之前，欧洲人实际上轻声地、间接地找到了我们，表示：'我们希望你们能和我们一道，迫使贝卢斯科尼下台。'他们希望我们表示，如果贝卢斯科尼依旧担任总理，就不支持国际货币基金组织为意大利提供急需的资金或是进一步的方案。这很酷，很有趣。但我的回答是：不行。"盖特纳说道。

"我认为，萨科齐和默克尔的做法基本上是正确的，他们认为，这样下去是没法取得成功的。只要贝卢斯科尼还掌控着意大利，那么德国公众就不会支持设立大规模的防火墙，为欧洲提供更多资金。当时，贝卢斯科尼正在因招雏妓这类事情接受审判呢。"

对盖特纳而言，罢免贝卢斯科尼的密谋乍看上去甚至是有价值的，但这会引发各种各样的问题。盖特纳这位美国人也许会把它当成引人入胜的欧洲风格的诡计，但这也是一场实实在在的、旨在引发意大利政权更替的国际密谋。这项计划还意味着对国际货币基金组织角色的颠覆，将该组织当成了罢免贝卢斯科尼的政治工具。盖特纳将此事告知了奥巴马。

后来，盖特纳在回忆录里写道："我们将这一出人意料的邀请告知了总统。然而，尽管这样做有助于增强欧洲的领导力，我们还是不能介入此类密谋。我表示：'我们的双手不能沾上他的血迹。'"

"欧洲人受够了贝卢斯科尼，"去往戛纳的美国代表团的一位官员说道，"他们在尝试设计一种方案，令贝卢斯科尼不再担任政府首脑。他们想了许多招：能够迫使他接受国际货币基金组织的纾困贷款吗？能够迫使他签署国际货币基金组织的某个项目吗？"

逻辑是这样的：一旦贝卢斯科尼被迫接受了国际货币基金组织的纾困贷款或是其他贷款，他就不再拥有任何政治信誉了，于是将不得不辞职。

华盛顿的其他官员在匿名的前提下，确认了存在这项密谋。一名曾与盖特纳密切合作过的白宫官员表示，"在最高级别上"曾讨论过罢免贝卢斯科尼的计划。这名官员说道："默克尔无法容忍贝卢斯科尼。是的，他们制订了这项疯狂的计划。总统不愿意被卷入其中。欧洲人自己内斗就行了。"

至于向贝卢斯科尼强加的所谓国际货币基金组织"预防性"项目，这名奥巴马政府官员直言不讳地表示："萨科齐和默克尔想要的不是预防性项目,他们想要赶走贝卢斯科尼。"

当然,对风吹草动有所警觉的不只是美国人。欧盟委员会前主席巴罗佐在一次采访中回忆道:"我认为萨科齐显然希望见血,希望收获意大利的首级。"

国际货币基金组织的高级官员后来也透露,人们普遍认为,一旦贝卢斯科尼签署了国际货币基金组织项目,那么他的政治生命就将终结。"我认为这一点相当明显。"与国际货币基金组织关系密切的一位人士表示,"你可以称其为阴谋或是随便什么,但我认为人们觉得贝卢斯科尼在国内和国外都已经毫无信誉可言。因此,唯一能带来信誉的就是国际货币基金组织的项目。你不必非得是诺贝尔奖得主就能明白,这将是致命一击。贝卢斯科尼的欧洲伙伴将非常乐于见到他化为乌有。"

这就是2011年11月3日至4日在戛纳举行的二十国集团领导人峰会的背景。此次会议堪称近代史上最富有戏剧性的全球峰会之一。

戛纳的一出希腊悲剧

11月2日早晨,萨科齐刚醒来就读到了法国媒体头版那惊慌失措的标题。一家报纸尖叫道:"欧元告急!"另一家写道:"希腊传来晴天霹雳。"媒体所指的这段插曲令萨科齐和默克尔倍感愤怒。就在几天之前,他们刚刚结束了为期数月的冗长谈判,提出了新的希腊债务危机解决方案,这一次是多达一千三百亿欧元的纾困计划。此时,希腊总理乔治·帕潘德里欧(George Papandreou)却破坏了这一计划,他出人意料地宣布,将就这一纾困方案进行全民公决。如果希腊人投票反对纾困计划以及随之而来的严酷的紧缩措施，那么希腊将跌出欧元区，这一灾难被称为"希腊退欧"（Grexit）。这反过来又将导致新的金融灾难，使得欧洲陷入严重衰退，对全球经济构成重大威胁。

当晚，疲惫的希腊总理被召唤到戛纳，与默克尔和萨科齐共进晚餐，结果却演变成了OK牧场的决战。当天下午五点半，德国和法国领导人来到戛纳参加筹备会议，默克尔希望弄清事情的原委，萨科齐则希望在次日的峰会正式开始前解决希腊问题。拉加德、巴罗佐、其他欧洲官员以及欧洲央行的代表也一同出席了会议。

巴罗佐回忆道："他们对帕潘德里欧生气极了，因为他没有征求意见就宣布了公投的决定。看样子我们必须以坚决的态度对待他，明确地对他表示，在公投之前的这段时间不会给希腊一分钱。"

萨科齐和默克尔都对公投的决定愤怒不已。德国总理认为，如果要举行公投的话，那么问题应该是希腊是待在还是离开欧元区。她的态度变得强硬了。在这漫长的一天将结束时，她将公开发表上述意见。

据多位与会者回忆，当晚萨科齐比平常更加咄咄逼人。他来到了设在庆典宫（Palais des Festivals）里的会议室，这座建筑正是平日里举办戛纳电影节的场所。现代的会议中心是一幢由玻璃、钢铁与混凝土构成的丑陋建筑，具有糟糕的1970年代法国现代主义建筑风格，轰然坠落在著名的十字大道（Boulevard de la Croisette）上。室外飘起了冰冷的细雨。

萨科齐之所以将戛纳选为峰会举办地，是为了展现优雅与高贵。但对于二十国集团领导人峰会而言，这一会址显得十分奇怪，人们更习惯在这里见到在红地毯上冲着狗仔队微笑的妮可·基德曼（Nicole Kidman）或乔治·克鲁尼。

11月2日晚上八点半，萨科齐结束了与中国国家主席胡锦涛的正式会晤，重新进入了默克尔和其他人所在的会议室。令他感到相当尴尬的是，与此同时，中国人公布了拒绝向新的纾困基金注资这一请求的消息。中国人不打算救助欧洲。这是欧洲自己的问题。

巴罗佐和欧盟委员会的团队一道首先步入了会议室。帕潘德里欧夹着一个文件夹，独自一人步履沉重地走了进来。拉加德则和平常一样，既优雅，又冷静。

桌上摆好了晚餐，但当晚没人有胃口。默克尔和萨科齐坐在水晶玻璃前，身前摆放着精美的法国瓷器；他们怒视着在桌子对面就座的两人：希腊总理及其财政部长埃万耶洛斯·韦尼泽洛斯（Evangelos Venizelos）。

萨科齐没有浪费时间，他立刻开始斥责帕潘德里欧，默克尔则赞许地旁观着。据与会者表示，萨科齐在怒吼和咆哮，一名观察者称他的表现"完全是萨科齐式的"。

日后韦尼泽洛斯回忆道："我一生中从未见过如此没有外交风度的行为。萨科齐极为愤怒。其他人都没法说话，因为他一直说个不停。默克尔更冷静一些，但她的意思也很明确：你们要么取消公投；要么立刻举行公投，但问题要改成：是否留在欧元区。"

巴罗佐回忆道："会议的气氛非常紧张，萨科齐向帕潘德里欧施加了巨大的压力。他对帕潘德里欧说，'你背叛了我们，但我们想要帮你'，所以你们公投的问题得改成是否留在欧元区。

"默克尔表示，如果希腊退出欧元区，那么我们必须尊重这一决定。未来希腊可以回归欧元区，比如说在十年之后。"

此时，帕潘德里欧被逼到了角落里。希腊退出欧元区这一禁忌被打破了。在公投问题上，希腊总理态度十分坚决，但他开始感觉到时间不够用了。

帕潘德里欧和其他人并不知道，当天早些时候，欧盟委员会主席已经与希腊反对党领导人通了电话，谈论了阻止公投的办法以及组建全国团结政府的可能性。此时，萨科齐和默克尔正在桌子的另一端怒目而视，争论过程中拉加德偶尔会爆发出一阵斥责，以示对两人的支持，而希腊总理看上去已经到了崩溃的边缘。空气凝固了，众人的脸色都是一片阴沉。这时，巴罗佐转向了韦尼泽洛斯，向希腊财政部长耳语了几句，帕潘德里欧并没有听见他说的是什么。

巴罗佐回忆道："我告诉他，我们必须制止公投，不然这有可能导致希腊退出欧元区。"

晚些时候，当希腊总理及财政部长返回雅典之后，韦尼泽洛斯于凌晨四点四十五分发表了一份简短的声明，拒绝接受公投的决定，并公开驳斥了自己的总理。数日之内，帕潘德里欧下台了，取而代之的是一名曾在欧洲央行任职的技术官僚卢卡斯·帕帕季莫斯（Lucas Papademos）。巴罗佐及其幕僚在戛纳时就已经提到了他的名字。

欧元危机期间，在戛纳，人们普遍持有的许多关于民主的信念都被暂时悬置了，在影响力巨大的国际货币基金组织支持下，一小群欧洲领导人采取了他们认为对欧元最为有利的行动，但历史尚未证明他们是正确的。

贝卢斯科尼出场

周三晚间，默克尔和萨科齐在戛纳正狠狠地敲打着希腊人，与此同时，虚弱的贝卢斯科尼在罗马正面对着自己的灾难。他那难以驾驭的中右派联盟似乎即将分崩离析，当晚他正在紧急内阁会议上承受着煎熬：他原本希望在次日将经济改革方案提交给二十国集团领导人峰会，但此时却无法获得对于该方案的许可。他原本希望带着一部新法律抵达戛纳，以此来安抚市场以及默克尔和萨科齐。然而，他未能说服自己的内阁批准该方案，这主要是因为他与财政部长特雷蒙蒂意见不一致。此时，特雷蒙蒂和希腊财政部长一样，都与自己的上司反目了。对贝卢斯科尼而言，特雷蒙蒂成了一名反叛的部长、潜在的对手，甚至是可能的接替者。

11月3日早晨，贝卢斯科尼和特雷蒙蒂登上了意大利总理的空客专机，踏上了从罗马到法国南部的短暂旅途。这时贝卢斯科尼才第一次得知了前一天晚上萨科齐与帕潘德里欧争吵的细节。然而，他有自己的问题。他未能通过改革方案，并且与特雷蒙蒂发生了争执，这都会损害他在金融市场以及萨科齐和默克尔心目中的信誉。更加雪上加霜的是，在戛纳峰会前夕，欧洲媒体依然在连篇累牍地报道"性爱狂欢"派对；传统媒体和社交媒体上流传着南美模特的色情照片——这些人是传说中卖淫集团的成员，据说贝卢斯科尼建立、安置并资助了这一由三十多名女人组成的模拟后宫。

当贝卢斯科尼抵达戛纳后，人们看到的是一位遭受了重创的人物。

巴罗佐回忆道："我发现贝卢斯科尼非常虚弱。他极为垂头丧气。"

"他的形象非常糟糕。"一名出席了戛纳峰会的欧洲高级官员说道,"他拒绝进行任何结构性改革。除此之外,他还被各种丑闻纠缠着。我得说,在戛纳的那几天,他看上去非常衰老和疲惫。他既没有活力,也没有信誉,其他人也不信任他。"

贝卢斯科尼本人的一位高级助理称七十五岁的他出席二十国集团领导人峰会时"既疲惫,又焦虑"。

焦虑只会愈发严重。其他领导人提出的尴尬问题令他猝不及防。"在戛纳,来自各个国家的朋友都询问我是否决定辞职,因为他们都听说在一周之内,新的蒙蒂政府将就职。"贝卢斯科尼回忆起来,他又补充道,"我感觉到出事了。"

西班牙首相萨帕特罗也听说了关于蒙蒂的传言。尽管西班牙并不是二十国集团的一员,但他被邀请参加当天早晨的一场特别会议。在峰会正式开始前,萨科齐召开了这场专注于意大利和西班牙问题的会议。萨帕特罗有些忐忑不安。

"我抵达戛纳时,形势非常不稳定。"萨帕特罗回忆道,"我们西班牙已经实施了改革,我们对赤字的控制更出色、更有效了,我们变得更可信赖了。在戛纳,一边倒的看法是意大利是不可信赖的,贝卢斯科尼没有实施他承诺过的改革,他没有削减赤字。这就是普遍的观点。我发现在整个危机期间情况都是如此。每当市场表现不佳,就得由某个国家付出代价。这一次,要付出代价的国家是意大利。"

那天早晨萨帕特罗刚抵达戛纳,就听说了蒙蒂将取代贝卢斯科尼的传言，但最令他感到惊讶的消息来自默克尔。她迎接西班牙首相时问道，他是否愿意接受国际货币基金组织提供的预防性信贷额度，即可以从国际货币基金组织处支取五百亿欧元贷款。她立刻补充道，意大利当然也会获得资金，它将从国际货币基金组织处获得八百五十亿欧元。萨帕特罗意识到，默克尔显然已经制订了一项计划，但他并不想参与其中。于是，萨帕特罗礼貌地拒绝了，表示西班牙并不需要国际货币基金组织提供的预防性资金。

萨帕特罗回忆道："当时西班牙的问题并不大。我们当然有问题，但问题少多了。当她询问我时，我想起了助理向我提到过的关于蒙蒂的事情。听到默克尔提及为西班牙和意大利提供援助，我意识到了她关注的其实是意大利。这就是我得出的结论，因为当我表示拒绝之后，默克尔并没有坚持。所以我立刻想到他们关注的其实是意大利，当天的会议就证实了这一点。"

11月3日上午十点半，萨科齐召开了峰会前的特别会议，由法国、德国、意大利、西班牙、国际货币基金组织和欧洲官员们参加。在庆典宫的一间舒适的会议室里，贝卢斯科尼正坐在"默科齐"（Merkozy）①的对面；数小时之前，这对精力充沛的搭档刚刚将帕潘德里欧送进了政治坟墓。

萨科齐的一天在一个小时之前便开始了。他冲着摄影师微笑，欢迎奥巴马来到会议中心。随后，在表示美国希望帮助欧洲解决欧元危机之后，奥巴马前往雅致的卡尔顿酒店（Carlton Hotel），与默克尔进行一对一会谈。默克尔则委派自己十分信任的财政部长沃尔夫冈·朔伊布勒（Wolfgang Schäuble）前往会议中心，和萨科

---

① 指的是默克尔和萨科齐这一对搭档。

齐等人一同面对贝卢斯科尼。坐轮椅的朔伊布勒十分固执且咄咄逼人，多年之前他在一次暗杀事件中幸存了下来；如今他被全欧洲视为鹰派中的鹰派，他非常乐于见到希腊退出欧元区，并怀着宗教般的虔诚信奉紧缩政策这一圣杯（Holy Grail）。

朔伊布勒坐在萨科齐身边，不远处是目光强硬的拉加德，对面则是贝卢斯科尼。

萨科齐立刻全速运转起来。

巴罗佐回忆道："在朔伊布勒的积极支持下，萨科齐施加了巨大压力。他对贝卢斯科尼说道：'意大利必须请求国际货币基金组织提供预防性信贷额度。否则，悲剧就将发生。因为市场将暴怒。我们需要意大利立刻采取行动。'贝卢斯科尼说道：'不，意大利的经济状况很好，不存在意大利问题。我们已经向10月的欧元峰会递交了信件，像欧盟委员会建议的那样，列出了我们将采取的措施。'但朔伊布勒一再坚持，表示他们应该采取那些措施，否则就将面临一场灾难。"

巴罗佐回忆起了萨科齐接下来的举动："他以急匆匆的、不达目的不罢休的风格，冲着贝卢斯科尼几乎喊了起来：'西尔维奥！还有两个小时二十国集团领导人峰会就要召开了。你能请求国际货币基金组织提供贷款吗？如果不能的话，将会导致一场灾难！'他情绪非常激动，过分夸大了这一问题。"

在抨击之下筋疲力尽、遭受重创的贝卢斯科尼试图维持仅存的一点尊严。他不断重复道，意大利已经与欧盟委员会就即将实施的一系列改革的细节达成了一致；他保证让自己的内阁迅速批准一切方案。他甚至表示愿意与国际货币基金组织一同监督欧盟委员会项目的实施情况;然而,他不会请求那笔看上去像是纾困资金的八百亿欧元贷款;这笔贷款会令市场受到惊吓,并且意味着意大利放弃了自己的主权。

"当他们向我提出国际货币基金组织的贷款时,我非常坚定地告诉他们,我完全不知道他们在谈论些什么,我们并不需要这笔贷款。我说道:'不,谢谢!'"贝卢斯科尼回忆道,"这将导致意大利沦为殖民地,导致一个主权国家听命于债权人三驾马车(国际货币基金组织、欧洲央行和欧盟委员会),就如同希腊那样。我想,我的答复非常坚决。"

萨科齐没有放弃。

巴罗佐说道:"萨科齐向贝卢斯科尼施压的方式非常惊人;他不只是在施压,而简直是在恐吓!"相较之下,由于所有人的注意力几乎都放在了意大利身上,西班牙首相正尽力保持低调。巴罗佐表示:"萨帕特罗没有开口说话,一次也没有,一个字也没有。"

萨科齐说话时常常转向拉加德的方向。刚抵达戛纳,拉加德就表示"意大利没有信誉"。据巴罗佐回忆,当着贝卢斯科尼的面,拉加德依然作出了毁灭性的评价。

巴罗佐回忆道:"拉加德非常强硬,她表示没有人信任意大利。"然而,拉加德接下来称赞道,如果意大利请求国际货币基金组织提供预防性贷款,这将是一种美德。她声称这样做有助于安抚市场。

巴罗佐还记得,他与欧洲理事会(European Council)主席赫尔曼·范龙佩(Herman Van Rompuy)在11月3日上午的会议上都曾警告道,国际货币基金组织为意大利提供价值仅为八百亿欧元的贷款这一计划可能起到适得其反的效果。也就是说，这会为金融市场敲响警钟，而不是起到安抚的作用。巴罗佐表示，由于意大利的债务接近两万亿美元，区区八百亿欧元的应急措施看上去只是杯水车薪。

沉默不语的萨帕特罗被眼前上演的这出戏迷住了，他对会议不再关注西班牙感到庆幸。当天晚些时候，他邀请意大利财政部长特雷蒙蒂喝了杯咖啡，谈论起了法国和德国领导人向贝卢斯科尼施压，要求他接受国际货币基金组织贷款一事。

"我们休息了一会儿。包括政府工作人员和助理在内，来自西班牙和意大利的两拨人马在一起喝了杯咖啡。贝卢斯科尼不在场，但我记得特雷蒙蒂说道：'我知道有比求助于国际货币基金组织更好的自杀方式。'当天，他把这句带有意式幽默的话重复了二十遍。他是位聪明的人物，很有手腕。"

早上的会议之后，峰会的焦点重新变成了希腊危机以及对市场将对峰会作何反应的恐惧。萨科齐也许过分痴迷于金融市场和媒体，但对于世界上最有权势的领导人而言，这样的表现并不罕见。

"在公众看来，决定所有事情的永远是这些领导人。然而，如果你是局内人的话，你就会知道实际上是怎么一回事了。"萨帕特罗深思道，他回想起了当时弥漫在庆典宫里的草木皆兵的心态，以及位于世界权力顶峰的领导人的行为。西班牙前首相解释道："是的，做决定的是这些领导人，但他们总是关注着《金融时报》和市场的反应。实际情况就是这样的。政治是生活的延伸。你可能会以为政府拥有特殊的力量，但在这个世界上并非如此。政治领袖、市场领袖以及高级官员全都读《金融时报》。《金融时报》的问题在于它就像是《圣经》——《圣经》是本伟大的书，但只承认一种解释。"

奥巴马的速成班

贝卢斯科尼承受的压力越来越大，欧元危机也依然在肆虐。与此同时，当天晚上在二十国集团正式晚宴之后，又召开了一场高层会议。巴罗佐后来将这个夜晚称为"奥巴马学习欧洲政治的速成班"。

挤满了狭小的会议室的人物还是早上那一批。除了萨科齐、拉加德和朔伊布勒，这一次默克尔也到场了。此外还有巴罗佐、范龙佩，以及首次以欧洲央行行长身份亮相的德拉吉；萨帕特罗和西班牙财政大臣、贝卢斯科尼和特雷蒙蒂也围坐在桌边。不过这一次，当萨科齐准备新一轮危机会谈时，美国总统也加入了这群欧洲人的行列。

当时在场的一名欧洲官员回忆道："奥巴马是这场会议的主持，所有人都在倾听。"

由盖特纳陪同着的奥巴马希望谈论阻止金融市场混乱局势的办法。如同盖特纳所建议的，奥巴马希望建立足够强大的防火墙，与金融市场里的投机者展开较量，为身处债务危机的欧洲提供保护，避免对全球金融体系构成威胁。为了建造防火墙，他要求德国投入巨资，这显然令默克尔感到不悦。萨科齐愿意建造防火墙，但他依然固执地希望此次峰会至少能够带来一项实际成果：让意大利接受国际货币基金组织的纾困计划。

会议开始于晚上九点四十左右，直到夜里将近十一点才结束。会议室里发生的事情最终未能解决欧元区危机，但这无疑是整场危机最严重的阶段里的决断时刻。

巴罗佐回忆道："奥巴马在会议开始时说道，我们需要找到意大利问题的解决方案，并为欧洲建立起防火墙，这就是他的两大议题。"他还补充道，奥巴马和萨科齐都竭力试图说服默克尔同意为规模达上万亿美元的防火墙提供更多资金。

在巴罗佐和萨帕特罗注视下，萨科齐和拉加德依次长时间地抨击贝卢斯科尼，默克尔则点头表示赞同。

"这是一场从海上、空中和陆地发动的全面攻势。"萨帕特罗回顾着他发誓永远不会忘记的这场晚宴，"我还记得众人脸上的表情，他们说道：'意大利没有信誉，你没有实施任何改革。'他们不断地对贝卢斯科尼重复这些话。"

萨帕特罗回忆道："奥巴马总是最有礼貌的那位。他非常有礼貌，非常优雅。"

会议开始时，奥巴马并不是裁判；他渐渐地扮演起了这个角色。据三位前总理（首相）表示，奥巴马起初支持由国际货币基金组织为意大利提供贷款这一主意，但随着会议的进行，他改变了想法。

"萨科齐总统认为这是个非常好的主意。"奥巴马起初说道，并没有施加太大压力。

贝卢斯科尼回忆道，自己再次向奥巴马、默克尔和萨科齐表示，意大利既不需要、也不会接受国际货币基金组织的贷款。

贝卢斯科尼争辩道："意大利是个富裕的国家。在必要情况下,我们能够应付高利率达一年时间。"

奥巴马换了种说法:"我们需要打破这个恶性循环,为市场注入信心。"

然而,贝卢斯科尼十分坚决。除了巴罗佐以外,几乎没人支持他。

"我发现会上意大利人被施加了巨大的压力。"巴罗佐回忆道,"我意识到,萨科齐显然就是希望做成某件大事。萨科齐有许多可贵的品质,比如意志坚定,等等。但他也是个执拗的人物。他就是希望戛纳峰会能够宣布:'好啦!我们解决了欧元危机,因为现在意大利接受了国际货币基金组织的纾困项目。'于是我对贝卢斯科尼表示:'别放弃,坚守你的阵地。'"

萨帕特罗回忆道:"特雷蒙蒂和贝卢斯科尼进行了顽强的抵抗。这令人惊叹,因为他们已经被抨击了好几个小时之久。"

此时,面对拒绝让步的贝卢斯科尼,拉加德发怒了。她开始对着贝卢斯科尼发表长篇大论,虽然不像萨科齐那样情绪激动,但在某种程度上更加致命。

萨帕特罗回忆道:"拉加德对待意大利和西班牙的态度非常严厉,所以我对此记忆犹新。她非常严厉,但并不公正。看到国际货币基金组织扮演这样一个角色是令人惊讶的。他们只是支持强权立场的配角,并没有自己的观点。"

贝卢斯科尼一位前高级助理的话更加直接:"我参加了那场会议。我可以告诉你,拉加德表现得就如同口技表演者使用的人体模型,萨科齐则是幕后操纵者。她说起话来就像受过训练的鹦鹉一样。"

对这种生动的意式总结，萨帕特罗欣然表示赞同。"是的，是的，是的。"他点着头重复道。萨帕特罗对于戛纳峰会上那个重要夜晚的回忆十分有说服力。他表示，在他看来拉加德的表现更像是某些政府的"政治分支"，而不是国际组织的领导人。他说道："是的，看上去就是这样。"

在场的人当中，认为拉加德对待意大利时跟在萨科齐身后亦步亦趋的不只萨帕特罗一个。她是萨科齐主演的这出过于夸张的政治戏剧里的完美配角。萨科齐先高谈阔论，然后转向拉加德；她总是已经准备就绪，非常理智和沉着，乐于不断重申国际货币基金组织提供贷款这一方案。

拉加德与萨科齐之间不寻常的化学反应不应该让出席戛纳峰会的任何人吃惊。担任国际货币基金组织总裁四到五个月时间不足以改变她的历史：过去十年间，她一直是萨科齐忠诚的政治幕僚与盟友。在政治上，他们两人就像是连体婴儿，关系极为密切。

有些让拉加德难堪的是，十八个月后，警察突击搜查了她在巴黎的住所，发现了一封相当私密的信，这封信刊登在了全世界的报纸上。这封由拉加德写给萨科齐的信与对塔皮耶的调查有关，全世界的媒体都拿这封信大做文章。拉加德在信中发誓永远忠于萨科齐，并写下了如此动情的句子："我就在你身边，为你服务……请在对你来说最合适也最必要的时候让我为你效劳。如果你决定让我为你效劳，我需要你指引我、支持我。没有你的指引，我可能发挥不了作用；没有你的支持，我可能不会被信赖。"这封信的落款令人感到十分尴尬："无比仰慕你的克里斯蒂娜·L.。"

回到戛纳。此时，会议进行到了最富戏剧性的时刻。萨科齐开始最后一次指责贝卢斯科尼，奥巴马则转向巴罗佐，问他对于国际货币基金组织向意大利提供纾困贷款这一主意有何看法。

巴罗佐说道："奥巴马看到了我的肢体语言。我对国际货币基金组织贷款的看法非常负面。我表示欧盟委员会将监督意大利的举措，但解决方案必须是欧洲的。我表示国际货币基金组织无论如何也不能取代欧盟委员会的作用，这是欧洲的事务。我还表示，说老实话，八百亿美元与我们对其他国家采取的行动相比是微不足道的，这笔资金比我们给予希腊的要少。如果传出意大利从国际货币基金组织处接受八百亿美元纾困贷款的消息，这将是一场灾难。"

贝卢斯科尼点了点头，表示赞同；萨科齐气愤得沉默不语；默克尔瞪大了眼睛；拉加德依旧面无表情。在一群欧洲人争执不下时，奥巴马再次发话了。

"我的理解是，意大利可以接受国际货币基金组织的监督，但不会接受整个项目。"此时奥巴马成为了官方仲裁者。

随后，他表示同意贝卢斯科尼的看法，认为国际货币基金组织的贷款计划并不是一个好主意。他说道："我想西尔维奥是对的。"

结局就是这样。意大利将接受国际货币基金组织某种形式的监督，但不会接受贷款。萨科齐没能收获战利品，不过他和奥巴马依然可以敦促默克尔接受防火墙计划。于是，法国总统又转向了德国总理，滔滔不绝地说了起来。他们竭尽全力想要说服她，声称巨型金融防护盾具有保护欧洲和全球经济的意义。

默克尔努力解释道，自己并不反对这一计划，但是根据德国法律，她不能对拥有很大权力的德国央行德意志联邦银行（Deutsche Bundesbank）发号施令。奥巴马和萨科齐坚持己见，认为默克尔能够设法解决这一问题。此时,贝卢斯科尼安坐一旁,长舒了一口气。萨帕特罗则依旧沉默不语。

这时,或许是被此前二十四小时不间断的压力折磨得筋疲力尽了,或许是不愿因未能尽到自己的职责以拯救欧洲而成为历史的罪人,默克尔哭了起来。

萨帕特罗回忆道:"在当晚的会议快要结束时,默克尔的情绪十分激动,她眼中含着泪水。她不希望大家认为德国不愿意伸出援手或是出资。她谈论起了历史。所有人都安静了下来,我也看了看财政大臣。这是个非常严肃的时刻,短短几秒钟便浓缩了二十世纪的全部历史。在我看来,奇妙的是氛围从此改变了。这很重要。"

贝卢斯科尼尽管遭受了重创,已是满身伤痕,但总算得以作为对默克尔和萨科齐说不、拒绝了国际货币基金组织项目的人物回到罗马;尽管大多数与会者都认为,与其说他进行了大无畏的反抗,不如说他已是黔驴技穷、行将就木。在罗马,他的政敌早已全副武装,只等他归来。在这场奥巴马参与的张力十足的会议之前几个小时,巴罗佐便意识到,意大利总统纳波利塔诺"很显然"已经准备好了第二套方案。

巴罗佐回忆道:"那天在峰会期间,我接到了纳波利塔诺的一通电话。我并未做记录,也没有其他人听到了这段对话,不过我记得他的语气非常正式:'主席先生,我希望以意大利的名义向您保证,不会有任何问题,政府会尊重贝卢斯科尼总理在给您的信中承诺实施的所有政策与经济改革方案。'我的理解是,他显然已经考虑了贝卢斯科尼以外的解决方案。在我看来,这是非常显而易见的。"

巴罗佐认为,纳波利塔诺也许将要迫使贝卢斯科尼辞职,或者至少准备采取某种行动。

戛纳峰会于次日结束了，并未取得太多成果。这是欧洲无力采取明确、勇敢的行动的又一明证。市场咆哮着表示不满，意大利债务的利息成本再次飞涨。贝卢斯科尼回到罗马之时，他的命运已经注定。他成功地挣脱了国际货币基金组织的贷款，但他又在新闻发布会上表示这是国际货币基金组织的建议。这一表态导致金融市场的形势雪上加霜。

贝卢斯科尼在戛纳的海滩倔强地拒绝接受国际货币基金组织的项目，似乎挫败了旨在罢免他的国际密谋。果真如此吗？在有些观察家看来，萨科齐、拉加德和默克尔在戛纳的行动差不多已经将贝卢斯科尼赶下了台，纳波利塔诺则实施了致命一击。自从前一年夏天起，蒙蒂就开始为接替贝卢斯科尼做准备了。

盖特纳私底下向回忆录的合作团队表示，他认为令贝卢斯科尼下台的密谋取得了成果。当被问及默克尔和萨科齐是否成功地摆脱了贝卢斯科尼时，盖特纳给出了肯定的答复。

盖特纳说道："他们最终成功了。他们实际上表现得非常老道。深夜里，我们围坐在桌旁，想要诱使意大利人赢回一些信誉……我们当时争论的话题是，他们是否同意让国际货币基金组织不是借给他们钱，而是作为类似于审计者的角色，对政策的实施状况进行核查与公开评估。你要知道，对任何国家而言，国际货币基金组织往往代表着死神之吻。因此，除非万不得已，大多数国家都不愿意接受国际货币基金组织。贝卢斯科尼也还想争取更多时间。"

戛纳峰会结束时，贝卢斯科尼避开了国际货币基金组织贷款这一死神之吻，但遭受了拉加德的致命拥抱：作为妥协，他同意让国际货币基金组织每三个月前来罗马一次，监督意大利的进展。

贝卢斯科尼在戛纳受到的羞辱为他的敌人提供了弹药，加速了他的下台。纳波利塔诺的外交事务顾问在戛纳布有耳目。在马基雅维利的祖国，纳波利塔诺用蒙蒂取代贝卢斯科尼的密谋进入了收官阶段，他加快了行动。

11月9日，在戛纳峰会结束仅仅五天之后，纳波利塔诺任命蒙蒂为终身参议员，从而令他进入了议会。三天之后的11月12日，纳波利塔诺将贝卢斯科尼召唤到了总统府。纳波利塔诺提出了贝卢斯科尼应该辞职的各种理由，亿万富翁总理最终还是屈服了。据说，纳波利塔诺告诉贝卢斯科尼，他认为贝卢斯科尼在议会里已经没有可以依靠的多数席位了。贝卢斯科尼自己则表示，纳波利塔诺向他施加了巨大的压力，要让他辞职。通常情况下，贝卢斯科尼会进行反抗，但这一次他并没有这样做。意大利总统随即匆忙地完成了政治协商这一程序，在不到二十四小时内便任命蒙蒂为意大利新任总理。

贝卢斯科尼说道："如果你愿意的话，那就责备我幼稚吧。但当我去见总统时，我并未意识到任命蒙蒂为总理是存在已久的、旨在令我的政府垮台的计划的一部分。这项计划正是在纳波利塔诺的指示下展开的。"

对贝卢斯科尼而言，在于2011年年底辞职之后，情况只会变得越来越糟糕。在二十个月后，他至少将遭遇诉讼战役中的滑铁卢。2013年8月1日，在罗马的一个炎炎夏日，最高法院将首次对贝卢斯科尼作出最终的刑事定罪，对他处以四年有期徒刑。这一判决无法被撤销——或者说，至少看上去是这样的。

第十二章：有罪

2013年8月1日的罗马酷热难耐。

二十多个月前，默克尔、萨科齐和纳波利塔诺等人谋划的一场国际密谋使得贝卢斯科尼在戛纳受辱，并被蒙蒂取代了总理一职。此后，对贝卢斯科尼而言，事情没有最糟，只有更糟，尤其是在法律阵线上。

贝卢斯科尼的罗马总部格拉齐奥利宫（Palazzo Grazioli）内气氛如同葬礼一般。人们仿佛正在守夜，在这段痛苦的日子里等待着宣判与裁决。助理们匆忙地出入于这座宏伟宫殿二楼的贝卢斯科尼办公室，这座巴洛克式宫殿距离著名的威尼斯广场（Piazza Venezia）仅有一步之遥。身着制服的侍从忙碌地将盛有浓缩咖啡和矿泉水的银质小盘端给诸多客人。贝卢斯科尼则坐在富丽堂皇的会议室里，接待来访的政界代表团、高级幕僚、顾问、律师、朋友和家人。

贝卢斯科尼已经在这里待了好几天,把自己封闭在这间总统风格的办公室里:镀金的台桌上摆放着他的收藏品以及与小布什和普京等朋友的合影,墙壁上覆盖着金色的绸缎。他坐在那里,接待一位又一位客人。他的工作人员正处在高度不安的状态,害怕出现最糟糕的结果;贝卢斯科尼看起来则十分忧郁、心事重重、很不自在。如果说他对审判感到很紧张,那么他正在竭尽全力地隐藏自己的情绪。

然而,在2013年8月1日这个周四,事情发生了变化。在身边的人看来,他也许显得异乎寻常的冷静,但实际上,贝卢斯科尼从未像此时这样身处险境。这一天,他的全部生活都处于危险之中。

这一天,最高法院将要对一桩旷日持久的税务欺诈案作出终审判决。在意大利,所有人都预期最高法院会维持低级法院做出的两次有罪判决,这将使得贝卢斯科尼正式成为法律意义上的税务欺诈罪犯,被处以徒刑且被禁止竞选公职。就是这样,这就是他的背水一战,是不成功便成仁的时刻。二十年来,他从来都躲过了终审判决,但这一次情况似乎十分危急。

一群支持者挤满了宫殿门前的街道。其中有些人举着标语、戴着贝卢斯科尼的徽章,显示团结一致。一组为CNN、福克斯(Fox)电视台、BBC以及意大利当地电视台工作的摄像人员在大门外排成了一列,持枪的宪兵与警察阻止他们更加靠近,并对临近的威尼斯广场实施了交通管制,将罗马市区这条繁忙的大街变成了戒备森严的红色区域。

玛丽娜·贝卢斯科尼从米兰飞了过来。在米兰,她管理着家族拥有的蒙达多里出版集团。她在下午三点前来到了格拉齐奥利宫。

身为贝卢斯科尼最年长的孩子、他首任妻子达洛利奥的女儿,她实际上是他的接班人。她径直走向了父亲的办公室,发现他正和多年来的律师尼科洛·盖迪尼(Niccolò Ghedini)待在一起。

贝卢斯科尼来自那不勒斯的女友帕斯卡莱决定出门购物,或者至少遛遛狗,以此来缓解压力。她的每次现身都为摄影人员奉上了名副其实的时装秀。当天,这位前歌舞女郎出入宫殿好几次:她早上身着淡黄色的服饰,搭配着费拉加莫(Ferragamo)芭蕾舞拖鞋和超大号的芬迪(Fendi)太阳镜;下午则身着浅蓝色服饰;每一次怀里都抱着可爱的白色贵宾犬杜杜。

楼上宛如一间作战室。贝卢斯科尼的政治中尉正在评估有罪判决会对他造成的伤害。这有可能导致贝卢斯科尼的党派四分五裂,并导致政府垮台。贝卢斯科尼没有第二套方案,也没有关于继任者的计划。来自西西里岛的前天主教民主党人安杰利诺·阿尔法诺(Angelino Alfano)是他在党内的搭档,是仅次于他的二号人物,但是阿尔法诺并不具有个人魅力。关于如果贝卢斯科尼被判入狱则由谁领导他的政党参加下次竞选的争论愈发激烈,这时好几名忠实的党员提到了玛丽娜的名字。

"替代贝卢斯科尼的人物," 一名忠诚分子在推特上写道,"还是贝卢斯科尼。"

当那天下午玛丽娜走进房间时,氛围就是如此。下午四点,贝卢斯科尼的首席政治顾问、追随贝卢斯科尼已久的前游说专家、菲宁维斯特集团副主席詹尼·莱塔离开了格拉齐奥利宫。詹尼·莱塔离开时紧锁着眉头,流露出了对于即将发生的事情感到无可奈何的神情。贝卢斯科尼在梅迪亚塞特集团的得力助手孔法洛涅里以及他

285

的儿子皮耶尔·西尔维奥还待在位于米兰市郊的电视台总部,远远地关注着一切。

贝卢斯科尼与玛丽娜在办公室里单独待了一个多小时。他们首先谈论了当天可能发生的两种情况:要么宣判无罪,要么有罪。与此同时,贝卢斯科尼还在斟酌一份声明。这份声明是用精致的老式钢笔在精美的纸张上手写而成的。当玛丽娜意识到父亲是在起草被宣判有罪时将在自己的电视台上发表的讲话时,她请求父亲不要继续写下去,将它抛到一边。但贝卢斯科尼并没有停下笔来。

据当天下午在场的人表示,贝卢斯科尼看上去已经做好了最坏的准备,但依然很平静。他的家人和助理还记得,就在几周之前的6月中旬,当米兰的一所法庭在对"性爱狂欢"事件的审判中做出有罪判决时,他同样展现出了这种几乎是超现实的冷静。那一天,他同样准备了一份演讲稿,向意大利人民发誓自己从没有花钱与未成年人发生性关系。

下午五点过后不久,玛丽娜注视着父亲写完了声明。要到两个小时之后,最高法院才会宣布结果。贝卢斯科尼叫来了自己的首席形象设计师罗伯托·加斯帕罗蒂(Roberto Gasparotti)。他是一名资深的电视人。加斯帕罗蒂回忆道,和以前的许多次经历一样,他不得不匆忙地布置好灯光,摆放好摄影机,让化妆师拍打贝卢斯科尼的前额。贝卢斯科尼戴上了耳麦。就像在庄重的场合里那样,意大利国旗和意大利力量党的旗帜悬挂在他身后。这就是贝卢斯科尼致辞时的一整套总统级别的布置,他本人则直视着镜头。

贝卢斯科尼录完了为时九分钟的致辞,在女儿的陪伴下,离开了办公室,回到附近的一间客厅。格拉齐奥利宫既是贝卢斯科尼的政治大本营，也是他在罗马的住所；宫殿里宏大的"贵族楼层"（Noble Floor）有一间客厅，配备着六十英寸的液晶电视、排列成一圈的米色沙发、摆满了罕见的威士忌与干邑的酒柜、有着大理石基座的镀金拿破仑三世（Napoléon Trois）台桌、金色的挂毯，以及各种收藏品；在房间的一角还摆放着一颗施华洛世奇（Swarovski）水晶圣诞树，就好像一整年都在庆祝圣诞节一般。此时，圣诞树并未被点亮。

当晚七点四十分，父女二人坐在客厅的沙发上，盯着电视屏幕。国家电视台正在直播最高法院的宣判。对意大利人而言，这是历史性的一刻。贝卢斯科尼的政治工作人员和律师聚在隔壁的房间里收看判决。经过近二十年的诉讼程序之后，首席法官（Chief Justice）仅仅用了一分五十六秒便宣判了他的命运。贝卢斯科尼称这是他生命中最糟糕的两分钟。在整个罗马城，反对贝卢斯科尼的民众欢呼雀跃地涌向街头，庆祝法庭的判决，开启一瓶瓶香槟，对这位亿万富翁前总理遭受的首个有约束力的终审有罪判决感到欣喜若狂。

皮耶尔·西尔维奥和孔法洛涅里离开了米兰的办公室，前往利纳泰机场的民航区域，登上了梅迪亚塞特集团的专机，向罗马飞去。这时，家族的其他成员也纷纷来到了格拉齐奥利宫，其中包括了贝卢斯科尼第二段婚姻中的两个孩子芭芭拉和路易吉。来自贝卢斯科尼党内的朝觐者也排成了长队：部长、议员、普通党员和战略家，他们前来向贝卢斯科尼致敬。直到午夜过后很久，贝卢斯科尼还在接待他们。有罪判决引发的政治海啸令贝卢斯科尼深受打击，难以复原。这是贝卢斯科尼政治生涯的重大转折点，导致他被逐出参议院，并被禁止竞选公职。他所处境地的可怕之处才刚刚开始显露出来。贝卢斯科尼政党里的求助者和机会主义者来来往往，他们紧张的面孔已经说明了一切，守候在外的狗仔队和电视台工作人员则不停地跟随着他们。

第二天早晨，在睡了不足四个小时之后，贝卢斯科尼一醒来就发现几名身着制服的宪兵不好意思地在客厅里等候着。他们向贝卢斯科尼道了歉，但他们必须没收他的护照。有罪判决规定，在他等待具体的刑期时要采取这样的措施。在整个意大利，贝卢斯科尼的敌人们都在庆祝，他觉得受到了羞辱。是的，这的的确确是一大耻辱。

有罪。贝卢斯科尼终于被定了罪。最高法院宣布自1994年以来便统治着意大利政坛的这个人物是一名罪犯。

当贝卢斯科尼听到有罪判决时，他的心情是怎样的？那一刻他体会到了怎样的情绪？

"不只一种情绪。我感到难以置信，法官竟然设下圈套来骗我。这一判决是意大利司法体系的耻辱。这是一道很深的伤口，受伤的不只是我，还有整个司法界。"

贝卢斯科尼顿了顿，低头看了一眼。当他再次抬起头时，脸上微微地抽搐了一下。在桌子下方，他的左腿开始紧张地抖动起来，仿佛他渴望揭露些什么。他似乎想要分享某个秘密。他再次开口了，声音很低，略微带有一丝阴谋的语调。

贝卢斯科尼颤抖着说道："我知道作出判决的法官中有一人现在后悔了。事实上，他表示与其说这是一个审判团，不如说是一支行刑队，枪口对准了政敌贝卢斯科尼。作出判决的一位法官这样说道。"

他抓住一点不放，语气越来越愤怒。

"将我定罪的那条法律是这样规定的：只有亲自签署了纳税申报单，你才会被判为犯下了这条罪行。你必须有权力在公司的账户上签字，这意味着你要么得是公司的高管，要么得是董事。我从来没有在梅迪亚塞特集团的账户上签过字。我拥有的金融控股公司握有另一家金融控股公司百分之六十的股份，这家公司又握有梅迪亚塞特集团百分之三十四的股份。我从未签署过梅迪亚塞特集团的任何文件。"贝卢斯科尼轻蔑地说道。

的确，法庭的判决表示，当2001年和2002年税务欺诈行为发生时，时任总理的贝卢斯科尼正在抵抗政敌的攻击，他们指控他持有大量与公职相冲突的利益。然而，尽管于1994年辞去了在梅迪亚塞特集团的职务，他从未将传媒帝国全权委托给某个机构。因此，多数政敌和法官看重的并非有文件记录的证据，而是强调这一事实：好友管理着他的生意，子女出任高管，在这种情况下，他不可能对梅迪亚塞特集团的状况毫不知情。作为梅迪亚塞特集团主席，孔法洛涅里拥有签字的权力，但他被无罪开释了。然而，尽管贝卢斯科尼坚持表示，担任总理期间自己从来没有签署过梅迪亚塞特集团的税务申报单，他依然被以税务欺诈罪名起诉并被定罪。贝卢斯科尼高声质问道，究竟为什么会发生这种事情？

在最高法院的法官看来，贝卢斯科尼的论点并不能成立，因为他是所有行动背后的"大脑"。法庭称贝卢斯科尼是税务欺诈行为的设计师。贝卢斯科尼的律师向位于法国斯特拉斯堡（Strasbourg）的欧洲人权法院（European Court of Human

Rights）提起了上诉，希望推翻意大利的判决，令贝卢斯科尼重获政治候选人资格。在随后动荡的几个月里，贝卢斯科尼就像溺水者一样紧紧地抓着实现最后救赎的一丝希望。

贝卢斯科尼像在做梦一样，仿佛在和某种更高的权威说话："我希望不容置疑的欧洲人权法院会宣布我是完全、彻底无辜的。"

他的批评者可能会嘲笑贝卢斯科尼向欧洲人权法院请愿的举动，但要想解除不得担任公职这一禁令，这是他唯一的机会。这就是他此时面临的重大问题：如果他即将被驱逐出参议院，并被禁止在接下来六年时间里竞选公职，他怎么还能领导一个政党呢？这时的贝卢斯科尼已经七十七岁了，六年看上去是一段非常漫长的时间。

事实上，在2013年夏天最高法院作出判决之后，贝卢斯科尼的政治生命面临着终结的危险。他将判决称为一场"司法政变"，并激动地在公开场合和私底下怒斥左派法官，但这只是徒劳。他的个人问题和政治问题开始汇合，威胁着他亲手打造的一切。在贝卢斯科尼看来，似乎所有东西都要崩塌了。他向朋友抱怨称自己的"个人自由"被剥夺了；如果被逐出议会，他将失去不被逮捕的豁免权；他害怕某些激进的法官会对他发出逮捕令。"他们会这么做的，他们会来逮捕我的。"他确信这一点，"不把我关进监狱，他们是不会罢休的。"

至少在常来拜访贝卢斯科尼的人看来，此时的他忧心忡忡、意志消沉。他正在遭受羞辱，法庭的判决还意味着他将被剥夺骑士头衔。早在1977年，在贝卢斯科尼房地产生涯的巅峰时期，他因对行业作出的贡献获得了这项让他十分骄傲的荣誉。长期以来，喜欢起绰号的意大利媒体一直称他为"Cav"，这是意大利语"骑士"一词（Il Cavaliere）的缩写。如今，更具敌意的报纸为了取笑他，将他称为"前骑士"（Ex-Cav）。

那个夏天，贝卢斯科尼还有很多其他事情要担心，尤其是在政治阵线上。如果他因被软禁一年，被禁止担任中右派候选人而在政坛消失，那么他如何还能维持意大利力量党的团结？自他辞去总理一职的二十一个月以来，意大利一直在低谷中踉跄而行，遭受着深度衰退与高失业率的摧残。纳波利塔诺用以取代贝卢斯科尼的新政府似乎也已奄奄一息了。

温和的经济学家蒙蒂被纳波利塔诺扶植成了总理，但他却令人感到失望。任命蒙蒂担任总理这一决定在一段时间之内有助于稳定市场，他也努力推动了重要的退休金改革，但他很快便后继乏力了。新一期大选于2013年2月举行，此时贝卢斯科尼尚能自由参选，他的中右派联盟紧随中左派的民主党（Democratic Party）之后位居第二。此次大选无比激烈，贝卢斯科尼赢得了29.4%的选票，民主党领导的联盟则以29.8%的得票率位居第一。令人难以置信的是，一家由一位擅长利用社交媒体的前喜剧脱口秀演员领导的新成立的政党，成功地收获了众多抗议投票，25%的得票率令他们成为全国第三大党，对于意大利政坛而言，这本身就是一场地震。根据意大利的选举法——该法不久之后将被宣布为违宪——民主党领导的联盟额外获得了一百五十个众议院议席的奖励。但问题在于，他们在参议院中仍然未能获得多数席位。与此同时，纳波利塔诺的总统任期即将结束，而且他也快八十八岁了。这一切简直就像是费里尼的电影。

2013年2月的选举结果以及围绕着纳波利塔诺继任者的争论引发了严重的后果，以至于在整整两个月时间里，意大利实际上未能成立新的政府。最终，人们请求纳波利塔诺继续担任总统，不过需要满足他的条件。纳波利塔诺坚持要建立左派和右派的大联合政府，这实际上包括了除喜剧演员的追随者外的所有政党。贝卢斯科尼表示支持新政府。在2013年8月被处以有罪判决时，他领导的中右派联盟在内阁中拥有五个席位，他们的意见对于政府的顺利运转至关重要。不幸的是，执掌政府的依然是一名政坛上的轻量级人物：新任总理恰巧是贝卢斯科尼首席政治助手詹尼·莱塔的侄子。

在贝卢斯科尼被宣判有罪的那个夏天，被人们称为"小莱塔"的恩里科·莱塔（Enrico Letta）已经焦头烂额了。当贝卢斯科尼被定罪后，他的政府更加步履蹒跚。贝卢斯科尼会出于报复心理破坏联合政府吗？他现在会希望纳波利塔诺赦免自己吗？

年过八旬的前意大利共产党人很快便下定了决心。他宣布，政府仍将继续运转，贝卢斯科尼的法律麻烦是他自己的事情。整件事就此了结。

在那个秋天，对于贝卢斯科尼来说，事情似乎无法变得更加糟糕了。但事情的确变得更加糟糕了。最高法院针对他做出了另一项判决，另一个由来已久的问题结出了恶果。意大利各级法院受理这起民事诉讼已有二十多年时间，最高法院的判决几乎令贝卢斯科尼的帝国彻底臣服。贝卢斯科尼的家族企业菲宁维斯特集团必须向他的宿敌德贝内代蒂支付多达4.94亿欧元的赔偿，因为早在1991年时菲宁维斯特集团曾向法官行贿，令其做出了有利于自己的关键判决，从而以非法手段获得了蒙达多里出版集团的控制权。数年之前，贝卢斯科尼在刑事判决中无罪获释，但民事判决深深地刺痛了他。当时，这笔赔偿几乎耗尽了贝卢斯科尼公司的所有资金，令他在面临法律和政治麻烦的同时，又增加了经济上的困扰。

这一判决做出的时间是在9月中旬，就在同一天，贝卢斯科尼准备重建意大利力量党。他决定在政治上重塑自己，放弃已有的自由人民党（The People of Freedom）这一中右派联盟，回归基础。他的旧政党处于严重的混乱之中，面临的问题在于贝卢斯科尼即将被逐出参议院，作为政治领导人前途未卜。总理恩里科·莱塔态度坚决，表示不会让贝卢斯科尼的法律麻烦左右处于挣扎之中的联合政府的命运。纳波利塔诺进行了干涉，明确表示自己不会支持任何新选举，并且要贝卢斯科尼尽到自己的责任。这是在告诫贝卢斯科尼，不要试图通过令政府垮台来表达对自己受到的有罪判决的不满。与此同时，贝卢斯科尼仍在考虑自己是否还有获得纳波利塔诺赦免的机会，对于是否让政府垮台犹豫不决。

整个9月里，贝卢斯科尼在帕斯卡莱的陪伴下穿梭于阿尔科雷和罗马的格拉齐奥利宫之间，试图掌控住局势。然而，他面临着如潮的反对声，尤其是来自自己的政党内部。党内的所谓鹰派希望他退出政府，迫使新的大选提前举行。鸽派则希望继续支持政府，似乎已经接受了贝卢斯科尼被逐出参议院的命运。反抗贝卢斯科尼的人里包括了党内二号人物、意大利副总理阿尔法诺，他非常乐于担任副总理一职，完全不愿意令政府倒台。

9月底，参议院里一个关键的委员会通过了对贝卢斯科尼的驱逐令，此时，这位亿万富翁终于发怒了。他命令自己党派的五位内阁部长辞职，其中包括阿尔法诺。这几位部长支支吾吾地犹豫不决，一时间似乎要反抗贝卢斯科尼。稍后，他们递交了辞呈，令政府可能陷入危机之中。此时，贝卢斯科尼下定了决心要让政府垮台，但实际上他已经失去了对内阁部长们——他们都十分热爱自己的工作与福利——以及近三十名议员的掌控力。几天之后，这些反叛者便收回了辞呈，依然留在政府里。11月，参议院即将就驱逐贝卢斯科尼一事进行全体投票，此时贝卢斯科尼为重建他所热爱的意大利力量党举办了庆祝仪式。在同一天，阿尔法诺和其他鸽派人士彻底离开了贝卢斯科尼，他们组建了一个微型政党。作为对保住五个内阁职位的回报，他们立刻承诺忠于恩里科·莱塔的中左派政府。

背叛旋即发生，此时贝卢斯科尼已经不感到意外了。数周之前他对朋友表示，阿尔法诺是个叛徒，是个忘恩负义的不孝子，如果他离开了曾给予他一切的党，他在政坛上会以失败告终。2013年11月底，贝卢斯科尼经投票被逐出参议院，此时他的党已经失去了三分之一的议员。他决定投票反对政府，多年以来，他的党第一次坐在了反对党的座位上。他被逐出了议会，也丧失了权力。

他还面临着另一桩诉讼：2006年底，为了密谋推翻中左派政府，他曾花数百万美元收买了一名来自那不勒斯的参议员。甚至在这名参议员承认受贿之后，贝卢斯科尼依旧自然地否认了一切。他越来越恼怒了，事情的发展完全不遂他愿。

在贝卢斯科尼被逐出参议院的当天，一位不太知名的政客正在佛罗伦萨（Florence）的领主宫（Palazzo della Signoria）里接受采访。年轻的佛罗伦萨市长、三十九岁的马泰奥·伦齐（Matteo

Renzi）正在赞扬克林顿和布莱尔的经济政策，并解释自己为何想要成为民主党领导人。他发出的都是正确的声音：承诺实施现代化改革，提出对于自己想要打造的后贝卢斯科尼时代意大利的愿景。伦齐被认为是意大利最雄心勃勃的人物，他也正在成为最受欢迎的政客。几天之后，伦齐将赢得本党的初选，并试图鞭策无精打采的总理恩里科·莱塔，为陷入挣扎的政府重新注入活力。伦齐来自托斯卡纳（Tuscany），在意大利，这个地区的人形象通常是固执、强硬、能说会道的。不过伦齐暂时只是在安抚不幸的恩里科·莱塔，保证会支持他，并承诺维持党的团结。2014年年初的事态就是如此：伦齐是民主党领导人，恩里科·莱塔则是总理。如果说恩里科·莱塔象征着关于意大利老左派的一切陈旧、过时的事物，那么伦齐就象征着未来。

雄心勃勃的社交媒体达人伦齐如旋风一般席卷了全国。成为中左派领袖之后，他的首个动作就是进行一场最不寻常的会谈：邀请宿敌贝卢斯科尼拜访民主党总部。2014年1月18日，贝卢斯科尼乘坐的奥迪A8呼啸着穿过罗马狭窄的鹅卵石小巷，在伦齐的办公室前停下，这一幕令人大跌眼镜。伦齐想干什么？他为何要屈尊与贝卢斯科尼会谈？贝卢斯科尼又怎会走入这个在过去二十年时间里一直主张摧毁自己的政党的总部？答案并不复杂。贝卢斯科尼在屈辱与难堪中经受煎熬已有数月时间，对他来说，收到伦齐的会谈邀请相当于政治上的复苏。他们的九十分钟会谈令贝卢斯科尼很长时间以来第一次看到了希望。他会见了一名似乎愿意与自己合作的政客；这名中左派政客是亲商业的，这一点在意大利还颇为新鲜；他如同贝卢斯科尼本人一样能够与别人产生共鸣，富有魅力，擅长交际，是个热忱的人物。伦齐令贝卢斯科尼重新燃起了获得总统赦免的希望。他提议让贝卢斯科尼加入一项关于重大改革方案的跨党派协议。

2014年1月18日，伦齐和贝卢斯科尼同意在议会里就一系列宪法改革方案和替代已经被宣布为违宪的现有法律的新选举法进行合作。这一协定被称为"纳扎雷诺协议"（Pact of Nazareno），得名自位于罗马纳扎雷诺广场（Largo del Nazareno）的民主党办公室。近来没有什么事情能比与伦齐的会谈更让贝卢斯科尼感到振奋了。会谈之后，伦齐对着镜头表示，与贝卢斯科尼的许多观点都"非常和谐一致"。贝卢斯科尼似乎真心喜欢伦齐，这一点很不寻常。事实上，意大利媒体已经在点评这对奇怪的搭档了，认为三十九岁的中左派政客看起来正是贝卢斯科尼最为顺理成章的继承人。

几天之后，贝卢斯科尼说道："伦齐显然是政坛的新主角，他试图改革民主党，使之现代化。他勇敢且自负地宣布要摆脱党内的守旧人士，他实际上也正是这么做的。我希望他能继续朝着这个方向前进。"

对于这位被认为处于政治光谱另一极的人物而言，这番话是极大的赞美和鼓励。伦齐迷住了贝卢斯科尼，至少是暂时的。日后，贝卢斯科尼会有大把时间声称自己受到了伦齐的欺骗和误导；但此时，他又回来了，甚至重新加入了总统宫的会谈，重新成为参与者。对于贝卢斯科尼而言，重拾尊严的表象是重要的，无论多少敌人已经开始把他视作政坛上的过气人物，认为他已不值一提。于是，贝卢斯科尼放松了警惕，接受了伦齐的联盟和友谊。在这一年中，两人共碰面八次，还通了无数次电话。他们的助理会面了数十次，进行准备工作，解决分歧，重新商定协议的细节。许多依然支持贝卢斯科尼的人士开始质疑他的策略：既然他们本应分属对立的阵营，那么与伦齐达成协议，投票支持某些改革又有什么意义？贝卢斯科尼对这些抱怨置之不理，表示他在重要的改革问题上进行合作，是在尽自己的责任。据2014年春天与他有过密切接触的人表示，他在内心深处依旧希望获得赦免。

贝卢斯科尼对伦齐改革的支持造成了灾难性的后果；事实上，就选举而言，贝卢斯科尼反而因此受到了重创。他依然不能参与选举；意大利力量党的民调结果急剧下滑，依然忠于贝卢斯科尼的人士担心他们会在即将到来的欧洲议会选举中遭遇惨败。

2014年4月15日，在一片衰败与绝望的情绪之中，贝卢斯科尼终于被告知需要开始服刑。得益于一项为缓解意大利监狱人数过多问题而出台的部分赦免令，最高法院判处的四年刑期中有三年已经作废。米兰的一家法院决定，剩下的十二个月刑期将以在位于米兰市郊的一家天主教养老院"神圣之家基金会"（Fondazione Sacra Famiglia）进行社区服务的形式执行。每个周五的早晨，意大利前总理都要来到这里，照顾身患失智症（dementia）和阿尔茨海默症（Alzheimer's disease）的老人。

这段刑期还不是最令贝卢斯科尼感到焦虑的事情，他的世界仍然在分崩离析。接下来将由一家上诉法院就"性爱狂欢"一案对滥用职权及招雏妓的罪名作出判决。与此同时，他还因收买参议员一案在那不勒斯遭到起诉，并受到了更多法官的质询。其他法官正在就贝卢斯科尼向参与"性爱狂欢"派对的数位女郎支付封口费，令其作伪证一事提出更多新的指控。雪上加霜的是，当年春天欧洲议会选举的结果在刚刚完成重建的意大利力量党内引发了一场公开反叛。

　　对于习惯了获胜的贝卢斯科尼而言，有罪判决不仅仅是一场失败，这更是终结的开始。

第十三章：尾声

阿尔科雷豪宅的客厅里，光线十分黯淡，仿佛这幢宏伟的别墅正在表示哀悼。微弱的光线在大理石壁炉的两侧投下了不祥的阴影，愈发加重了米兰郊外夜晚本已十分阴郁的气氛。一名身着皱巴巴的白色衬衣的人物表情严肃，端着一个小银盘来到了门口，盘上盛着有气泡和无气泡两种矿泉水。这就是贝卢斯科尼忠诚的老管家朱塞佩（Giuseppe），他略显消瘦的脸上带着阅尽世间沧桑的微笑。圣马蒂诺别墅的管家抱歉地低声解释道，主人喜欢把光线调得很暗。他把带气泡的矿泉水倒进水晶杯里，默默地退下了。

从隔壁的餐厅里传来了喧闹声，似乎正在进行一场热烈的讨论。其中明确无误的有贝卢斯科尼洪亮的男高音，此外还有几位亲密幕僚的声音：来自那不勒斯的新手玛丽亚罗萨丽娅·罗西（Mariarosaria Rossi），以及经验丰富的新闻发言人、贝卢斯科尼从彭博电视台（Bloomberg Television）挖来的贝尔加米尼。门开了，贝卢斯科尼最新一位门徒乔瓦尼·托蒂（Giovanni Toti）走了出来，他看上去有些茫然。这位梅迪亚塞特集团前脱口秀节目主持人刚刚答应了贝卢斯科尼的要求，以意大利力量党候选人的身份参加即将进行的大区选举。

在这个周五的晚上，贝卢斯科尼正在和核心圈子的成员谈论选举政治，意大利媒体嘲讽地将这个小集团称为"魔力圈"（Magic Circle）。圈子的关键成员是贝卢斯科尼的女友帕斯卡莱，据意大利报纸报道，她与所谓"魔力圈"迷住了老迈的贝卢斯科尼，将他与外部世界隔绝开来；"魔力圈"缺乏经验，判断力糟糕，各怀野心，对贝卢斯科尼和意大利力量党均造成了无法弥补的伤害。然而，帕斯卡莱并没有出席此次战略会议，她正在楼上的家庭住宅里梳妆打扮。今晚，她将身穿米色定制礼服，摆脱通常穿着的室内运动套装或是牛仔夹克衫。不久之后，晚餐即将开始，贝卢斯科尼的会议晚点了。

2015年3月27日晚上，圣马蒂诺别墅显得有些怪异。或许是昏暗的灯光，或许是投在宏大别墅上的阴影，又或许是阴暗的情绪，还有可能是因为这一天是贝卢斯科尼于1994年赢得首次大选胜利的周年纪念日。二十多年前的这一天，他从饱受争议的亿万富翁传媒大亨变成了饱受争议的亿万富翁总理。1994年时，他凭借一场征服了数百万选民的华丽竞选改变了意大利政坛的模样。二十一年后，他的政党似乎正在分崩离析，为了生存而挣扎。贝卢斯科尼的多位高级助手都已与他反目，有些人要求党内的初选选出贝卢斯科尼的继任者，其他人则称自己受到了"魔力圈"和帕斯卡莱的阻挠，无法接触到贝卢斯科尼，还有一些人表示贝卢斯科尼拒绝考虑继任计划,这对自己的政党造成了伤害。所有这些都令圣马蒂诺笼罩上了一层阴云。

据贝卢斯科尼的一位助手透露,在当天午餐时,他第一次提到了投降的想法。诚然,数周之前"偷心者鲁比"一案的判决最终被法庭取消了;的确,贝卢斯科尼受到的招雏妓和滥用总理职权两项指控都被宣布彻底无罪了。他本应感到欢欣鼓舞,然而他却高兴不起来。相反,他向家人和朋友表示,自己相信法官还会就在"偷心者鲁比"案件中妨碍证人一事找自己的麻烦。对传说中贝卢斯科尼在公寓楼里设立的后宫的数段监听对话被泄露给了媒体。当晚,贝卢斯科尼哀叹称"法官对我发动了媒体攻势,他们每天都在通过泄密公布各种令人难堪的监听对话和其他机密材料"。他一点也不开心。

3月27日晚的贝卢斯科尼无比沮丧。他很担心自己面对的法律麻烦、自己的生意、AC米兰俱乐部导致的与日俱增的经济损失,以及他的政治前途。意大利力量党的财政状况令人绝望,这尤其令他感到不安。他对一名来访者表示,该党的债务超过了一亿三千万欧元,而且一项关于竞选捐款的新法律禁止个人捐款超过十万欧元。"我必须自己偿清所有债务。"他愁眉苦脸地说道。更糟糕的是,他的党派依然深陷在长达一年的内部反叛与哗变之中。许多忠诚分子都对贝卢斯科尼聘请来自那不勒斯的无名小卒罗西担任党的财政主管感到十分恼火。罗西是一名意大利力量党的参议员,但党内批评她的人士认为,她最大的本钱似乎只是身为帕斯卡莱的好友。意大利媒体将罗西和帕斯卡莱描绘成了祸根,称她们在光荣已逝、有些阴森恐怖的圣马蒂诺别墅里操纵着贝卢斯科尼。许多人对这一传言信以为真，但要想操纵贝卢斯科尼可不容易。无论如何，很长一段时间以来，贝卢斯科尼一直与世隔绝地待在阿尔科雷的别墅里。在以进行社区服务的形式服刑期间，一年的大部分时间里他都服从着严格的宵禁规定和对行动的严格限制。在电视上和政坛上都看不到他的身影。他的党派的民调结果一跌再跌。政治上，他似乎呈自由落体状急剧坠落。身处宏伟的旧式别墅里的他对困扰着自己的麻烦愤怒不已，对自己的行动受限感到既恼火又沮丧。出于对法官的畏惧，他不能畅所欲言，也无法周游意大利，他急切地渴望东山再起但又对自己的迅速衰落惊恐不已。

然而，直到2015年年初，在进行社区服务的这段日子里，贝卢斯科尼在政治上遭受的最严重伤害并非来自"魔力圈"的糟糕建议，而是新总理伦齐权势的兴起。凭借着"推特一代"的时髦感和克林顿式的亲增长经济政策，伦齐于一年之前接任了总理一职。事实表明，他是一位时髦的、亲自由市场的、具有社会良知的自由派人士，用美国术语来说，他相当于一位保守派民主党人。在贝卢斯科尼进行社区服务、远远地看着自己的政党陷入混乱的同时，伦齐正忙于统一中左派的民主党，消灭对于自己的亲商业和工作改革政策愤怒不已的极左派政敌。然而，这毕竟是意大利政坛，伦齐之所以能够推动改革，部分地还要归功于与贝卢斯科尼达成的纳扎雷诺协议。

伦齐为贝卢斯科尼提供了议会反对党领袖这一席位，令他能够重拾政治信誉和平等的政治地位。作为回报，贝卢斯科尼承诺意大利力量党会在参议院里投票支持伦齐的重要改革措施。伦齐可以凭借着这些票数来威胁自己党内的左派分子；况且即使自由派投了反对票，他依然能够通过立法。一段时间内，这一威胁收到了效果，许多异见人士都收回了反对之声，贝卢斯科尼的反对党则投票赞成改革，所有人都从中受益了。

对贝卢斯科尼而言，和新总理的对话就如同一台维持他政治生命的机器。在蒙受有罪判决的耻辱长达数月之久、被流放到政坛的无人地带和羞耻的炼狱之后，这让他重新变得举足轻重了。贝卢斯科尼觉得伦齐令自己复苏了，他恰好也在推动过去二十年间贝卢斯科尼尝试并失败了的那些经济与劳动市场改革措施。

伦齐发现让贝卢斯科尼参与跨党派的宪政改革，从而令他的政治生命延续下去，对自己是有益的。在向中间路线靠拢的过程中，伦齐开始了意大利风格的三角定位。他偷走了贝卢斯科尼的政治外衣，正如克林顿曾推行温和共和党（Republican Party）人的政策一样。更糟糕的是，在贝卢斯科尼看来，伦齐就和昔日的自己一样，是一位上镜的交际高手。伦齐利用脸书和推特等新媒体传递信息，而对于信息和口号的选择与制作又借鉴了贝卢斯科尼昔日的技巧。伦齐亲商业的温和经济政策吸引了贝卢斯科尼的支持者，部分贝卢斯科尼的传统选民很快便背他而去了。在贝卢斯科尼进行社区服务时，他的政党在2014年春天的欧洲议会选举中遭遇了惨败，得票率跌至16.8%，创下了历史新低。伦齐在坚守左派阵地的同时，蚕食掉了贝卢斯科尼的选民基础。

尽管贝卢斯科尼试图将问题减至最低程度，但他只能无助地看着党内的核心成员一个接一个地离开。党内有许多人激烈地批评他与伦齐结成的联盟。就连贝卢斯科尼的核心圈子都显然痛苦地意识到，他对于伦齐的跨党派支持令意大利力量党的选民困惑不解，使得该党损失了选票。在2015年春天新一轮大区选举前夕，在对关键的摇摆大区政府长官职位的争夺中，贝卢斯科尼的选民基础进一步收缩，跌至百分之十左右。

当晚在圣马蒂诺别墅，一位筋疲力尽的助理说道："最大的问题不在于意大利力量党的内斗，而在于伦齐。他吸引了我们的温和派选民，偷走了我们的支持者。"

当天晚上七点半，贝卢斯科尼开始吃晚餐，罗西和帕斯卡莱坐在他右侧，贝尔加米尼坐在他对面。当天早些时候，他曾抱怨受到了新总理的背叛，而伦齐当初看起来是那么的友善。此时，贝卢斯科尼的语气变得更加哀怨了。

"伦齐最开始看起来非常讨人喜欢，但他事实上压根不是这样。他想要的只是权力。"

贝卢斯科尼显然受伤了。

帕斯卡莱像往常一样点了大碗蔬菜沙拉，她还额外享用了一杯红酒。贝卢斯科尼注视着一碗鱼汤，抱怨道自己正在进行突击节食。刑期终于结束了，如今他计划在公开场合露面，他希望恢复身材。在某种程度上，他的节食计划是随着心情起伏的。有时他会迅速减掉几磅体重，但在大快朵颐一顿之后，又会反弹回来。

这时，贝卢斯科尼决定暂且不管这碗鱼汤，开始发表即兴演说，称他的新宿敌伦齐毁了意大利。

"由于伦齐对权力的挪用，意大利的形势每天都在变得更加糟糕。在完成了所有改革之后，他将掌控参议院以及他的政党。事实上，他将把整个国家都攥在手心里。唯一的希望……"

贝卢斯科尼停了下来，喝了口汤，继续说道。

"唯一的希望就是待我东山再起。我是这样想的：在意大利人看来，我差不多是消失了；我很少出现在电视上，离开政坛差不多有一年了。"

贝卢斯科尼又顿了顿。所谓"魔力圈"的成员聚精会神地倾听着。

"我认为，只有在向所有人明确证明我是清白的之后，我才有可能东山再起。我是清白的，但他们还是将我定了罪。他们把我逐出了参议院。他们令我不得参与政治。他们把我赶出了政坛。他们攻击我的个人财富，我不得不向德贝内代蒂支付七亿美元。他们以为可以迫使我破产，但他们失败了。我甚至不用找银行便筹集到了钱，付给了德贝内代蒂。"

贝卢斯科尼又喝了口汤，抿了口矿泉水。在节食时贝卢斯科尼不饮酒。

"那么所有这些意味着什么？"贝卢斯科尼终于慷慨激昂地问道，"这意味着我们不可能再采取1994年时的行动，当时我们团结了中右派的所有势力。我们现在应该做的是在意大利建立一个美国共和党那样的政党。这将是一个大容器、一顶大帐篷，将意大利力量党之外的温和派和保守派势力全部纳入其中。"

贝卢斯科尼把鱼汤搁到一边，口若悬河地说了起来。他的情绪越来越高涨，核心圈子依然听得聚精会神。

"对我们而言，前进的唯一方法就是把意大利力量党转变成共和党，借用世界上最伟大的民主国家美国的经验。意大利已经有伦齐的民主党了。我们需要的是共和党。为了与民主党较量，我们需要在意大利建立共和党。"

罗西点了点头表示赞同,她和帕斯卡莱也加入了对话。她们敦促贝卢斯科尼表现得更加强硬,不要放弃,即使局势艰难也依然要勇往直前。贝卢斯科尼露出了笑容,但依然难掩一丝苦涩。

当被问及他打算做些什么时,贝卢斯科尼连眼睛都没眨一下。在将近八十岁的年纪,他当真还希望继续参与政治?承认失败然后开始享受生活难道不是更好的选择?毕竟,他总是抱怨自己的工作太过繁忙,以至于没有闲暇造访位于安提瓜(Antigua)、百慕大(Bermuda)或是撒丁岛的奢华别墅。贝卢斯科尼断然放下了汤匙,用具有穿透力的目光注视着访问者。

"事实上,今天早些时候的午餐时,就在这间屋子里,我向他们提到了这一话题。"贝卢斯科尼严肃地说道,指了指"魔力圈"的成员。

"我谈到了未来。按照现在的形势,重建一个真正能够有效反对伦齐的中右派政党似乎是不可能的。这一点令我感到心烦意乱。只有当我证明自己的清白、回归政坛、东山再起之后,我们才能实现这一目标。我将重新站出来,与沉默的大多数意大利人对话,他们占意大利总人口的一半。对政治感到厌恶的他们甚至不再投票了。"

他继续说道:"这一切发生的前提是欧洲人权法院宣判我无罪。他们可以在欧洲层面上推翻意大利最高法院的判决。我总共提出了十六条上诉理由,只要欧洲人权法院同意其中的任何一条,我就可以自由地继续参与政治,重新成为候选人了。"

他耐心地解释道,为何欧洲人权法院的判决能够强制触发意大利法院的判决,令自己得以重新获得竞选公职的资格。他显然希望这次上诉能够成为实现救赎的最后机会。

"我真的不想投降。"贝卢斯科尼一边说着,一边疲惫地四处找寻面包,想要填饱肚子。

晚餐结束时,贝卢斯科尼显然向自己提出了重大问题。在与核心圈子的对话中、在他自己心里,他都在仔细斟酌摆在自己面前的选择。他有时显得热情洋溢、兴高采烈,有时又显得情绪低落。

"他的情绪起伏不定。"老友孔法洛涅里承认,"但我觉得他不会放弃。他的生活乐趣主要在于工作,而且他一直都处于这样的状态。我知道他经常谈论很多事情,但我不认为西尔维奥真的会离开政坛。说老实话,我不认为他能承受得起离开政坛的后果。"

包括孔法洛涅里在内,有一小群贝卢斯科尼的密友和顾问认为他犯了严重的错误,没有紧紧地跟随伦齐。事实上,无论是默多克,还是贝卢斯科尼,任何传媒大亨都要与政府监管者以及自己生意所在国的政府建立良好的关系。过去二十年间,因为手中握有的传媒势力,贝卢斯科尼一直被指控是利益冲突的活生生体现。批评人士表示,他当初之所以步入政坛,只是为了保护自己的商业利益。然而,自从向宿敌德贝内代蒂支付了近五亿欧元之后,他的商业利益遭受了沉重打击。

在2015年的春天,贝卢斯科尼也许并不确定自己的政治前途,但他一定在密切关注着自己的财富。他的净资产仍有八十多亿欧元,但他已经决定重新填满自己的金库,他的集团开始忙碌地出售各种资产。

贝卢斯科尼的家族控股公司菲宁维斯特集团在2013年年底以超过2.5亿欧元的价格出售了金融服务公司梅迪奥拉努姆

（Mediolanum）的股份。2014年4月，梅迪亚塞特集团通过出售广播业务的股份获取了近3亿欧元资金。2014年夏天，梅迪亚塞特集团又以3.65亿欧元的价格出售了西班牙付费电视平台的股份。2014年年底，贝卢斯科尼以3600万欧元的价格出售了意大利多银幕电影院线的股份。2015年2月，菲宁维斯特集团又以3.8亿欧元的价格出售了7.79%的梅迪亚塞特集团股份，这使得贝卢斯科尼持有的梅迪亚塞特集团股份降至33.4%，但其价值依然达20亿欧元。加上其他资产以及许多奢侈房产，在2015年贝卢斯科尼的帝国价值依然高达80多亿欧元。他囊中绝不羞涩，事实上，梅迪亚塞特集团正花费10亿欧元的银行贷款购买2015年至2018年欧洲冠军联赛与意甲联赛的电视转播权。足球比赛转播权是为贝卢斯科尼新建立的意大利付费电视平台高级梅迪亚塞特（Mediaset Premium）购买的。然而，贝卢斯科尼面临着一大问题。他的付费电视服务仅有200万订户，在意大利居于领先地位的付费电视台、默多克的意大利天空电视台（Sky Italia）订户则多达500万。在电视这块自家地盘上贝卢斯科尼首次遭遇了挑战。

  默多克和贝卢斯科尼一直都是友好的竞争对手，早在1990年代两人就曾讨论过进行合作，或是互相持股。如今，两人在日新月异的传媒世界里都面临着全新的、咄咄逼人的竞争者的威胁。奈飞公司（Netflix）的势力令他们感到担忧，这家异军突起的数码公司在美国已经摧毁了一大块付费电视市场，如今正在向欧洲进军。

  于是在2015年4月27日这个细雨纷纷的周一的午餐时分，默多克的座驾停在了阿尔科雷别墅前庭院里的砂石地上。这并不令人感到意外。

贝卢斯科尼正在为自己在意大利政坛的角色和该如何保护并重建自己的商业帝国而苦恼不已，他还在为子女的未来做打算。数月以来，他一直在思索该保留哪一部分生意，售出哪一部分；如果要保留传媒帝国，那么在日新月异的数码环境里，该结成何种新的战略联盟。

八十四岁的默多克也正忙于重组他的全球帝国，将在欧洲的所有电视资产整合成一家公司，并让自己的儿子拉克伦（Lachlan）参与生意运作。如果默多克能够购得贝卢斯科尼在意大利的付费电视资产，或者至少获得足球比赛转播权，那么这显然有助于他巩固在欧洲市场的地位。

此时，这两位传媒巨头——一位即将年满八十岁，一位已经年过八旬——在一顿漫长的午餐上会面了。默多克带来了儿子拉克伦，贝卢斯科尼的儿子皮耶尔·西尔维奥也在他身旁。孔法洛涅里未被邀请。这是一场父亲与孩子之间的聚会，除此之外，在场的还有一位将他们撮合到一起的生于突尼斯的媒体高管塔拉克·本阿马尔（Tarak Ben Ammar）。

"这顿午餐是为了让贝卢斯科尼和默多克能在一起待上一段时间。"本阿马尔回忆道，他曾长期担任默多克的高级顾问以及贝卢斯科尼的商业伙伴。帮助沙特王子瓦利德积累起数十亿美元传媒资产的正是本阿马尔，也正是他帮助沙特王子购入了贝卢斯科尼的梅迪亚塞特集团和默多克的新闻集团（News Corp）的股份。

如果说有谁能够让这两位传媒巨头情投意合地聚在一起，这个人一定是本阿马尔。这位举足轻重的人物似乎大部分时间都和身家亿万的传媒巨头待在一起。本阿马尔已经成为了一名电影制作人，他还和贝卢斯科尼一起在北非建立了一家成功的商业电视台奈斯马（Nessma）。在处置资产时，贝卢斯科尼还把持有的第五通信公司（Quinta Communications）的股份出售给了本阿马尔，后者正是这家位于巴黎的公司的老板。本阿马尔还和吕克·贝松（Luc Besson）合作拍电影，并且是另一名亿万传媒大亨樊尚·博洛雷（Vincent Bolloré）的重要顾问。博洛雷掌控的付费电视平台维旺迪（Vivendi）和加频道（Canal Plus）在法国占据着垄断地位，他还收购了意大利电信（Telecom Italia）的股份，并且让本阿马尔代表自己加入了意大利电信的董事会。最近，本阿马尔还加入了维旺迪的董事会，该集团坐拥数十亿欧元资金。他们还考虑令维旺迪和梅迪亚塞特集团结成联盟，或是进行股权转让。此时，欧洲最大的付费电视平台拥有者是默多克和博洛雷，对两人而言，贝卢斯科尼在意大利的资产都十分具有吸引力。对维旺迪来说，吞并整个梅迪亚塞特集团也许迟早会显得很有吸引力，这只用花费五十亿到六十亿欧元。

此时，放松的默多克、微笑着的贝卢斯科尼、两人的儿子以及本阿马尔坐下吃午餐了。他们试图找到合作的方式，尤其是如何才能最好地抵挡奈飞公司和其他数码在线内容提供商的威胁。当天晚些时候，贝卢斯科尼谈到了让两人的儿子建立感情的重要性，他似乎很乐于让四十六岁的皮耶尔·西尔维奥和四十三岁的拉克伦一起做生意。

"未来属于我们的儿子，因此他们应该花更多的时间在一起。"在默多克父子离开阿尔科雷一小时后，贝卢斯科尼对一位来访者表示。

本阿马尔解释道:"两人儿子的出席是这顿午餐的重要组成部分。"

阿尔科雷的这顿漫长午餐并未立刻结出成果,这主要是因为默多克希望持有合并之后的付费电视平台的多数股份,对此贝卢斯科尼并不满意。

在2015年的春天和夏天,除了政治和电视,贝卢斯科尼还十分挂念足球。他所热爱的AC米兰表现糟糕。实际上,贝卢斯科尼已经决定解雇倒霉的主教练因扎吉。他公然羞辱了因扎吉,表示自己与教练"意见不一致"。在为足球而疯狂的意大利,这一暗示已经足够明显了。媒体上充满了关于贝卢斯科尼即将炒掉因扎吉以及谁将接手AC米兰的猜测。除此之外,在默多克离开阿尔科雷一天之后,另一名亿万富翁驱车进入了这幢别墅。驻扎在别墅外的意大利记者和摄像人员发现这名新客人是亚洲人。据说,贝卢斯科尼即将出售这家传奇俱乐部,要价是十亿多美元。

"客观来说,维持球队是非常昂贵的,真的要花一大笔钱。"贝卢斯科尼说道。

默多克造访阿尔科雷三天之后,在4月底又一个阴云密布的日子里,贝卢斯科尼再次坐在客厅里自己最喜欢的沙发上。他身着乌黑的衬衫与夹克,身后的咖啡桌上摆放着1970年代风格的米色电话、信笺簿、钢笔以及一杯矿泉水。他正不情愿地小口吃着低热量的新鲜苹果。在隔壁的餐厅以及别墅的其他会议室里,数十位律师、投资银行家、会计和翻译正在轻声交谈。在贝卢斯科尼身后的窗外,一位身着白衬衫的投资银行家正在花园里休息,手持一部破旧的黑莓手机亲切地进行着交谈。贝卢斯科尼没有注意到这些,他专注地谈论着足球。

"故事相当简单。我为AC米兰投入了很多钱。要想在足坛取胜,秘诀就是金钱、天才和运气。我担任AC米兰俱乐部主席已有二十九年了,如今我们是世界上赢得奖杯最多的球队之一。了不起!但如今维持一支足球队要花一大笔钱。因此,现在欧洲的俱乐部都向俄罗斯、卡塔尔等油气资源丰富的国家和中国、印度尼西亚等亚洲国家的投资者敞开了怀抱。像我们这样凭借一个家族的力量来维持一支球队,花费实在是太大了,因为竞争极其激烈,球员身价高到了疯狂的程度,顶尖球员的身价达五千多万欧元。像克里斯蒂亚诺·罗纳尔多(Cristiano Ronaldo)和梅西(Lionel Messi)这样的顶尖球员身价蹿升到了荒谬的程度。这是不可持续的。以过去三年为例。三年前,我的家族通过菲宁维斯特集团这一控股公司向球队投入了六千二百万欧元;两年前,投入了七千万欧元;去年则投入了一亿两千万欧元。花费实在太大了!因此我们必须找到替代性解决方案,我们去哪里寻找呢?在石油国家,在亚洲,在新兴经济体。因此,当我们表示AC米兰的多数股份将被出售时,我们收到了许多报价。其中的一份来自年轻的泰国金融家比·达曹汶(Bee Taechaubol),昨天他前来看望了我。"

贝卢斯科尼滔滔不绝地谈起了这位泰国商人报价的细节,他将这位泰国商人称为比先生。

"实际上他的报价令人很感兴趣。首先,他会支付一大笔现金,体现自己的诚意;然后,鉴于AC米兰的品牌非常有价值,我们考虑了在香港或新加坡的股市上对俱乐部进行估价,甚至在中国以及其他十个亚洲国家开展品牌特许经营,这是一个拥有2.42亿

AC米兰球迷的庞大市场。我们可以扩展到酒店、香水、软饮料等行业，我们能够做成真正有利可图的生意。我会继续担任主席，我们还会拥有购买新球员的巨额预算，因此我会非常开心。我能保证球迷也会非常开心。在理想情况下，我希望找到能够与我分担成本的人，和我一道共同经营AC米兰，引进最好的球员。但这并不意味着我将离开，绝对不是这样。"贝卢斯科尼解释道。

数周之后，贝卢斯科尼与比先生达成了协议。亚洲财团承诺以4.8亿欧元的价格收购AC米兰48%的股份，贝卢斯科尼依然是大股东。AC米兰球迷为之欢呼雀跃，他们非常高兴，贝卢斯科尼同样非常激动。

"AC米兰具有非常高的品牌价值。当AC米兰在亚洲的股市上进行估价后——或许会在2016年——应该会获得很高的市场估值，并将成为一家能够挣很多钱的公司。我自己就将投入1.5亿欧元来引进新球员，亚洲财团还将再投入5亿欧元。不过，我将继续掌控全局。然后我们可以让公司的一部分——也许是四分之一——上市，这又将筹集到10亿欧元资金。AC米兰的市值也许可以达到40亿欧元，我干得相当不错，是吧？当我们筹集了10亿欧元后，就可以认真地大干一场了。我们将成为世界上最不可战胜的球队，与皇家马德里不相上下。"

贝卢斯科尼继续畅想着未来：作为AC米兰的主席，自己笑容满面，不仅实现了儿时的梦想，还计划在上海为这家久负盛名的俱乐部设立新的办事处。对这笔交易以及欣欣向荣的亚洲经济体的魅力进行分析，令他不禁有些忘乎所以了。

在亚洲开拓AC米兰的价值这一计划很有眼光。当提及自己热爱的俱乐部时，贝卢斯科尼变得兴致勃勃、情绪激动了。终于，在对球队给予了十足的鼓励后，他解释了解除因扎吉教练职务的原因。他的理由丝毫不令人感到惊讶。他解释道，自己必须聘请一名新主帅；他认为经验丰富的塞尔维亚教练米哈伊洛维奇是帮助球队实现复兴的最佳人选。"他的性格很强势，但同样具有伟大的人格，这源于他养育了六个孩子。在执教过的所有球队中，他和球员的关系都非常好。他还对我说，自己心中一直怀有有朝一日执教AC米兰的梦想。我认为他是出色的教练人选。"贝卢斯科尼说道。

于是，米哈伊洛维奇这位咄咄逼人的塞尔维亚教练取代了倒霉的因扎吉，他拥有雄厚财力的支持，并且能够选择世界上最为出色的球员。

至于未来会如何处理贝卢斯科尼家族持有的梅迪亚塞特集团股份，他的态度非常明确。贝卢斯科尼决心继续将公司控制在自己家族手中——至少短期内是如此。

他轻声说道："无论我是否还会步入政坛，我们都会保留梅迪亚塞特集团。这很重要。"

在2015年夏天，梅迪亚塞特集团依旧是贝卢斯科尼帝国的核心资产，继续掌控这家公司是这位亿万富翁商业策略的核心。但当谈到他的政治策略和政治前途时，贝卢斯科尼变得犹豫不决了，甚至在自己的传记中，他也不愿意作出承诺。

他仍然在考虑。

2015年5月，贝卢斯科尼进行了一场相当成功的竞选活动，在此过程中，他发出了各种不一的信号。他的助手托蒂当选为利古里亚（Liguria）大区的行政长官，在威尼托（Veneto）大区他同样取得了胜利。然而，贝卢斯科尼之所以能够获胜，完全是拜与仇外的政党北方联盟结盟所赐。贝卢斯科尼依赖的是意大利版的茶党斗士，他们的得票率与贝卢斯科尼的政党大致相当，约为14%。正如贝卢斯科尼无数次对"魔力圈"表示的那样，意大利力量党的表现之所以有所改善，是因为贝卢斯科尼亲自参与了竞选活动。然而，他还是犯了一些令人难堪的错误。有一次他出席了错误的集会，结果他为之助阵的候选人并非来自他支持的政党；还有一次，他似乎宣布了自己将退出政坛。年迈的迹象开始在他身上显现出来。

"我真的要退出政坛了。"他一度表示，"我只不过是对自己的祖国怀有深厚的责任感。"

他的对手立刻抓住了这一言论，将其视为贝卢斯科尼宣告政治生涯终结的证据。他们表示，贝卢斯科尼显然制订好了退出政坛的策略，策略的一部分就是在政坛待足够长的时间，以保护自己的商业利益。

贝卢斯科尼很快便解释道，他其实是指自己之前被逐出了参议院，并且被禁止竞选公职，此时他正试图最后一次重塑自我，发起一项新的政治运动，他开始不断提及的在意大利建立共和党一事。贝卢斯科尼已年近八旬，禁止担任公职的期限将持续到2019年，但对于自己希望留下的政治遗产，他依然怀有一项计划，或者说，至少也是一项愿景。

他称之为"十字军东征"的这一计划是将各个小型中右派政党联合起来，或者至少促使他们合作，建立起能够在2018年的大选中取得多数选票的统一的中右派政治联盟。尽管如此，他发出的信号却并不一致。他是要退休，还是要继续参与政治？他运用足球术语解释道,未来自己将像场边的教练一样提供建议,但他自己不会再担任领袖了。当被问及谁将成为他的继承人时,贝卢斯科尼表示自己也不知道。目前还没有显而易见的继承人,至少看上去是这样。变节行为已经掏空了贝卢斯科尼的阵营。

在某种程度上,贝卢斯科尼开始厌倦政治了,尤其是考虑到似乎无法辉煌地实现东山再起。"我从未享受过政治。我不是职业政客。我是一名企业家。"贝卢斯科尼将反复对朋友们表示。他将抱怨称"全职政客是寄生虫,他们利用了我",他将抱怨他们的不忠。

他表示自己对于意大利力量党内不断发生的变节行为感到不屑一顾,这些老朋友和深受信赖的盟友纷纷离他而去,他的政党的议员数量因此急剧减少。如今他唯一能希望的就是以年长的政治家这一身份,或者至少作为对于意大利右派未来领袖的任命具有影响力的人物,优雅地隐退。然而,他尚未准备投降。

事实上,对于在2015年夏天了解贝卢斯科尼的人来说,他并不希望放弃聚光灯;即使离开,他也想由自己做主。在他的一生中,无论是身为盟军轰炸期间撤离米兰的小男孩,还是身为无情的百万富翁,贝卢斯科尼从来都决心取得胜利,而且是大胜。他在意的从来都是怎么成为赢家。因此,丝毫不令人感到意外的是,当一位客人问起他何时会隐退时,他陷入了沉默,但仍然出于习惯在身前的便笺簿上草草写了几笔。后来,他把这页纸揉成一团,塞了起来,但他的笔迹还是印在了下一页纸上:我会在取得又一次胜利之后离开。

考虑到他在政坛、足坛、电视、房地产等领域的成就,以及成为意大利首富的非凡经历,考虑到他的风流韵事,以及这些年来他曾面对且仍将面对的众多起诉与审判，就会发现，要讲述贝卢斯科尼的生平故事并不像看起来那么简单。

在意大利，即使贝卢斯科尼在政坛的重要性正在衰减，他依然是一位引人注目的人物。其他西方国家的领导人都不曾像他这样，在二十多年时间里，支配着一个国家的生活，将这个国家的文化打上自己个性与品位的烙印。在1980年代，他令电视上充满了美式享乐主义，并把雅皮消费主义引入意大利，从这时起，他对意大利的影响怎么夸大都不为过。

在意大利和全世界，贝卢斯科尼依然是一位极具争议、两极分化的人物。在很多人看来，他是小丑、罪犯、登徒子和可疑的亿万富翁，他利用政治关系极大地扩张了自己的传媒帝国；终于，最高法院的一纸有罪判决令他不得不面对自己的最终命运。对很多人而言，他就是魔鬼的化身。

然而，媒体所刻画的远非故事的全部。

在三十五天多的时间里，经过超过一百小时的会谈、录制成视频的采访，以及无数次对话；在花园里，在书房里，在餐厅里，在他最喜欢的阿尔科雷别墅客厅里，贝卢斯科尼亲口讲述了自己的生平故事，一个更加丰满的形象油然而生。他有时显得情绪低落，对与法官的每一次斗争几乎都感到愤愤不平。但他看上去还在与自己的命运搏斗，依旧不知疲倦地追求着新的胜利。贝卢斯科尼一直未能从2013年8月最高法院的判决中真正复原，他的精神遭受了重创。有时候这位前总理会感受到此次判决的分量，你可以觉察到他对于发生的一切感到无比愤恨。然而，即使年事已高，他依然拒绝承认这一点，拒绝放弃。他曾抱怨道："世界上有那么多美妙的地方和事物，可我们终将死去，这真是太遗憾了。"他已经不再是当年的贝卢斯科尼了，但他的个人魅力尚存。他依然是技艺高超的交际能手，善于表演、爱说笑话、令人着迷；他是一位商业巨头，更重要的是，他还不打算离开舞台或是不再担任自己生平故事里的大明星。

有一次他对朋友说道："他们可以对我做许多事情，但是他们无法让我不再做我自己。"

在他担任总理期间，意大利正处于漫长的衰退期，他从未实现发动里根式自由市场革命的梦想。尽管他表示否认，但他也从未摆脱这一指控：多年以来，他策划十多项法案只是为了保护面临着诉讼的自己。

在欧洲舞台上，贝卢斯科尼无疑是名主角，他见证了柏林墙倒塌之后二十多年的历史。无论"性爱狂欢"审判给他带来了多少争议，毕竟在欧洲经历划时代变革时，他曾与巨人同行：科尔、密特朗、希拉克和默克尔。他与三任美国总统打过交道：克林顿、小布什、奥巴马。他与小布什的友谊无疑令意大利在外交事务上展现出了超出国力的分量。多年以来，在伊拉克战争和阿富汗战争问题上，贝卢斯科尼是小布什在欧洲第二亲密的盟友，仅次于布莱尔。他与普京之间热烈的友谊似乎是真诚的，但在友谊之外，贝卢斯科尼还作为华盛顿与莫斯科之间不为人所知但极为重要的秘密沟通渠道，发挥了实实在在的重要作用。贝卢斯科尼与萨科齐的争斗可谓具有传奇性，但就于阿拉伯之春初期轰炸并推翻卡扎菲这一决定而言，贝卢斯科尼似乎站在了历史的正确一边，错误的则是萨科齐。如今支离破碎、"伊斯兰国"肆虐、恐怖分子横行、沦为失败国家的利比亚就能证明这一点。

事实证明，贝卢斯科尼应对历史性的欧元危机的方式也是正确的。早在希腊总理齐普拉斯（Alexis Tsipras）之前，他便抵制了声名狼藉的三驾马车——国际货币基金组织、欧洲央行和欧盟委员会。尽管他在戛纳二十国集团领导人峰会上受到了羞辱，但他坚定地反对萨科齐让国际货币基金组织为意大利提供纾困基金的计划。无论是对意大利而言，还是对欧元区而言，这都被证明是正确的决定，就连奥巴马都这样认为。贝卢斯科尼坚决反对拉加德和国际货币基金组织，但这未能避免自己的倒台，因为数月以来，萨科齐、默克尔和意大利总统纳波利塔诺一直在协力谋划罢免贝卢斯科尼。正如盖特纳对工作人员所说的："他们最终成功了。他们表现得非常老道。"

毫无疑问，贝卢斯科尼私生活的不检点，加之过去五年间米兰检察官办公室的持续泄密，加速了他的倒台。由于诉讼时效过期，他得以从许多案件里全身而退，2015年的涉嫌收买议员一案也是如此。2015年7月贝卢斯科尼被定罪并被处以三年徒刑；然而，数月之后诉讼时效就将过期，在上诉被受理之前这一判决就将作废。2015年3月最高法院终于就招雏妓一案做出了无罪判决，这对贝卢斯科尼而言非常重要。但是，在这一年的夏天，令人难堪的监听电话依然不断地被泄露出来，当事人表示从贝卢斯科尼处获取了酬劳。对意大利公众来说，阅读贝卢斯科尼性丑闻调查中泄露出来的监听电话简直成了一项全民活动。

多年以来，就如同对AC米兰的热爱一样，贝卢斯科尼对漂亮女人的贪婪欲望也从来不是秘密。事实上，可以说贝卢斯科尼对此非常坦率。问题在于，既然他是一位如此具有争议性的亿万富翁，那么为什么成千上万意大利人还要多次选他担任总理呢？答案就是，在过去二十年间，贝卢斯科尼的手中握有意大利人的渴望、激情与梦想；而且无论好坏，他终归重塑了意大利的形象。对于整个国家和好几代成长过程中只知道贝卢斯科尼的年轻人而言，他的影响力怎么夸大也不过分。没有其他领导人曾如此彻底地统治一个国家达这么长的时间，在政治、文化和社会领域塑造并重塑这个国家。可以说，在墨索里尼之后，没人曾做到这一点。

在过去二十年间，贝卢斯科尼同时成为了意大利最被爱戴和最被憎恨的人物。对批评者而言，这归咎于他对电视行业的垄断，以及对传媒势力的滥用，可能还因为他不仅是意大利最善解人意和最善于运用媒体的总理，更是登上总理宝座的人物中最为典型的意大利人。贝卢斯科尼一直是典型的意大利人：他善于交际、善于推销、令人着迷、爱开玩笑，是天生的引诱者。他身上具有典型意大利人的全部弱点，但又具有恰到好处的分寸感和创新才华。从许多方面来看，他是来自繁荣的伦巴第地区的能说会道的商人和企业家，但在骨子里他体现出了所有意大利人最优秀与最糟糕的性格特质。他之所以能够成功地赢得选举，在很大程度上要归功于这一点：他是意大利之梦的化身，是无数意大利人渴望和梦想的镜像，是投票给他的选民自身的映射。

在2015年夏天又一个雾蒙蒙的周一早晨，贝卢斯科尼待在阿尔科雷的家中。他在家庭教堂隔壁的房间里和朋友一起沉思着自己的一生，看上去十分伤感。这或许是因为教堂就在不远处，他父母的骨灰依然安放在这里；或许是因为他正在考虑即将开始的每周一家庭例行午餐。他的女儿玛丽娜已经在客厅里等候了，同时在场的还有孔法洛涅里和其他三位身着灰色套装的菲宁维斯特集团资深经理，他们正在处理涉及AC米兰的一笔财务交易。然而，贝卢斯科尼还在踌躇不前；他谈论着自己的未来，他还有一件事想要分享。

"我告诉孩子和家人，"他透露道，"在我离世之后，他们可以卖掉任何东西。只要他们愿意，他们可以卖掉别墅、公司和股份。但是我告诉他们，不要卖掉两样东西：一个是AC米兰俱乐部的股份，另一个是阿尔科雷的这幢房子。"

他停了一下，又继续说道："你知道的，我快八十岁了。我开始感觉到自己老了。"

说完这番话，贝卢斯科尼便离开了房间，朝门廊走去。他抬头看了一眼阴云密布的天空，穿过了一片吱呀作响的砂石地，这块砂石地将别墅门廊与花园以及这幢占地一百八十英亩建筑的其他地方分隔开来。一时间，人们忙乱了起来。助手们匆匆从宏大的别墅里走出，管家朱塞佩则前来报告称客人们已经等候在餐厅里了。这一天的圣马蒂诺别墅充满了活力。贝卢斯科尼大步走进餐厅，拥抱了女儿玛丽娜。在餐桌的另一端，孔法洛涅里从餐盘上抬头望了过来，友好地向贝卢斯科尼致敬。在餐桌上，玛丽娜和孔法洛涅里分别坐在贝卢斯科尼的左右两侧，来自菲宁维斯特集团的满头灰发的财务人员则坐在他对面。在餐桌的另一端，瘦高的、戴着眼镜的、坚韧的顶级律师盖迪尼默默地坐在自己的座位上。玛丽娜要了一大碗蔬菜沙拉，她的父亲则冷冷地盯着盛有煮好了的蔬菜的小盘。他还在节食。

孔法洛涅里胃口很好，狼吞虎咽地吃着配有奶油培根酱的意大利面，他立刻称赞这碗面十分美味。他们还享用了一瓶精致的兰布鲁斯科（Lambrusco）红酒。菲宁维斯特集团的经理默默地吃着饭，当贝卢斯科尼说话时偶尔抬头看一眼。即使在落寞时，贝卢斯科尼毫无疑问依然是老板，依然由他说了算。他们首先谈论了AC米兰，贝卢斯科尼抱怨称，他和副主席加利亚尼都认为已经引进了两名将帮助AC米兰实现复兴的优秀球员，"但是，一旦他们听说出价的是AC米兰，价格就变得更高了"。贝卢斯科尼嘀咕道。孔法洛涅里点了点头，表示赞同。菲宁维斯特集团的三位经理也有同感。盖迪尼则吃完了意大利面。

午餐进行到一半时，皮耶尔·西尔维奥现身了，他在玛丽娜身旁坐了下来。

在他们享用这顿漫长的午餐时，一位侍者不时送来通讯社发出的电讯，实时播报意大利政坛新闻和世界大事。贝卢斯科尼把它们摆在餐盘前，把蔬菜放到一边，朗读起来。此时出现在他面前的是最新的民调结果，他表示如果自己能够将中右派政党团结起来，他确信中右派早晚能够追上伦齐，并在2018年的大选中获胜。他正在制订战略，家人则在一旁出谋划策。

贝卢斯科尼的法律麻烦曾被短暂地提及。几天之后，米兰检察官将建议大区检察官以收买三十四人的罪名起诉贝卢斯科尼，这些人大多是参加"性爱狂欢"派对的女郎，贝卢斯科尼把她们安置在"米兰二号"住宅区的公寓里。贝卢斯科尼被指控曾送给她们价值数百万美元的礼物，为她们支付房租，并向她们支付大笔现金，让她们不在招雏妓一案中作证。最高法院判决贝卢斯科尼招雏妓罪名不成立，理由是他当时不可能知道鲁比的真实年龄，而且法庭无法证明他们曾发生过性关系。米兰检察官不愿放弃，他们进而声称贝卢斯科尼收买了数十名女郎，令其为自己作伪证。贝卢斯科尼承认自己给过这些女郎钱，但表示这是"出于慷慨"，而不是出于不可告人的动机。数周之前他就曾热情洋溢地谈起过此事。

"我的所有客人都发现自己的名字登上了报纸，即使她们只在这里吃过一次晚餐。从那一刻起，她们的名字就和这一审判联系在了一起。你会发现，正如检察官所愿，在网络上她们全部被描述成了贝卢斯科尼的女伴。"贝卢斯科尼说道，"她们的生活被毁了。她们无法组建家庭，无法找到真心诚意的男友，无法找到工作。就连梅迪亚塞特集团里我手下的导演和制片人都拒绝雇用她们。她们没有地方住，因为她们没有收入，没有办法保证能够支付房租。我向来表示不对任何事情感到愧疚，但我觉得自己对这些女孩的遭遇要负责任，因为在出席我的晚宴之后她们的生活被毁了，被一场不公正的审判毁了；而这次审判无论如何宣布了我是无罪的。因此我希望帮助她们，我一直在帮助她们，未来也会继续下去，直到她们能够重获新生。在这些晚宴上，不曾发生过性爱；而且即使曾发生过，这也构不成犯罪。"

回到那顿午餐。贝卢斯科尼正在谈论他最喜欢的电影之一，这部电影讲述的是一座小镇上一位神父与意大利共产党市长的故事。贝卢斯科尼说道："昨晚我重温了自己最喜欢的电影之一，1950年代的《唐·卡米洛》（*Don Camillo*）。"皮耶尔·西尔维奥也加入了对话，很快，餐桌上的人全都谈论起了老电影。周一的例行家庭商务午餐气氛变得轻松起来。孔法洛涅里谈论起了音乐，回顾起了在高中和大学里的美好时光，那时，他常演奏钢琴，和贝卢斯科尼一同演出。有人问他是否愿意再表演一次，由他演奏钢琴，贝卢斯科尼担任主唱。他愿意像1950年代那样，与贝卢斯科尼合作表演一首辛纳特拉的歌曲吗？孔法洛涅里表示愿意。为什么不呢？他转向自己的终生好友，问道："西尔维奥，你愿意和我一起唱吗？"

贝卢斯科尼露出了笑容。他点了点头，答应了孔法洛涅里的邀请。

两位老友开始商量要表演哪首曲目。照孔法洛涅里的说法，其实别无选择。贝卢斯科尼无疑将要演唱他最喜欢的辛纳特拉歌曲《我的路》（*My Way*）。

一时间，贝卢斯科尼似乎摆脱了生活中的一切懊恼。他沉浸在自己内心世界的圣洁之中，沉浸在只属于自己的微型宇宙之中。如果历史要对贝卢斯科尼做出恰当的评判，它必须注意到，这是一位不按社会常规出牌的引人注目的人物。他统治了一个国家，建立了一个帝国，这在很大程度上凭借的是他个人的才智。尽管在批评者看来，贝卢斯科尼有着各种缺点，但无论如何，他都是二战以来对现代意大利最有影响力的人物。无论是好是坏，他都塑造了这个国家。

致谢

从贝卢斯科尼同意讲述他的生平、回答我提出的任何问题、让我自由地接触他的个人档案的一刻起,这就注定将是一项雄心勃勃的计划。从开始到结束,这一计划共花费了十八个月时间,由编辑人员、研究人员、事实核查人员组成的整个团队都参与其中,他们与出版社以及经验丰富的电视制作团队密切合作。

我最应该衷心感谢的是协调和指导整个团队的人物,她就是极具才华的埃马努埃拉·明纳伊(Emanuela Minnai)。若不是她致力于卓越的新闻与写作,这本书将不可能问世。埃马努埃拉集多种技能于一身,她能够胜任文稿经纪人、研究团队主管、翻译总监、决策咨询人以及心理医生等角色。尤其是,她毫不介意每天被打扰十到十五次。1980年代末,我为前花花公子、工业家、菲亚特集团的拥有者阿涅利写传记时首次与她合作,我的上一本关于意大利的书籍能够出版也要归功于她,本书同样如此。谢谢你,埃马努埃拉。

在团队的核心成员中，我尤其要感谢马西莫·比拉塔里（Massimo Birattari），他总是及时且一丝不苟地完成对事实的核查以及研究工作。比拉塔里曾翻译过莫迪凯·里奇勒（Mordecai Richler）、保罗·奥斯特（Paul Auster）和维克拉姆·塞斯（Vikram Seth）等人的作品，是一位世界级的出版人。维罗妮克·贝尔纳迪尼（Véronique Bernardini）和安东朱利奥·帕尼齐（Antongiulio Panizzi）领导的制作团队的表现就和他们过去制作电视节目时一样出色。

我还想感谢我的经纪人、伦敦PFD文学经纪公司（Peters, Fraser & Dunlop）的卡罗琳·米歇尔（Caroline Michel）、蕾切尔·米尔斯（Rachel Mills）以及特莎·戴维（Tessa David）。

我还要感谢贝尔加米尼，这位前彭博电视台记者是贝卢斯科尼的发言人，她还是一名议员。在这段漫长的日子里，她的帮助令所有事情都保持在正轨上，这一点是至关重要的。还要感谢贝卢斯科尼的老友孔法洛涅里，他非常善于讲故事；感谢贝卢斯科尼的家人，尤其是他的儿子皮耶尔·西尔维奥和女儿玛丽娜，他们乐意在多次对话中回答无数个问题。

在莫斯科，我想要感谢普京总统的发言人佩斯科夫以及他的团队，感谢他们的组织，使我们对普京总统进行了一次愉快、有趣的采访。

我还想向好奇的读者指出，尽管我们曾多次提出请求，但萨科齐和拉加德都拒绝接受采访。

我还要感谢纽约阿歇特图书公司（Hachette Book Group）的毛罗·迪普雷塔（Mauro DiPreta），他是一位极为出色的出版人和编辑；此外还要感谢阿什利·扬西（Ashley Yancey）、米歇尔·阿耶利（Michelle Aielli）、贝齐·赫尔斯博施（Betsy Hulsebosch）和克里斯托弗·林（Christopher Lin）。

感谢意大利里佐利出版集团的马西莫·图尔凯塔（Massimo Turchetta），他首次向我提出了挑战，问我能否争取让贝卢斯科尼同意合作；他还在里佐利和阿歇特之间建立了伙伴关系，这两家支柱出版商令本书成为了可能。

在贝卢斯科尼的鼎盛时期，他曾把密友和家人当成"焦点小组"，以此来测试自己对于电视与政治的想法，理顺自己的思路。耐心的朋友和家人是我的"焦点小组"，他们阅读了每一章的初稿，向我提出了宝贵的反馈意见。我要感谢他们：维维安·奥本海姆（Vivian Oppenheim）、杰米·哈佩尔（Jamie Harpel）、诺亚·魏因茨威格（Noah Weinzweig）、阿妮塔·弗里德曼（Anita Friedman）、查尔斯·弗里德曼（Charles Friedman）、艾恩·马林（Ion Marin）、埃卡特·扎格尔（Eckart Sager）。此外我当然还要特别感谢乔纳森·埃利希（Jonathan Ehrlich）——他懂得其中的原因。

我最该感谢的人是我那来自托斯卡纳的极为善解人意、镇定自若的妻子，这本书也是献给她的。谢谢你，加布丽埃拉（Gabriella）！

Original title: Berlusconi. The Epic Story of the Billionaire Who Took Over Italy
Copyright © 2015 by Challian, Inc
Published by arrangement with RCS Libri S.p.A., Milan
The simplified Chinese edition is published in arrangement through Niu Niu Culture Limited.
Simplified Chinese edition copyright:
2016 New Star Press Co., Ltd.
All rights reserved.

图书在版编目（CIP）数据

我是天生引诱者：贝卢斯科尼的金钱、政治与性 ／（美）弗里德曼（Friedman，A.）著；李岩译 .—— 北京：新星出版社，2016.1
ISBN 978-7-5133-1977-5

Ⅰ.①我… Ⅱ.①弗…②李… Ⅲ.①贝卢斯科尼，S. —访问记 Ⅳ.①K835.467=6

中国版本图书馆CIP数据核字（2015）第305795号

我是天生引诱者：贝卢斯科尼的金钱、政治与性

（美）艾伦·弗里德曼 著 李岩 译

特约编辑：向　珂
责任编辑：黄珊珊
责任印制：李珊珊
封面设计：@broussaille 私制

出版发行：新星出版社
出 版 人：谢　刚
社　　址：北京市西城区车公庄大街丙3号楼　100044
网　　址：www.newstarpress.com
电　　话：010-88310888
传　　真：010-65270449
法律顾问：北京市大成律师事务所

读者服务：010-88310811　　service@newstarpress.com
邮购地址：北京市西城区车公庄大街丙3号楼　100044

印　　刷：北京汇林印务有限公司
开　　本：660mm×970mm　1/16
印　　张：22.25
字　　数：196千字
版　　次：2016年1月第一版　2016年1月第一次印刷
书　　号：ISBN 978-7-5133-1977-5
定　　价：58.00元

版权专有，侵权必究；如有质量问题，请与印刷厂联系调换。